· 股权兼并收购经典 ·

门口的野蛮人

华尔街群狼之战

[美] 斯科特·韦普纳 (Scott Wapner) 著

高闻酉 高瑄 王瑜 等译

IV

When the Wolves Bite

Two Billionaires, One Company, and an
Epic Wall Street Battle

机械工业出版社
China Machine Press

图书在版编目（CIP）数据

门口的野蛮人 IV：华尔街群狼之战 /（美）斯科特·韦普纳（Scott Wapner）著；高闻酉等译 . —北京：机械工业出版社，2019.6（2025.9 重印）
（股权兼并收购经典）

书名原文：When the Wolves Bite: Two Billionaires, One Company, and an Epic Wall Street Battle

ISBN 978-7-111-62753-1

I. 门… II. ① 斯… ② 高… III. 企业兼并 - 美国 IV. F279.712.1

中国版本图书馆 CIP 数据核字（2019）第 095798 号

北京市版权局著作权合同登记 图字：01-2019-1589 号。

Scott Wapner. When the Wolves Bite: Two Billionaires, One Company, and an Epic Wall Street Battle.

Copyright 2018 by Scott Wapner.

Simplified Chinese Translation Copyright 2019 by China Machine Press. Published by agreement with United Talent Agency, LLC, through The Grayhawk Agency Ltd. This edition is authorized for sale in the Chinese mainland (excluding Hong Kong SAR, Macao SAR and Taiwan).

门口的野蛮人 IV：华尔街群狼之战

出版发行：机械工业出版社（北京市西城区百万庄大街 22 号 邮政编码：100037）

责任编辑：王宇晴　　　　　　　　　　　　责任校对：殷 虹

印　　刷：北京建宏印刷有限公司　　　　　版　　次：2025 年 9 月第 1 版第 13 次印刷

开　　本：170mm×230mm　1/16　　　　　印　　张：17.75

书　　号：ISBN 978-7-111-62753-1　　　　定　　价：70.00 元

客服电话：（010）88361066 68326294

主宰资本市场的野蛮人

自从洛克菲勒家族与范德比尔特家族这样的独立投资者出现以来，没有任何一群人能像当下的这群金融家那样，对华尔街施加如此大的影响力，他们就是股东积极主义者。⊖

这群超级投资者包括卡尔·伊坎（Carl C. Icahn）、威廉·阿克曼（William A. Ackman）、丹尼尔·勒布（Daniel S. Loeb）、富豪投资家尼尔森·佩尔兹（Nelson Peltz）和其他一些人，他们不仅要兼并某些公司，还要运用自己的影响力和手中所掌握的金钱来改变资本的运营方式。无论大公司还是小企业都摆脱不了这些投资者的掌控。

近年来，像苹果公司、百事可乐公司、雅虎公司、杜邦公司、彭尼百货、梅西百货这样的大企业都被锁定在上述超级投资者的运营计划当中。

如果说20世纪七八十年代金融市场的标志事件是金融大鳄、套利者和垃

⊖ Shareholder Activists，又被译为"股东积进主义者""股东维权者""主动投资者"和"股东行动家"。从本书的内容来看，这些投资者打着维护股东权益的旗帜，通过兼并收购攫取公司利益，并非常善于操纵舆论风向，因此称其为"维权者"显然并不适宜，而"主动投资者"又反映不出来他们在股权市场的"政治"行为，因此我们认为统一将其译为"股东积极主义者"比较妥当。——译者注

圾债券王者的崛起、主宰和最终衰落，那么，在这样一个"股东积极主义者"的时代，我们几乎每周都能看到一位如上所述的金融家声称他持有某家公司的股票，并雄心勃勃地准备将其价格推向新高。

股东积极主义并不只是在简单扩散，而是呈现出爆炸式增长。

2012年，股东积极主义者所参与的项目共有71个，其所带来的投资共计120亿美元，这些投资都处于美国证券交易委员会的监管之下且均有备案；到了2015年，相关项目的数量已经飙升至83个，投资总额近310亿美元。随着金额的迅速增长，相应目标的规模也不断膨胀，如果将其平均到每一家上市公司中，那么相应目标的市值就会发生巨大的变化——从2012年的23亿美元增加至2015年的近60亿美元。

作为一名金融报道者，我对这个独特而充满颠覆性的世界异常痴迷。

2013年1月25日，在电视台直播伊坎和阿克曼两位先生激烈的唇枪舌战之际，整个华尔街的交易竟突然停滞了。

现在，我们来回顾一下当时的情境：在两个亿万富翁当面互相攻击、互相侮辱之时，全世界的投资者都在观看，华尔街的交易也停止了。同时，从瑞士达沃斯到美国达拉斯的首席执行官也在密切地关注着这场辩论，他们想看看这两个人在干什么。

这是一个千载难逢的时刻，这场辩论完全是双方即兴而发、荒诞而事先毫无计划。如果有预谋的话，我应该第一时间知道，因为当时我正在主持这两人对话的电视直播节目。

股东积极主义崛起的迅猛，和这些新一代"世界主宰者"的权力都让人瞠目结舌。

10年前，股市大鳄掌控的对冲基金所管理的资本不到120亿美元；今天，他们所掌控的资本已经超过1200亿美元，有10家以上的基金公司所管理的平均资产超过100亿美元。

上述情境出现的原因是什么呢？一些分析人士将之归因于 2008 年金融危机之后股市的行情反弹，这是造成股东积极主义者盛行的"催化剂"。

当前的各类企业现金充裕，同时还可以按照有史以来的最低利率进行融资，相关股东也渴望分得更大的蛋糕。那些被称为"白衣骑士"的企业用大家所熟悉的剧本操作——股票回购或削减成本。它们通常打着为所有股东拓展更多利益的旗号来进行这些操作。

股东积极主义之所以能作为一种手段盛行，还有另一个原因，就是它在很多情况下确实行之有效。大人物秉承着大理念带来的大投资，会在驱使 CEO 们最大化公司收益的同时把股价推向高点，反之亦然。

通过股东积极主义者的聚集之处，即 13D Monitor，我们对他们所有的活动进行了观察，结果发现：2006～2011 年，一旦有股东积极主义者揭示自己的头寸，当天该股的平均"涨跌"会达到 2.65%，而该只股票连续 15 个月的平均收益率则可以达到 15.24%，明显优于同期的标准普尔 500 指数。

但是，上述这些收益的代价是什么呢？

颇具影响力的特拉华州高等法院的首席大法官里昂·斯坦因（Leo E. Strine）于 2017 年 2 月在《耶鲁法律杂志》上撰写了一篇与对冲基金相关的文章，这篇 133 页论文的标题为"当金融之狼撕咬时，谁人泣血？"，在文中他以生动的视角洞察对冲基金公司的活动，同时也披露了奇特的公司治理系统。他写道："我们有理由认为这些金融大鳄的活动不会使整个国民经济变得更加有效，但会将某些稳定的社会财富暴露于较高风险之中，而且没有产生实质性的长期收益。"

对于如何区分为求学或养老而储蓄的"真人"投资者与试图潜移默化改变企业内部的对冲基金大鳄所构成的"狼群"投资者，斯坦因指出："股东积极主义投资者投资一家公司并不是因为他们喜欢它，他们只是在不满意该公司的管理或商业计划时才出手。更准确的说，那些金融巨头只有在确定一种方法可以改变公司的运营方式，且这种改变将导致相应股价上升之时才会持有相关的股票。同时，大多数对冲基金所寻求的某种升势必须发生在一个相对较短的时间之内，因为这些股东积极主义式对冲基金的持仓期限只在一到两年之间。"

其实，斯坦因先生不是唯一对股东积极主义者的对冲基金之"短期"属性持批评态度的人。

耶鲁大学管理学院的高级副院长杰弗里·桑尼菲尔德（Jeffrey A. Sonnenfeld）认为："在通常情况下，金融大鳄会迫使企业削减成本、增加债务、扩大销售并且提高股票的回购数量，他们并没有对公司的业务、研发、增长因子，以及任何有价值的东西进行投资。积极主义的对冲基金的行为是'短视'的，有时是以牺牲长期的成功模式为代价的，否则这些基金将难以生存。"

还有一些人痛惜于积极主义者式对冲基金彼此间的从众心理，这些金融大鳄把太多的钱引向了不怎么高明的领域。

世界上最大的资产管理企业贝莱德（Black rock，又译黑岩资本）著名的首席执行官劳伦斯·芬克（Laurence D. Fink）就曾直言不讳地谴责：对冲基金这种速战速决的方法会在很大程度上损害相关公司的整体结构。

芬克在 2016 年 2 月写了一封信，将其交给了数以百计的对冲基金公司的首席执行官，督促这些高管关注相关企业"长期价值的创造"，而不是所谓的诸如"回购"一类的金融操作模式。

著名的公司法律师马丁·利普顿（Martin Lipton）被称为"毒丸防御工具的创造者"，"毒丸"旨在帮助相关公司抵抗敌意收购。他宣称：金融大鳄旗下的积极主义对冲基金将毁灭而非拯救美国。

然而，即使是利普顿先生也会佐证一个事实，即这些对冲基金的投资者具有摇滚明星一样的地位，有时他们的成就源于所采取的方法，而在有时则源自他们的疯狂，这种疯狂诞生于时代的喧嚣，以及赋予他们机会的平台。

　　在相关的金融掠夺战中，从来没有哪一场显得比"始于 2012 年寒冷的 12 月，且长达数年的康宝莱公司争夺战"更加激烈和壮观，这场肆虐甚至延续至今。

　　这本书将讲述一切落幕的内幕——金融战、金融派系、资本运作以及华尔街史诗般的战乱情境。

|目 录|

W H E N   T H E   W O L V E S   B I T E

前 言 主宰资本市场的野蛮人

第1章 引子：野蛮人 / 1

2014年春天，康宝莱公司CEO迈克尔·约翰逊正焦急地等待着一份关于某个神秘人物的报告，这个人正试图发起股权战争，毁灭他的事业。

这个人就是大名鼎鼎的比尔·阿克曼。

第2章 出击：谋定而后动 / 7

一位记者曾告诉阿克曼，康宝莱公司可能存在金字塔式的骗局，换而言之，这家上市公司的主营业务是"传销"。于是，阿克曼开始了对康宝莱的深入调查。

第3章 阿克曼：从价值投资者到股东积极主义者 / 23

阿克曼是价值投资的信徒，从哈佛毕业后就在家族的支持下创立了一家对冲基金。在10年时间里，阿克曼将这家基金从300万美元的投资规模发展到了3亿美元，却因为对一家公司进行了恶意做空而身陷官司，被迫清盘。危急时刻，他第一次联系了卡尔·伊坎，可这次合作却使二人结下了梁子。

第4章　康宝莱：助人筑梦的伟大企业，还是彻头彻尾的 传销者 / 47

　　马克·休斯是一个出身贫寒的销售员与创业者，他一生都致力于传播健康的生活方式，从而销售他的保健品，而他自己却死于酗酒。休斯死后留下了一个庞大的保健品销售帝国——康宝莱公司，而金字塔结构的分销商体系与表演式的表彰会则是这家公司的最大财产。迪士尼前高管迈克尔·约翰逊接手了这家公司，试图改变公司的商业模式与对外形象。

　　休斯离去9年后，至少从表面上看，这家公司的业绩蒸蒸日上，走上了正轨。

第5章　电话会议：空头之王艾因霍恩的诘问 / 67

　　正当迈克尔·约翰逊兴高采烈地庆祝自己在康宝莱CEO宝座上稳坐的第10个年头时，麻烦找上门来了，2012年的季度股东电话会议上多了一位不速之客——空头之王大卫·艾因霍恩，他的一连串诘问使公司股价当天狂跌了40%。于是，其他野蛮人在资本海洋中嗅到了康宝莱的血腥味道。

第6章　搅局者：厉兵秣马，烽烟四起 / 83

　　艾因霍恩的攻势如火如荼，早已经关注康宝莱很久的阿克曼也按捺不住，他这次决定孤注一掷，直接把康宝莱20%的股票下了空单。在阿克曼媒体朋友的推波助澜下，整个美国金融市场因此沸腾。气急败坏的约翰逊走上了电视，他背后的投资银行团队也整装待发，准备拉升股价。

第7章　运笔如刀：多空之间的媒体攻防战 / 103

　　另一位华尔街大鳄——第三点对冲基金的丹尼尔·勒布也加入了这场战争，并站在了多方一边。除了投入真金白银，勒布还发表了一封致投资者的信，言辞激烈地抨击阿克曼。在几个月的时间里，康宝莱的股价瞬息万变。

第 8 章 **伊坎参战：一场让华尔街万人空巷的电视直播对骂** / 119

终于，卡尔·伊坎加入了战斗，坚定地站在了多方一边。他对 10 年前和阿克曼结下的梁子从未释怀，而阿克曼也不示弱。本书作者作为电视节目主持人，有幸亲眼见证两个人在电视直播上当众辩论，在数亿观众面前恶语相向。这场 27 分钟的直播空前绝后，大多数投资者停下了手上的交易，站在各自支持的一边摇旗呐喊，当天纽约证券交易所的交易量下降了 20%。

第 9 章 **野蛮投机家：从交易员到世界首富的投机发家史** / 133

如果说阿克曼在成为股权投资的"野蛮人"前是个价值投资者的话，那伊坎就是一个不折不扣的投机者了。伊坎自称是康宝莱产品的拥趸，他想出了一招对付阿克曼的撒手锏——私有化。如果市面上没有康宝莱的股票在流通的话，阿克曼要用什么样的价位才能平掉空头呢？

第 10 章 **局势逆转：索罗斯入场，多方攻势如火如荼** / 159

伊坎的出现让康宝莱的股价升到了每股 40 美元，可此时勒布的第三点对冲基金却退却了，并有序抛售了康宝莱的股票。为了对抗阿克曼，约翰逊与伊坎达成了协议，伊坎亲自为康宝莱挑选了两位新董事，并将持股比例从 14% 增加到 25%。不久，又一位传奇投资家——乔治·索罗斯加入进来，并站在了多方一边。索罗斯手下的投机悍将保罗·索恩为了驳斥阿克曼，甚至发起了针对康宝莱客户的调查问卷。

第 11 章 **纸牌屋：华盛顿院外游说集团** / 173

资本、舆论、法律的工具都用尽了，阿克曼现在唯一可以一搏的手段就是借用政客的力量。他在华盛顿拜会了马萨诸塞州参议员和联邦贸易委员会主席、全国消费者联盟，甚至还与后来的总统候选人约翰·麦凯恩见了一面。但是他的慌不择路收效甚微，雪上加霜的是康宝莱股价仍然在一路高涨，阿克曼即将面临"爆仓"。

第 12 章　阿克曼的致命攻击："这似乎不是一个特别好的商业模式" / 191

　　2014 年 4 月，在政治家的干预下，FBI 终于开启了对康宝莱"犯罪行为"的刑事调查，康宝莱股价应声暴跌。3 个月后，拥有 1700 万股的康宝莱董事会成员伊坎在一个公开活动上接受了神秘嘉宾阿克曼的拥抱。这两个资本巨鳄似乎打算暂时握手言和，而阿克曼与康宝莱之间的战争却仍在继续。

第 13 章　战争泥潭：徒劳无功的 2015 年 / 205

　　在伊坎退出、阿克曼发表电视演讲后的一年间，康宝莱公司的股价经历了暴涨与暴跌，但停战仍遥遥无期。FBI 将调查的矛头指向了阿克曼，双方各自聘请公关公司继续旷日持久的舆论战。这一年，阿克曼投资于威朗公司的计划以失败告终，伊坎的日子也并不好过。

第 14 章　绝命一博：美国证券交易委员会要关掉康宝莱 / 237

　　在威朗公司战线全线崩溃后，阿克曼急于结束战争，他想直接置康宝莱于死地，于是拿出了撒手锏，让美国证券交易委员会介入，对康宝莱展开调查。而伊坎又一次站到了康宝莱身后，把宝压在了美国总统大选上。如果特朗普胜出，这些陈词滥调的上市公司监管政策就会画上句号。但在结果水落石出前，他还是得继续和阿克曼缠斗一番。

第 15 章　媾和：没有赢家的终局 / 255

　　转眼间，这场股权战争已经进行到了第 5 个年头，无论是伊坎的公司私有化，还是阿克曼让康宝莱关门大吉的策略都没有成功。虽然经历了短暂的停战，但是这旷日持久的 5 年让双方都感到了厌烦。伊坎放弃了维护康宝莱的利益，与阿克曼握手言和，退出了这场不堪的战争，而约翰逊也在当年宣告退休。

后记　大胆的设想 / 266

作者简介 / 269

|第 1 章| 引子：野蛮人

W H E N   T H E   W O L V E S   B I T E

　　我们把时间回溯到 2014 年的春天。当时，世界上那些备受关注的、拥有多层次营销结构的公司都面临着各方面的困扰。与此同时，康宝莱国际公司（Herbalife International Inc.）首席执行官迈克尔·约翰逊（Michael O. Johnson）已经焦急地等待了几个星期，他在企盼着揭开某个神秘人物面具这一时刻的到来，因为此人曾威胁要摧毁他的事业。

　　相关事件的过程是：在过去 18 个月的大部分时间里，具有"摇滚明星"风采的华尔街从业者、潘兴广场资本管理公司（Pershing Square）的对冲基金经理威廉·阿克曼对康宝莱公司发起了"挑战"，他动用了本公司数以亿计的美元资金进行博弈，而且尚未显现休战的迹象。

　　阿克曼的战术灵活，意志非常顽强，其决策方法具有与生俱来的驱动性和坚定性。有时，阿克曼甚至痴迷于折磨自己的对手而不能自拔，同时，相对于那些需要花费大部分时间与阿克曼进行周旋的首席执行官而言，这个人的行为模式真是令人眼花缭乱、不知所措。

　　约翰逊所疑惑的是：什么因素会使阿克曼具有如此恶毒的攻击性呢？阿克曼要达到什么目的呢？

　　随着 5 月的到来，在第三周的星期日下午，上述悬念终于揭晓了答案——随着某些敏感、秘密文件的公布，康宝莱公司的最高领导层方才恍然大悟。

　　30 页的调查报告就像一部侦探小说，但它不是小说，而是对于事实的呈现。此份报告是阿克曼本人的心理档案，联邦调查局在追踪那些不知悔改的罪犯时才会应用这种方法。这个秘密档案的标题是"威廉·阿克曼与相关的初始研究报告"，其中，作为康宝莱公司的大敌，阿克曼被描述为：具有激烈的竞争性、非常聪明、有野心且为了胜利不惜一切代价。

康宝莱公司负责全球安全的副总裁加纳·门罗（Jana Monroe）所做的工作就是要了解阿克曼，即阿克曼是谁？他为什么要这样？他的方法和动机是什么？

门罗陈述道："我的早期评估结论是，阿克曼的行为具有长期性。"同时，门罗阐述了相应报告的重要性："我们要发现阿克曼攻击我们公司的方法以及他可能切入的方向，这样我们就可以先发制人，而不是被动应对。"

门罗已经花了30年的时间来探讨司法的问题，同时研究了20多个美国联邦调查局的案例。其中的5年时间被门罗用于研究位于弗吉尼亚州匡提科市的国家暴力犯罪分析中心所展示的与精英犯罪相关的系列案件。像《沉默的羔羊》的女主角一样，门罗的团队调阅了与连环杀手泰德·邦迪和杰弗里·达莫相关的案件；同时，门罗还是那个臭名昭著的《乌邦摩（制造智能炸弹的罪犯）宣言》的早期读者。因此，门罗能够洞穿阿克曼的思维模式，从而帮助本公司了解自身所面临的威胁。

门罗说道："从报告来看，很明显某些人天生就充满竞争性，而这不仅仅是指业务能力，同时也是性格使然。他就是极端自我，认为'我一个人就可以知道如何进行正确的投资'。"

上述报告是由帕克·迪茨博士（Dr. Park Dietz）所提供的。迪茨是国家级的优秀法医精神病学家，他曾经花费了几十年的时间剖析犯罪的动机，其研究范围所涉猎的人物包括连环杀手、绞杀者、追踪者，以及制造校园枪击的罪犯等。

迪茨从未见过阿克曼，但是康宝莱事件让他想起了发生在20世纪80年代的泰诺制药公司篡改数据事件，以及之后的状况。其中，有一个人曾经刻意做空制药商所关联公司的股票，然后以打电话的方式制造骗局，从而将相应股价压得更低。

迪茨说道："我之所以感兴趣，是因为当前情境和早些年使我着迷的那些案件有部分相似之处，我一直认为这是一种有趣的犯罪行为。"

但是，迪茨知道，深度剖析阿克曼心理历程的工作将是非常困难的。

与之前的大多数案件不同，迪茨不能采访所要调研的对象，只能搜寻互联网上的一些报道，同时参考某些电视剪辑片断，以此来研究阿克曼生活中所经历的重大事件。

迪茨说道："与阿克曼相关的报道大多来自期刊，而什么资料对我而言是可用的呢？我主要想看看他的传记、与之相关的有新闻价值的事件以及阿克曼之前对交易成功与失败的反应。当前，我们的任务是应用已有的数据努力追寻这个对手的人生经历，同时发掘其行为模式。"

上述相关报告的文档多达几十页，迪茨博士历时近六周才得以完成，康宝莱公司为之花费的佣金大约为 100 000 美元。报告主要剖析了阿克曼的人性特点及其作为最著名的华尔街金融家的行为特色；同时，报告还研究了阿克曼的从业经历、投资倾向、业务重点以及他的心理思维模式。

报告将阿克曼的形象描述为："对所有的东西都会积极争取且努力攫取。他极其自恋，同时又渴望与其他'特别的人和机构'进行合作；用'贪婪'一词对他进行描述是非常精确的。"另外，"阿克曼只会以美元的数字衡量自身在社会当中的价值，以及自己在他人心中的分量。"

报告还指出："阿克曼需要被持续地赞赏、吹捧和宣传""他会经常利用公关人员和其他联系人进行自我塑型且控制相关的新闻媒体"；还有，"他会追逐明星，但其自身似乎就是一个名人，他会为那些忠实的追随者量身定制自身的形象。"

迪茨说："我认为阿克曼将康宝莱公司作为打击对象的目的在于向他的投资方显示其获利的潜能，而这似乎使他看起来好像是一个'被逼上梁山'的英雄好汉。"

这时，门罗也谈了自己的看法："对我来说，阿克曼似乎没有意识到，他的表现不是那么令人信服。"

研究报告逐行逐句地将阿克曼的人性特点展现出来，将这个明星人物描绘成一个无情的、妄自尊大的人——"阿克曼会利用慈善事业转移负面舆论。这个人傲慢自大，具有轻蔑地对待他人的优越感，而且，他会试图掩盖其傲慢的行为和态度。"同时，"他会将其自身的失败和所犯的错误归咎于他人。"另外，"他可以通过绑架法律和道德的方式查找相应的漏洞。"

研究报告还探讨了阿克曼的跳跃性思维模式，同时指出："阿克曼认为自己永远是正确的，他会顽固地、执拗地坚持自身的立场""他具有非常强的控制欲"，而且，"阿克曼相信，在很多事情上，他做得会比业界其他任何人都好。"

报告当中有一段直击阿克曼应对逆境的能力，其中写道："阿克曼对批评和挫败非常敏感，因此，他的耻辱感很强且易怒。同时，他会长时间地记住所'受到的伤害'。但是，他似乎总是能够克制悲愤的情绪同时将痛苦转嫁到别人身上。"

这份报告总结如下：

> 投射到大屏幕上的阿克曼的公众形象会使人产生一种错觉，即他的理念会带来无限光明，而只要公众接受了这样的幻觉，他就可以自我陶醉了；但是，如果他遇到任何批评或挑战，那么，阿克曼就会变成一个"躲在窗帘后的、没有安全感的男孩"。他没有能力来管控其自身的羞耻感，他也无法做到"喜怒不形于色"。

通过一些测量方法，该报告确认：康宝莱公司一开始的思考方向是没有问题的。然而，约翰逊和他的团队希望构建一整套应敌的最佳方案，即如何把握、如何操控和如何反击。

康宝莱公司首席财务官约翰·德西蒙（John DeSimone）说："我们正试图确定阿克曼的动机，以及如何结束这场'博弈'。但是，我们不知道比尔·阿克曼是一个什么样的人，也不知道他可能使用什么样的战略和战术。"

除了对阿克曼的人性特质进行描述之外，研究报告也为康宝莱公司制定了一个策略方法，即如何应对与阿克曼之间的关系突然变化而导致的突发事件。

相关报告的"策略重点"一节建议康宝莱公司需要"向同盟者敞开大门"，同时对基本规则进行"密切协商"。

报告建议："如果有合作的可能，那就会使阿克曼将其重点从康宝莱公司的营销与财务状况转移至公司产品上，以此维护其慈善形象。"同时，报告甚至暗示："康宝莱公司可以考虑邀请阿克曼更多地了解本企业的商务活动与产品状况。康宝莱公司可以举行一场会议，邀请诸如奥巴马总统夫妇、奥普拉·温弗瑞、杰瑞·布鲁克海默、马克·扎克伯格、比尔·盖茨夫妇、沃伦·巴菲特之类的名人，同时，邀请哈佛、耶鲁、普林斯顿大学的前任和现任校长。此时，如果邀请阿克曼，他一定会被吸引，我们就给他一个拍照和夸耀的机会，这有助于确立康宝莱公司正面的公众形象。"

报告还建议康宝莱公司"看一看阿克曼高调公布的事件有什么含义，这会是一个了解其（公司）性质的契机"。

报告继续建议道："我们可以围绕迈克尔·约翰逊编织一些积极向上的系列故事，如此则可表明他是一个好人，然后向公众传达他对康宝莱公司的活力、热情和愿景。"

报告还建议康宝莱公司"调整威胁，把公众注意力从阿克曼的个人特质以及对于他的批判文章中分散开，因为任何集中于阿克曼身上的宣传，甚至是负面宣传都会将其自身的公众形象打造成为'具有维权属性的股东代表'。"

自2012年12月以来，从阿克曼第一次提出其惊人方案开始，他动用了十亿美元来做空康宝莱公司的股票，而这场战斗也大大消耗了康宝莱公司的实力。现在，约翰逊和康宝莱公司其他高管终于开始明白：他们必须首先了解双方博弈的起因。

这是一场战争，一场"始于一通电话"的战争。

|第2章| 出击：谋定而后动

W H E N   T H E   W O L V E S   B I T E

2011年初夏的一天，阿克曼正在位于曼哈顿城西第2大街888号的办公室工作，这时，电话铃声突然响起。阿克曼拿起电话，里面传来克里斯汀·理查德（Christine S.Richard）女士急促的声音：

"比尔，我发现了一个和纽约财产保险公司（MBIA）一样的、可打击的目标。"根据经验，理查德知道，MBIA这个称谓会立即引起阿克曼的兴趣。

MBIA公司是债券保险界的巨头，但它早就是阿克曼的囊中之物，2002～2009年，阿克曼在与之交锋的过程中获取了14亿美元的"意外之财"⊖。而在这胶着的7年"战争"中，阿克曼本人也成了纽约司法部长艾略特·斯皮策（Eliot Spitzer）和美国证券交易委员会（SEC）调查的核心⊜。

上述事件经历了一个漫长的过程。开始的时候，相对而言，阿克曼的公司在对冲基金领域还是一个羽翼未丰的新手，当时他用哥谭合伙公司的名义做空MBIA公司的股票。他们当时对赌的行情是：如果狂热的房地产市场开始萎缩，那么该公司股票将会暴跌。此外，阿克曼买入了所谓的信用违约互换（CDS），即一种生效的保单。阿克曼的计划是：如果关联公司破产，他会得到进一步的赔偿。阿克曼在利用投资疯狂做空MBIA公司股票的同时还附上了一份55页的公函，题为" MBIA公司的信用评级能够达到3A吗？"⊜如此则在实质上瞄准了MBIA公司的死穴——"信用评级"。阿克曼将MBIA

⊖　Cohan, William, Is Bill Ackman Toast?"，Vanity Fair, October 17, 2016.

⊜　Morgenson, Gretchen, Fabrikant, Geraldine, " A Rescue Ploy Now Haunts A Hedge Fund That Had It All," *The New York Times* Jan. 19, 2003.

⊜　Gotham Partners, *"Is MBIA Triple A?"* December 9, 2002.

公司系统性地拆分开来，他指责该公司歪曲其资产的内在价值，同时存在会计欺诈行为，以及其他犯罪模式；阿克曼还声称，MBIA 公司的资本流动性将不复存在。这就涉及信用问题，而商业信用对一家公司而言则意味着一切。MBIA 公司首席执行官加里·邓顿（Gary C. Dunton）承认："3A 评级对我们公司来说是非常宝贵的。"他曾经告诉《纽约时报》的记者乔·诺塞拉："对 MBIA 而言，最关键的事情就是 3A 评级，这是驱动我们公司运行的基本商业模式。"⊖

其实，即使没有上述这些对 MBIA 公司信用评级所做的"小动作"，该公司也可能成为众矢之的，这一点阿克曼是知道的，而这就是他做了一笔几乎闻所未闻的卖空投资的原因。他在互联网上发布措辞严厉的报告，在公共场所使用了不礼貌的词汇，阿克曼希望人们阅读他的报告，如此，市场和投资者就会怀疑 MBIA 公司的偿付能力。然而，阿克曼并没有止步于此，他去了美国证券交易委员会和纽约国家保险监管机构，希望得到相同的结论，扫清 MBIA 公司的外围，进而导致其股票价格的暴跌。

阿克曼与 MBIA 公司之间的战斗所造成的影响在金融市场上日复一日、年复一年地持续发酵——阿克曼步步紧逼，MBIA 公司也进行着反击。

最终，市场舆情开始倾向于阿克曼。在 2004 年，美国证券交易委员会和斯皮策先生开始调查 MBIA 公司的会计账⊖。一年之后，该公司终于被要求重新披露其八年间的盈利状况。尽管此间该公司股票价格基本上保持得不错，但这也检验了阿克曼的决心。

2007 年，当金融危机爆发时，在次贷泡沫破灭的重压下，MBIA 一类的公司股票价格遭到了重创，阿克曼的投资获得了巨额的回报。而雷曼兄弟（Lehman Brothers）和贝尔斯登（Bear Stearns）等一批投资银行最终也进

⊖ Nocera, Joe, "*Short Seller Sinks Teeth Into Insurer,*" The New York Times, December 1, 2007.

⊖ McDonald, Ian, Scannell, Kara, " MBIA Accord Caught in SEC Delay," The Wall Street Journal, May 22, 2006.

行了破产清算，所以，许多人会猜想：其他与 MBIA 公司相类似的企业是否会成为下一个被攻击的目标。

其实，MBIA 公司的股价在当时的确受到了重创，截至 2007 年 12 月底，其股价下跌了 56.3%，期间单日跌幅曾经达到过 25%[⊖]，大众对此类板块相关行业的信心也随之丧失。但是，这对阿克曼而言意味着一次突破，他因此获得了丰厚的回报——他在 MBIA 的股票上赚取了 14 亿美元，同时也获得了"华尔街斗士"的称号。

这位雄心勃勃的、顽强的前记者理查德女士则希望阿克曼做好猎取下一个目标的准备。

其实，做空一家公司的股票还真不是一件容易的事，与 MBIA 公司之间超过五年的争斗给阿克曼留下了很大的创伤，他为此"伤透了脑筋"。但是，阿克曼没有将这些事情告诉周围的人，即使他自己的投资者强烈要求寻找下一个猎物。然而，几乎可以肯定的是：阿克曼不想再从事公共性的做空交易，因为这太费神了！

阿克曼曾经说过："我不想再大张旗鼓地从事做空交易了，因为这需要强大的应变组织能力，同时还要搜集很多负面的新闻，大家都会因此讨厌你——这是我的真心话。"

没有人能够比理查德女士更能理解阿克曼所经历的痛苦，她在彭博新闻社做记者的时候，曾经对 MBIA 公司的传奇事件进行了梳理，从中发现了该公司的一些重大问题。后来，理查德写了一本书，名叫《信心游戏：一个对冲基金经理如何在华尔街虚张声势》，其中将阿克曼的争斗经历比喻成"一场远征"。她还声称：一个无情的投资者愿意竭尽全力去赢取胜利，即使要等待多年也在所不惜。

MBIA 公司与阿克曼之间跌宕起伏的故事深深打动了理查德女士。于是，

⊖ Benner, Katie, "Bond Giant's $8.1 Billion Surprise," Fortune December 20, 2007.

她申请休假，同时撰写了一部关于阿克曼的书籍。之后，她离开了彭博社，入职 Indago Group ⊖——这是一家小的、有些神秘的精品研究店，主要是以纽约的一些顶级对冲基金经理为客户而提供相关的服务，其中也包括阿克曼。

前电视制片人和持证私家侦探黛安·舒尔曼（Diane Schulman）是该公司的创始人，理查德和她因自身所具有的独特投资理念而获得了高额回报，并受到投资者群体的关注。因此，她们被公司大部分的男性客户冠以一个俗气的昵称——"Indago Girls"。舒尔曼还曾经帮助过投资者斯蒂文·艾斯曼（Steven Eisman），此人在迈克尔·刘易斯（Michael Lewis）编导的电影《大空头》（*The Big Short*）中所扮演的角色非常出名，他曾为自己的卖空行为做过一些调查，进而对冲具有营利性质的教育机构的股票⊜。同时，艾斯曼在舒尔曼和 Indago 所提供的投资项目上赚了一大笔钱，而这在过度自信的对冲基金领域则为其赢得了一定的赞誉之声。

舒尔曼向理查德提供了一份公司名单让其梳理，但它们太不透明、晦涩难懂，因此，理查德很难对其进行很好的研究。

然而，在舒尔曼的名单上还有另外一家公司，理查德模糊地记得她之前的同事几年前曾经对它做过一些报道，于是她在 2011 年的夏天给阿克曼打电话告知了这家公司的名称，即康宝莱。

康宝莱是一家上市交易的经营营养品的公司，出售健康奶昔、茶和维生素补充剂。当理查德说出这个名字时，阿克曼停顿了一下，他以前似乎从未听说过这家公司。即使他听说过这家公司，他可能也不知道该公司的股票代码或者它到底是做什么的，不过，这种情况很快就会改变了。

理查德曾短暂地浏览过她对康宝莱公司做过的一些研究，她告诉阿克曼：

⊖　Indago，一个高端投资专业研究机构，面向做空者销售其研究成果。——译者注
⊜　Doyle, Larry, "Are Student Loans And Impending Bubble? Is Higher Education a Scam?: Part Ⅱ", Sense of Cents, Business Insider, June 22, 2011.

这家公司可能存在着金字塔式的骗局。

如此一来，阿克曼似乎就对其很感兴趣了。

理查德花费了几百个小时的时间仔细地研究了与传销相关的案例，从中，她发现相关企业许多经营模式与康宝莱公司有相似之处。其实，发现这些问题也不是太困难。从 20 世纪 70 年代开始，多层次的营销（传销）公司一直受到严格的审查，这主要是由于相关企业之中存在具有争议性的薪酬结构，而在这种结构中，公司员工是按照其实际销售的产品数量以及他们在业务中所招募的新人数量而获取报酬的。在过去的几年里，其他的卖空者对此类行业进行了大量的快速浏览，他们相信：那些扭曲的业务只会使那些早到的人变得更富，而那些在晚些时候入行的傻瓜则会被骗。一些公司的运营模式甚至被政府称为"金字塔式的骗局"。后来，这些公司被起诉并被永久性地关停。

在第一批与上述相关的案例中，一家名为 Koscot 的经营美容业务和化妆品的公司⊖被联邦贸易委员会（Federal Trade Commission，FTC）锁定且被认定从事欺骗性交易⊜。首先，该公司鼓励那些签约人花费 2000 美元，实际上这仅仅是为了获取一个昂贵的头衔，同时得到一个赚取佣金的权利；其次，他们被要求再花 5400 美元购买化妆品。只要新员工进行了类似的投资，那么该公司的老员工将从中获得奖赏⊜。

然而，在 1975 年 11 月 18 日，美国联邦贸易委员会勒令 Koscot 停止制定此种开放式的、多层面的营销计划；同时，禁止其从事非法定价和价格歧视性战略，不得对相关分销商实行销售和采购限制；另外，该公司不得通过渲染盈利情境且采用其他虚假陈述等手段来招募分销商。

与此同时，其他类似的案件也如雨后春笋般接踵而至。在研究这个行业的时候，理查德女士获取了一些宝贵的资料。即使是在最近几年，同样有一些公

⊖ Parloff, Roger, "The Siege of Herbalife," Fortune, September 9, 2015.
⊜ FTC, "In The Matter of Koscot Interplanetary," Docket 8888, November 18, 1975.
⊜ FTC, "In The Matter of Koscot Interplanetary," Docket 8888, November 18, 1975.

司也具有某种相同的吸引公众眼球的特点。

2007 年 6 月，美国联邦贸易委员会起诉了经营在线数字音乐（MLM）的伯恩朗吉公司（BurnLounge）⊖。在调查之后，联邦贸易委员会得出结论：伯恩朗吉是一个传销组织，因为它的大多数成员不需要进行真正的销售服务，他们可以通过招募新成员而获取收益。

2007 年 7 月，加利福尼亚州一家法院禁止上述公司运营并冻结其发起人的资产，勒令其等待审判。

据说，在伯恩朗吉公司旗下，有超过五万人在这场骗局中受到影响，其中 90% 以上的人都在赔钱。

联邦贸易委员会关闭了多家传销公司，其中包括：全球信息网络公司（Global Information Network）、长征者联盟公司（Trek Alliance）和一家名为"五星"的公司（Five Star，该公司免费提供"梦想汽车"的租赁服务，只要求租赁人支付年费，但他们需要招募其他人进入该行业）。在一场审判之后，纽约南区的联邦地区法院认定："五星"公司的营业模式属于一种传销手段，因为人们没有为其所承诺的金钱而付出对价⊜。

就理查德在康宝莱公司身上所发现的资料而言，她从阿克曼那里得到的答复是："送我点东西吧。"因此，在接下来的几个星期内，她又在这座城市里与其会面了。

会面当日，曼哈顿的天气闷热潮湿，即使是在正午的倾盆大雨之后，相应的热度也几乎没有什么变化。当时，心情仍然沉浸在风暴当中的理查德女士乘坐电梯到了 42 楼，来到了位于潘兴广场大厦的阿克曼所在公司的办公室。

离开电梯之后，理查德穿过玻璃门，进入一个原生态的白色办公室，然后被引到阿克曼的会议室，在这里可以俯瞰中央公园，但壮观的景色被外面恶劣

⊖ Gross, Grant, "Burn Lounge Promoter Settles FTC Complaint," PC World, July 1, 2008.

⊜ 即 consideration。——译者注

的天气遮盖了。

理查德站在屋中，等待着期盼已久的阿克曼的到来。

终于，几分钟后，阿克曼像旋风一样进入办公室，他后面跟着一个助手，这个助手递给他一个装满文件的手提袋和一把高尔夫伞。

阿克曼显然心不在焉，他很快地道了歉，说他不能留下来，因为家里的事情很紧迫，这让理查德大失所望，感觉"透心凉"。

但是，在匆忙离开之前，阿克曼请他的一位高级分析师肖恩·迪内恩和一位名叫罗伊·卡索维茨的律师坐在他的位置上倾听理查德女士说的话。

理查德坐在会议桌旁，把手伸进自己的包里，拿出了报告，而这个报告的边缘满是褶皱，可谓饱经风霜——她所做的这一切都是为了使自己紧张的神经平静下来。理查德可能是一名有成就的记者，她曾写过一篇关于华尔街上那些难以理解的话题的文章，但是，在那些常春藤联盟分析人士和对公司资产负债表非常熟悉的专家面前，她却感觉自己好像是一个局外人。

理查德女士深深地吸了一口气，然后开始专注于陈述康宝莱公司的问题。她所质疑的是该公司针对众多分销商所制订的补偿计划。她把他们不断推动新客户的努力比作在跑步机上跑步，其实就是不停地购买公司的产品，进而提升其赚取真金白银的食物链体系。理查德说："这种做法具有操控性，而且是不道德的。"她描述了相关的框架结构，并对一些康宝莱公司的顶级卖家所提出的要求进行了梳理。这些人在营销视频中吹嘘：他们通过出售公司生产的奶昔而获得了豪华的轿车、游艇和豪宅。

当理查德说话的时候，迪内恩似乎在脑子里盘算着什么，他所考虑的是华尔街任何一个人在投资之前都会提出的那些关键性的问题，即康宝莱公司到底有多大？它的客户是谁？谁是最大的股东？诸如此类。

办公室里的人似乎对理查德的素材很感兴趣，但他们并没有表现出过分的热情。尽管如此，在会谈最终结束之前，他们还是向理查德提出了时长大约

90 分钟的问题。在所有的听众当中，迪内恩似乎是最感兴趣的，但是，在完全买下理查德所兜售的情报之前，他要完成自己的工作。这并不是说迪内恩不相信理查德所陈述的情况，这只是他自身的工作作风而已。

迪内恩有着橘色头发，体格健壮，他从哈佛毕业后直接来到潘兴公司就职。在校期间，迪内恩的成绩在班上名列前茅。他的竞争意识非常强烈，以至于他会经常去中央公园跑步，同时嘲笑那些比他跑得慢的人。他会设定一个速度来刺激他们——迪内恩瞬间跑过，而其他人此时还傻傻地待在原地不动。

在办公室里，迪内恩同样表现出战斗的决心。他的同事说，迪内恩态度冷漠而性格冷静，他经常在潘兴大厦的周际投资会议上四处走动，并试图公开贬低其他的分析师。

然而，大家不得不承认，迪内恩的才华和智慧是毋庸置疑的。

阿克曼终于被吸引了，他采纳了迪内恩的意见。在过往的岁月当中，迪内恩所付出的大量心血曾经使得潘兴公司成为金融市场之上的最大赢家（之一），而此笔交易将是对冲基金历史上最伟大的投资之一。

2008 年，潘兴公司决定购买一家购物中心运营商通用地产公司（General Growth Properties）的股票，而该公司当时正濒临破产。阿克曼几个月来一直盯着该公司的股票，但迪内恩一再敦促他们推迟购买，直到相关股价再度下跌——事实证明这项建议确实有先见之明。当 2008 年房地产泡沫破灭之时，通用地产的股价跌至每股 1 美元以下，因此，该公司最终将提交美国历史上最大的房地产业相关的破产保护申请。这时，阿克曼猛扑过去，在底部投资，帮助该公司脱离了《破产保护法》第 11 章的管控。该交易是一场全垒打，阿克曼将该公司资产的价值从原来的 6000 万美元变成了惊人的 37 亿美元⊖。

⊖ Louis, Brian, "Ackman's General Growth Sales Marks End of Investment Era," Bloomberg, February 11, 2014.

迪内恩对通用地产股票的研究使其在潘兴公司赢得了"明星分析师"的美誉——至少在他的老板看来是这样的。如果康宝莱公司真的如理查德所说存在欺诈行为，那么，阿克曼则希望迪内恩成为一名相应狙击战略的决策者。

于是，迪内恩将自己的精力完全投入到此项工作当中，他对康宝莱公司进行了自下而上的分析，并向潘兴公司投资委员会报告其所发现的情况（该委员会每星期二开会一次）。在会议期间，六名潘兴公司的分析师围坐在会议桌旁，发表自己的想法，而包括阿克曼在内的其他团队成员则对他们的提议进行审查。

潘兴公司的合伙人保罗·希拉勒也曾就读于哈佛大学，他在大学三年级的时候与阿克曼有过一面之缘，此时，他的心情特别矛盾。实际上，希拉勒并不神秘，他是一个乐于倾听的人，不过，他认为做空康宝莱公司是一个冒险的行为，因为法律对其禁止的传销活动所下的定义特别模糊，而且很难被完全理解。

另一位高级合伙人斯科特·弗格森同样具有常春藤联盟的"血统"，他的担忧更加倾向于"个性化"。其实，弗格森所担心的是：康宝莱公司的传销系统每年生产和销售数百万美元的产品，因此，它不会善待那些试图叫停其业务的、流窜于华尔街之上的"搅屎棍"。所以，弗格森担心康宝莱公司会变得很暴力，同时，他也曾警告阿克曼：康宝莱公司的某位传销者甚至尝试要干掉相关的投资方。

阿克曼并不是一个胆小怕事的人，他所担心和忧虑的是：这笔交易本身是否能够获利？如何获利？

当理查德女士几周后返回潘兴公司与阿克曼进行期待已久的面谈时，她发现阿克曼对于将康宝莱公司纳入其投资组合这件事所做的准备远远不足——他经常就理查德所提交的报告的某一部分提出"这是什么"一类的质询，在翻阅理查德的报告时他也经常问："这意味着什么？"如此一来，理查德的思路就会受到干扰。

其实，阿克曼一贯的工作作风就是运用善于分析的大脑，清晰地阐述相关的结论，然后毫不犹豫地付诸行动。阿克曼能够很快地隔离所谓的噪声因子，他能在几秒钟之内发现某种金融产品是否具有优势，也可以对某种事物进行长达数年的解读和研究，进而探究其本质，然后发现其中所蕴含的惊人规律。

潘兴公司的绝大部分员工都知道：如果和阿克曼发生争论，那你可能因为准备不足而一败涂地——阿克曼的能力已经足以证明他就是一个"鬼才"。

接下来，我们来看看阿克曼的外表形象。

阿克曼身高 1.9 米，有一双非常犀利的蓝色眼睛，他的胸膛十分宽阔，但一头深灰色的头发使他看起来要老上 20 来岁。阿克曼给人的印象非常深刻，他的外表透露出一种机智、敏捷和无拘无束的性格。

理查德知道，和其他人一样，她与阿克曼的会面是二者自信心的碰撞——理查德现在唯一的想法就是兜售其"做空"的理念。

此时阿克曼也注意到：康宝莱公司的营销历史已长达 30 年之久，他们完全不相信政府监管部门会对其进行查处。而阿克曼所疑惑的是：人们为什么要关注它？还有，即使理查德女士的观点是正确的，那么应该如何进行相应操作来以相关的事实刺激公众的神经，进而打击康宝莱公司的股价，最终使相关投资获利呢？

另外，MBIA 公司的阴影在阿克曼的心中还是挥之不去——整个事件的过程对他来说可谓是"五味杂陈"，阿克曼实在没有什么心情再去创造一段"神话"。

会谈结束之时，理查德女士向阿克曼保证——截至年底，如果能够发现任何新的情况，她会定期进行通报。

于是，理查德女士继续挖掘相关的素材，她对康宝莱旗下蓬勃发展的养生俱乐部特别感兴趣。2009 年，该公司首席执行官迈克尔·约翰逊曾宣布：该公司的此项业务是"过去3~4年中康宝莱公司业绩增长的最大源泉"。[⊖]截至2011年，康宝莱公司在全世界有超过67 000家养生俱乐部。

康宝莱公司将上述这些俱乐部称为社交场所，人们可以在那里聚集，品尝营养奶昔或茶，也可以了解该公司的情况以及其所展示的商业契机。

这些俱乐部在2006年始建于墨西哥的扎卡塔斯，它们很快就在附近的社区流行起来。当康宝莱首席执行官迈克尔·约翰逊和公司总裁德·沃什（Des Walsh）在一次例行的出访中参观一家公司时，他们被看到的景象所吸引，遂决心将这些成功模式在美国复制，而他们确实做到了。

事实上，近年来，康宝莱公司所属的俱乐部的数量在不断增长，它们在全球的销售额也占到康宝莱公司总收入的35%~40%。

对于上述情况理查德女士有不同的看法，她认为：这些俱乐部很可疑，甚至可以说它们从始至终都透着一股"邪气"。

理查德女士开始效仿调查记者的所作所为——她跑去外地，并在宾夕法尼亚州、罗德岛和纽约市的康宝莱养生俱乐部安装了监视器，从中发现了很多令人担忧的景象——相关的机构几乎都是摇摇欲坠的商铺，主要位于拉丁裔所聚居的社区，而相应的店面没有任何标志，也没有康宝莱公司的官方标识。它们的门总是关着，窗户全被窗帘所遮挡，"欢迎"与其他任何能够表明此处有零售业务在经营的标志被禁止使用，包括那些经常被贴在前门的、带有信用卡标志的贴纸。

然而，康宝莱公司在其内部文件中则宣称：上述这些机构是"于社会氛围当中形成交集、使公众分享康宝莱产品且对相应的商业契机进行解析"的场所。

但是，对于理查德而言，这些俱乐部似乎就是一个骗局——在这里，游客们停下来喝一杯奶昔或茶，然后被骗去购买价值数千美元的康宝莱产品，并希

⊖ Richard, Christine, Schulman, Diane, "Herbalife Investigative Work," February 22, 2012.

望能够借此变得富有。

理查德向阿克曼的团队汇报了她所发现的情况，但是这些投资人却仍然保持沉默，不予置评。

直到 2012 年 1 月 5 日，康宝莱公司在布鲁塞尔的法庭上被宣布为"非法传销组织"。⊖该诉讼案件是由比利时一家名为"Test-Aankoop"的非营利性消费者保护组织所提起的，尽管康宝莱公司强烈反对这一指控，但是，一名法官驳回了它的辩护理由。该法官称：康宝莱公司的销售人员可以被视为"零售客户"，而不仅仅是其产品的分销商。此外，该法官认为：根据所提供的证据，康宝莱公司唯一的实际客户是其自身的销售人员，康宝莱公司则对此提起了上诉。当时，对大多数人来说，这则新闻只是昙花一现，几乎没有什么媒体进行跟踪报道。

不过，阿克曼和迪内恩等少数几个人注意到了这件事。

理查德说，她要去位于内布拉斯加州奥马哈市的康宝莱旗下另一家草药营养俱乐部去探查一番，且已经预定了行程。阿克曼则通知迪内恩，要求他也去看看实际情况到底是什么样子。

2012 年 1 月 11 日早晨，理查德和迪内恩走进康宝莱公司位于奥马哈的营养俱乐部，他们发现有几个人正在喝草药茶和奶昔。同时，他们遇到了该俱乐部的经营者，这是一个叫何塞的人，他声称每月要花费 3000 美元用于与俱乐部产品相关的服务和销售之上。但是，在看到何塞所开发的来来往往的客户之后，理查德计算了他所声称的"常客"的消费支出，她觉得何塞每月的收入大约是 3450 美元，勉强够此人支付房租和其他费用。另外，何塞抱怨说，在没有任何历史悠久的商业机构出面或授权的情境下开展招聘工作是非常困难的。

由此，理查德得出结论：这个实体所操作的业务是不可运行的。

⊖ "A European Court Rules: "Herbalife is an Illegal Pyramid Scheme," Pyramid Scheme Alert, January 5, 2012.

从奥马哈回来之后，迪内恩比以往任何时候都更加相信，康宝莱公司的所作所为是在犯罪。在周二的会议上，迪内恩传递了这个理念，同时他也讲述了自己所发现的一些新的情况。

到了当年的 2 月中旬，理查德和舒尔曼针对康宝莱公司所做的全面性的调查报告已经准备就绪，他们把这份报告寄给了阿克曼和其他一些赫赫有名且收益较好的对冲基金公司，希望其中至少有一家公司会出头。

上述这份为康宝莱公司"定验"的文件的完稿日期为 2012 年 2 月 22 日，长达 100 多页。在开头的部分，该报告写道："如果不是基于谎言，康宝莱公司所书写的是一个令人印象深刻的、于美国境内取得成功的故事。"然而，报告接下来的陈述是："康宝莱公司的业绩绝不是慈善企业的光辉典范，而是一个令人震惊的骗局——康宝莱公司不过是一个传销组织，其收入并非如它所声称的那样源于自身产品的营销和零售部门，实际上，康宝莱公司的运营所得应该来自相关业务当中那些失败的投资者所损失的资本。"[一]

接下来，理查德和舒尔曼指出：自 2004 年以来，康宝莱公司旗下 98% 的投资者（约 1100 万人）已经破产，他们总共损失了 110 亿美元。

在报告当中，理查德和舒尔曼介绍了她们在奥马哈俱乐部以及位于宾夕法尼亚州和罗德岛的其他俱乐部所发现的情况，指出：这些俱乐部不过是为编造"迅速致富，实现美国梦"的谎言而设计的"舞台布景"。

上述报告瞄准了康宝莱公司所谓的董事长——俱乐部中的成员，他们是那些多年来赚取了数百万美元的顶级分销商，这些成员曾经在公开场合对康宝莱公司的业绩进行过大肆吹嘘。理查德和舒尔曼所提供的视频演示了一个场景：有一个狡猾的分销商名叫多兰·安德利，他告诉一群天真的新卖家，十年之后，他们可以赚取 5500 万美元的收入，就像"在地上捡钱"一样，他还宣称"这个营养俱乐部所提供的商业机会对你们来说是一个'天赐良机'，它会让你

⊖ Richard, Christine, Schulman, Diane, "Herbalife Investigative Work" February 22, 2012.

们在一生中赚上数千万或数亿美元。"然而，通过观察这些营养俱乐部相同的运营模式，理查德和舒尔曼所得出的结论是：其所宣传的情境完全是虚假的。

另外，理查德和舒尔曼得到了康宝莱公司的培训资料，其中描述了到达传销组织高层所需的"魔法数字"，并认为该企业内部所构建的里程碑式的营销体系从一开始就受到了操纵。

相关报告写道："虽然康宝莱公司旗下分销商中的绝大多数人都失败了，但是，位于传销金字塔顶端的一小部分人却非常成功，而他们的故事被当作任何一位康宝莱公司分销商都应效仿的范例。"

理查德和舒尔曼嘲弄了那些经营长寿项目的顶级分销商，报告中写道："和所有的传销机构一样，那些早期入职的人所获取的机会是最大的，但是，后续加入的接盘者就要收拾烂摊子了，在某种情况下，后来者要销售价值数千美元的康宝莱产品。但是，此时他们会发现，这些营养补品往往是卖不出去的，于是这些产品就会被甩进 eBay（知名的网上购物网站）和其他的购物网站来进行'线上销售'。"

相关报告还记录了："其他类似公司多年以来要么被监管机构罚款，要么被关停。因此，该报告称康宝莱公司的营运模式当中存在'具有掠夺性的金钱陷阱'。"

报告还宣称："康宝莱公司的欺诈行为既明显又复杂，而我们有足够的证据证明：康宝莱公司就是一个传销组织。"

理查德和舒尔曼希望阿克曼团队能够阅读这份文件并为其所驱使而立即开始做空康宝莱公司的股票。但是，这里只有一个问题：阿克曼的律师最初不希望他参看此份报告，因为与其中涉及的诉讼程序相关的某些模糊性法律用语会有利于康宝莱公司的分销商。所以，潘兴公司的律师最初对报告中的每一行几乎都进行了修改，然后交给阿克曼一份被涂黑的副本以供参考，这使阿克曼很不高兴，但是，此举表明：潘兴公司的管理层对可能出现的诉讼情境非常敏感。

即使如此，目睹了奥马哈俱乐部实际情况的迪内恩则继续书写自己的报告，为了赶时间，他有时就在办公室的地上睡觉，因为迪内恩此时更加相信：康宝莱公司活脱脱就是一个潘兴公司所要狙击的"靶子"。

但是，阿克曼的声音才是真正重要的，这件事还需他一锤定音。而此时，阿克曼仍然在寻求一个具有催化剂性质的刺激因素，他知道：不管一个故事有多好，必须有一个契机来使其发酵——与MBIA公司的争斗过程也凸显了这一点。因此，阿克曼认为：要想在与康宝莱公司的争斗之中获胜，所采用的手段也应该是如此。

潘兴公司的投资委员会对此项目进行了持续的研讨。尽管包括迪内恩在内的一些人大声疾呼，支持押注康宝莱公司，但阿克曼却拒绝了相关方案。人们在猜想：这或许是由于反对派的担忧；或许，无论故事情节多么引人入胜，阿克曼自己却不愿在另一场公开的争斗中担任主角。

其实，这倒不是因为阿克曼不想再次成为公众所关注的焦点，恰恰相反，他对此是非常向往的。

W H E N   T H E   W O L V E S   B I T E

　　比尔·阿克曼抽了一记回网，喊了一声，然后急匆匆地返回自己所占场地的基线，等待下一记重扣——这是阿克曼在 2016 年夏天于布里奇汉普顿庄园所参与的一场友谊网球比赛，但他还是一如既往地投入参加专业比赛的热情。在赛场上，有人小声嘀咕，有人做鬼脸，然而当时的气氛就像温布尔登赛事一样紧张。阿克曼喜欢把自己和那些有运动血统的球员联系在一起——以前的职业球员或有抱负的人可以在他的"哈－特鲁"红土球场周围跑动。他可能穿的是全白的衣服，而不是西装，但他对于胜利的追求一点也不会少——他永远都全力以赴。

　　阿克曼的一位朋友（有时也是对手）说过："比尔打网球的方式和他的投资方式一样，他会一直寻找本垒打的契机，并且渴望取得彻底的胜利。他需要赢得每一分——无论是闲玩，还是比赛。"

　　那些最了解阿克曼的人也承认，他一直都是这样的——在运动项目以及各种挑战面前，他都具有非常强悍的竞争力。

　　迈克·格罗斯曼是阿克曼儿时的朋友，他在 13 岁时于当地一家网球俱乐部遇到了这位强人，从此成了比尔的双打搭档，而正是这个格罗斯曼曾经说过："比尔喜欢赢，而且总是乐观地认为自己会赢，我们也确实能够在大部分的时间里赢得比赛。但是，当我们没有赢得比赛时，比尔总会认为这是一种反常现象。"

　　阿克曼是在离曼哈顿 30 英里⊖的地方长大的，他住在纽约州的查帕奎市，

　　⊖　1 英里＝1609.344 米。

这里具有韦斯特切斯特式的小镇风情——到处都是老式的豪宅。在这里，人们总是希望自己的孩子将来能够进入"人上人"的特权阶层。

阿克曼家族自然也不例外。

比尔·阿克曼是劳伦斯和罗尼所生的孩子当中年龄最小的，当时被称为"小比利"。阿克曼很小的时候就已经远近闻名，他在一个富裕而充满爱心的家庭中长大，人们可以从其所具备的修养当中来追溯阿克曼在成长过程中所经历的一切。在夏天的时候，阿克曼喜欢露营、划独木舟、玩皮划艇、打棒球，或从事其他的运动。

阿克曼比大多数同龄男孩都要高，他擅长跑越野，曾在附近的霍勒斯·格里利高中担任队长，在那里他表现出色。但早在那个时候，阿克曼就已经展示出作为华尔街投资者所应具备的特质。

格罗斯曼还说道："阿克曼在生活中比较'托大'——他非常固执己见、自信、傲慢、率直、诚实，且性格易呈现两极化，有些人爱他，有些人不喜欢他，但他非常重视自己的存在感，并对自身有着不可动摇的信念。"

如果说体育运动可能只是于早年曾唤起过阿克曼的激情，那么商业交易对他而言则永远不会过时。在十几岁的时候，阿克曼就曾经是一个有抱负的企业家——他经营过给汽车打蜡的洗车房，还进行过一些风险性投资来赚取外快。

格罗斯曼说："阿克曼是这个时代伟大的资本家，他总是对赚钱的方式感兴趣。"

另外，阿克曼还有一个怪癖——他每天晚上都会在餐桌上寻找灵感。

阿克曼的父亲曾经是家族房地产经纪公司的首席执行官，该公司的名称是阿克曼 - 齐夫（Ackman-ziff），其历史可以追溯到 20 世纪初。

阿克曼的祖父和自己的兄弟一起创业，他们在大萧条和第二次世界大战中幸存下来，建立了公司，并专注于经营利润丰厚的不动产金融业务。

然而，阿克曼对房地产的兴趣不大，他并不愿意追随父亲的脚步。

阿克曼是一名优等生，他在著名的霍勒斯·格里利高中的 280 名毕业生中排名第四，而这个信息也很快被他告诉了所有的人。

格罗斯曼说："阿克曼似乎是注定要成功的，他从不畏惧下注，或谈论赌博。"

格罗斯曼还说："我给他买了一件 T 恤，作为他 16 岁的生日礼物，我在衬衫上涂写的是'闭口不聚财'。阿克曼可以从博弈当中获取乐趣，他是真诚的，也是真实的。毋庸置疑，阿克曼是一个诚实正直的人，他会告诉你他的想法，从不虚头巴脑或耍心眼。实际上，阿克曼的诚实度是被低估了的。"

阿克曼用 2000 美元和他的父亲打赌，说他能在 SAT 的口语考试中获得满分，他想以此证明自身的能力。但在考试的前一天晚上，阿克曼的父亲突然取消了这个赌约，他认为阿克曼已经承受了足够的考试压力，而且他也没想赢自己儿子的钱。结果，阿克曼在第一部分得了 780 分，他答错了一个问题。而在第二部分，他答错了三个数学问题，得了 750 分[⊖]，阿克曼看起来对此非常自责。

自从阿克曼的姐姐珍妮一年前开始就读哈佛大学以来，比尔似乎自然而然地进行效仿。1984 年秋天，阿克曼被剑桥大学录取，而这位直言不讳的新生没花多少时间就给那些老生留下了深刻的印象。朋友们都说阿克曼很外向、很有主见——他不害怕与其他人进行一场辩论，他善于表达自己的激情和观点。

惠特尼·蒂尔森（Whitney Tilson）是一位明星投资家，也是一位公共评论员。他第一次见到阿克曼是在 1986 年，在哈佛大学的校园内，此人对阿克曼的评价是："比尔在非常年轻的时候就被人厚赞，我的这个朋友很聪明、很有竞争力，也很自信，而有些人可能会把这种自信称为傲慢，因为比尔总是说一些让人难以置信的话。"

阿克曼上述的这些特质在其大学的勤工俭学中派上了用场——他和蒂尔森一起为"说走就走（Let's Go）旅游系列指南"拍摄了销售广告，而这些广告

⊖　Cohan, William D., "The Big Short War," *Vanity Fair*, April 2013.

在背包客中很受欢迎。

蒂尔森说道："谁卖得最快，谁就能赚到最多的钱。我们待在一个小房间里，没有窗户，我可以听比尔的电话，他也可以听我的。我们本应该每人赚5000美元——这是同行在去年的收入——但最终我俩每人赚了12万～13万美元。在一个夏天，我们二人曾经售出了价值50万美元的广告，这对我们这些在校生而言是实实在在的钱。"

阿克曼在课堂上的表现也很出色，同时，他经常在邻近的查尔斯河上划船，并说他是哈佛船队当中最好的"中风"（strokes）队员之一（划桨手）——他掌握这艘船前进的方向和速度。虽然他从来没有登上充满荣耀的船顶，但是阿克曼却说他很高兴能被大家认出来。

但在走向成功的过程中，阿克曼没有明确的方向，他在哈佛求学时对生活的憧憬就是赚很多的钱。

毕业后，他开始在自己的家族企业中工作。他的工作是为开发人员筹集资金、开发新的项目，或者帮助那些想要贷款的开发商筹钱。阿克曼被他的父亲说服了，他在公司的工作业绩比其他大多数员工都要好，而且，老板儿子的身份对他来说也不会有什么坏处。

阿克曼在家族企业中干了两年，但他发现自身的工作并不是那么令人振奋。阿克曼认为通过打电话做单的工作方式会更"有范儿"。因为"玩家"实际上是在寻找交易，而不是试图服务于他人。虽然房地产业可能会获取收益，但它不能让人产生某种激情。

尽管如此，华尔街却几乎不在阿克曼的视野之内。他偶尔会拿《华尔街日报》开涮，但他并没有想成为下一个沃伦·巴菲特——至少当时他还没有这种奢念。

在他父亲的公司里工作了两年之后，阿克曼回到剑桥市，随后进入了哈佛商学院，在那里，阿克曼找到了自己真正的职业，他决定在华尔街留下自己的印记。

有时，自身家庭的人脉关系是有用的。在一天晚上，阿克曼的父亲举办了一次鸡尾酒会，邀请了一位名叫伦纳德·马克斯（Leonard Marks）的成功的投资人。这位投资人鼓励年轻的阿克曼阅读本杰明·格雷厄姆（Benjamin Graham）的《聪明的投资者》（*The Intelligent Investor*）一书，阿克曼欣然接受了他的建议，而多年前给巴菲特带来灵感的正是本杰明·格雷厄姆，所以，阿克曼非常渴望阅读这部著作。

不久之后，阿克曼便将《聪明的投资者》当中的理论付诸实践了。

在哈佛大学，阿克曼用他从 Ackman-ziff 公司所赚取的工资中积攒下的四万美元于 1990 年 10 月在当期股市行情周期的底部，以自己的名义开设了一个名为富达（Fidelity）的账户，自此开启了相关的投资历程：他的第一笔股票交易是以每股 47 美元的价格买入了富国银行（Wells Fargo）的股票，他认为富国银行的业绩比其他竞争对手要好，因为该行的贷款业务更为稳健，而股神巴菲特（那时几乎被阿克曼奉为偶像）当时也以更高的价格买入了富国银行的股票。同时，基于早些年从父亲那里所学到的知识，阿克曼也会买入房地产公司和一些零售商的股票，其中一笔交易是买入了一家名为 Alexanders 的百货连锁店的股票——他在该公司申请破产时以每股 8 美元左右的价格买进了该公司的股票，几个月后以每股 21 美元的价格卖出，如此，他的资本增长了三倍左右[⊖]。

阿克曼一直都在培养某种相应的洞察力，他阅读了每年巴菲特所写的相关信件中的每一个词，希望能尽可能多地了解投资的艺术。

在命运的曲折历程之中，这位家喻户晓的股神（巴菲特）和他的年轻信徒（阿克曼）实际上是有机会在纽约市的福特汉姆大学见面的——他们都曾在

⊖ Gara, Antonio, "Baby Buffett: Will Bill Ackman Resurrect The Ghost of Howard Hughes And Build A Corporate Empire?" Forbes, May 6, 2015.

那里参加过同一项活动。那天在礼堂里，阿克曼的座位刚好在沃伦当时的妻子苏珊·巴菲特（Susan Buffett）旁边。苏珊对这位年轻的投资者产生了兴趣，午餐时，她在旁边留了一个座位，因此在用餐时，阿克曼就坐在巴菲特身边。他向巴菲特请教了一些关于市场行情的问题，但真正引起阿克曼注意的不是巴菲特这个人，也不是金融市场行情——阿克曼注意到，当巴菲特回到座位上时，他手里拿着一盘食物，包括一块巧克力蛋糕（作为甜点），而在整盘食物（包括甜点）上巴菲特都要撒一些盐。

当然，巴菲特和阿克曼之间肯定会提及一些真正的投资话题，因为回到哈佛商学院之后，阿克曼找到了一位名叫大卫·伯科威茨（David Berkowitz）的同学，他们二人合伙建立了自己的投资基金。

阿克曼曾经向《华盛顿邮报》的记者说过："从大卫的谈吐中可以看出他很聪明，我认为这个家伙的言辞很犀利，我们二人能够友好相处。"㊀

伯科威茨在麻省理工学院学习工程学，阿克曼认为他很聪明。其实，相较于住在韦斯特－切斯特区的阿克曼家族而言，伯科威茨出身的家庭显得更加温暖，同时，他本人对金融投资也很感兴趣。但是，在联合基金成立的最后关头，伯科威茨退缩了。

最终，伯科威茨还是同意和阿克曼联合成立相关的基金，并针对自身的情况（两个新手）规定：此基金项目至少需要筹集300万美元。实际上，阿克曼已经从哈佛一位同学的父亲和该校的两位教授那里筹集了资金，其中包括马丁·佩雷茨（Martin H. Peretz）所提供的25万美元，而佩雷茨曾教授社会学，并且当时是《新共和》杂志的主编㊁。现在佩雷茨已经是潘兴公司的投资顾问，他无所顾忌地敦促阿克曼创立自己的基金公司，而不是在一家大型机构内工作。另外，就在当时，他女朋友母亲的一位友人把伯科威茨和阿克曼介绍

㊀ Fromson, Brett D., "*The Rookies Big Score*," The Washington Post, July 10, 1994.

㊁ Cohan, William, "*The Big Short War*," Vanity Fair, April 2013.

给了莱德卡车家族的继承人乔治·鲁希，鲁希同意给他们提供 90 万美元，因此他们的总资产达到了 290 万美元，但仍然略低于伯科威茨所设定的门槛。最后，阿克曼被介绍给了声名狼藉的德斯特家族的一个成员，该成员同意给这两个男孩提供 25 万美元，这样就使基金所拥有的总资本超过了伯科威茨所设定的上限。

同时，阿克曼的父亲也注入了很多资金。总之，阿克曼和伯科威茨所创设的基金共有七名原始投资人，他们管理着 320 万美元的资产。这家初出茅庐的基金公司名为"哥谭投资合伙管理公司"（Gotham Partners Management）[⊖]。它的法人在纽约市公园大道 230 号著名的赫尔姆斯利大厦（Helmsley Building）内租了一间房[⊜]，其他初创类的企业也大都在那里开店。

阿克曼和伯科威茨两人共用一间办公室，他们有各自的办公桌、各自的彭博社终端信息系统，但是，办公室没有窗户。换句话说，他们已经开始忘我地工作了。

哥谭合伙公司首笔投资的是奇尔卡制药公司的股票，该公司的股价曾大幅下跌，但阿克曼认为这是一场基于房地产而进行的相关博弈，因为该公司的房产价值已经超过了其股票于当前时刻所交易的价格。[⊜]

伯科威茨当时曾经说过："华尔街市场只是在抛售股票，但相关企业仍然拥有重要的资产。"[⊗]

上述这项投资使哥谭合伙公司大获成功。几个月后，阿克曼和伯科威茨两人获得了 63% 的收益。[⊗]

随着伯科威茨的运营和阿克曼的投资，这两位新人在纽约市对冲基金的领

⊖ Gotham 是著名超级英雄漫画《蝙蝠侠》中主人公生活与行侠仗义的城市，也是纽约市的别名。有意思的是另一位华尔街老牌价值投资者乔尔·格林布拉特的公司也叫 Gotham Capital，为区分二者，统一译为"哥谭合伙"。——译者注

⊜ Fromson, Brett D., "*The Rookies Big Score,*" The Washington Post, July 10, 1994.

⊜⊗⊗ 同⊜。

域开始崭露头角。尽管公司的收益速度比他们二人所预期的要慢，但他们的公司确已开始运转。该基金公司的业绩在第一个月下跌了3%，有些不尽人意，不过，情况很快就好转了——哥谭合伙公司第一年的收益超过了20%。⊖

哥谭合伙公司的神话由此开始在年轻的投资者当中传播开来，最终，有一个名叫丹尼尔·斯特恩的人开始关注它。斯特恩是著名的齐夫兄弟投资公司（Ziff Brothers）的合伙人，他也曾向几位朋友所在的公司注资——比如创办喜达屋资本公司（Starwood Capital）的巴里·斯特恩利希特（Barry Sternlicht）和奥克-齐夫资本管理公司（Och Ziff Capital Management）的丹尼尔·奥克（Daniel Och）。于是，在斯特恩的支持下，齐夫公司向阿克曼和伯科威茨提供了1000万美元的资金。另外，他们还同意向哥谭合伙公司支付相应的费用，直到这个新企业达到一定的规模为止。

实际上，阿克曼和哥谭合伙公司的壮大过程并没有花费太长时间。

1994年，阿克曼当时仅27岁，他发起了一项大胆的行动，即试图购买一处纽约市最具特色的地标性建筑。

1994年年初，哥谭合伙公司悄然获取了一家房地产投资信托公司（REIT）6%的股权，该公司拥有洛克菲勒中心大厦的产权，而且此时正处于破产保护状态。⊜另外，阿克曼还要与拥有这家房地产投资信托公司7%股权的卢卡迪亚国家公司（Leucadia National Corporation）合作，而该公司也支持阿克曼雄心勃勃的重组计划。⊜很快，20多岁的阿克曼与萨姆·泽尔（Sam Zell）、蒂什曼·斯佩耶尔（Tishman-Speyer）等房地产巨头展开了一场激烈的竞购战——更不用说大卫·洛克菲勒（David Rockefeller）本人了。虽然阿克曼

⊖ Fromson, Brett D., "*The Rookies Big Score*," The Washington Post, July 10, 1994.

⊜ Gara, Antoine, " Baby Buffett: "*Will Bill Ackman Resurrect The Ghost of Howard Hughes and Build A Corporate Empire?*" Fortune, May 6, 2015.

⊜ Strom, Stephanie, "*Rockefeller Center Trust Gets New Plan,*" New York Times, September 29, 1995.

最终在投标中失败，但凭借这场争斗，以及这位年轻的股市活动家自己一路狂飙突进的形象，拥有洛克菲勒中心大厦的这家房地产投资信托基金公司的股价就已被推高了很多——哥谭合伙公司因此得到了丰厚的回报。⊖

这也是比尔·阿克曼对具有维权性质的投资领域的首次涉足。

1995 年，洛克菲勒基金会帮助哥谭合伙公司赚取了 39% 的收益⊜；同时，除了丰厚的回报之外，阿克曼这位年轻的投资人与卢卡迪亚公司总裁约瑟夫·斯坦伯格也赢得了良好的声誉，可谓"名利双收"。

1997 年，在进行了几次起伏不定的投资之后，阿克曼和伯科威茨开始投资高尔夫球领域⊜，他们控制了全国 24 个高尔夫球场——阿克曼押注房地产将继续升值。当房地产价格下降的时候，阿克曼和伯科威茨则加倍投资，继续购买高尔夫球场，而这只会不断增加公司的债务负担。

虽然哥谭合伙公司在 2001 年的净收益率高达 19.65%⊛，但到了 2002 年，面向高尔夫球场的规模性投资迅速成为该基金公司的业务瓶颈，相应的损失在不断增加，投资者也开始要求收回他们的钱⊛，而这种被称为赎回的索汇模式是对冲基金最糟糕的噩梦，恰恰这一点在哥谭合伙公司尤为明显，因为哥谭合伙公司所拥有的投资组合的资产高度集中，只有少数几只股票和相关的头寸，且其中一些没有流动性，也不易平仓。

阿克曼和伯科威茨试图将因投资高尔夫球场而濒临破产的哥谭合伙公司与第一联盟房地产权益和抵押贷款投资公司（First Union Real Estate Equity &

⊖　Strom, Stephanie, " *Rockefeller Center Trust Gets New Plan,*" The New York Times, September 29, 1995.

⊜　Gara, Antoine, " Baby Buffett: " *Will Bill Ackman Resurrect The Ghost of Howard Hughes and Build A Corporate Empire*?" Fortune, May 6, 2015.

⊜　Lopez, Linette, " Bill Ackman is Acting A Lot Like He Did The Last Time He Blew Up A Hedge Fund," Business Insider, March 16, 2016.

⊛　Laing, Jonathan R., "Meet Mr. Pressure," Barron's December 5, 2005.

⊛　Morgenson, Gretchen, Fabrikant, Geraldine, " *A Rescue Ploy Now Haunts a Hedge Fund That Had It All,*" New York Times, January 19, 2003.

Mortgage Investments）合并——该公司是与阿克曼于 1998 年收购的一家房地产投资信托公司相关的控股企业。

但是，当一名投资者提起诉讼，要求阻止这笔交易时，此项计划被迫搁置。⊖

情况越来越不稳定，此时阿克曼还抱有一线希望——他认为自己可以在著名投资者埃兹拉·默金（J. Ezra Merkin）身上找到救命稻草，而默金也同意向哥谭合伙公司注入 6000 万美元的新资金。⊜实际上，默金过去曾在该公司的一个信托基金项目中投过 1000 万美元，同时，他也准备与阿克曼合作，进行新的投资。

接下来的问题就只有"时间"——阿克曼和伯科威茨急需这 6000 万美元的资金，否则他们公司的账面就会出现亏损。

与此同时，阿克曼和伯科威茨也开始构建其他头寸，从而缓解因"赎回"带来的压力。

阿克曼和伯科威茨寄希望于"做多"一家有争议的公司的股票，该公司名为预支法律服务公司（Pre-Paid Legal Services，以下简称法服公司）。法服公司是一家面向个人和小企业兜售法律相关服务项目的多层次营销公司，在全国拥有超过 130 万名会员，但并不是每个人都信任它。华尔街各金融机构大量卖空该公司的股票，持怀疑态度的人认为法服公司所提供的收费项目实际上毫无价值，而且该公司也充满了会计问题。

然而，阿克曼和伯科威茨并不同意其他人的观点，他们买入了 100 万股法服公司的股票，成为该公司最坚定的支持者。⊜事实上，这两人对该公司的评价非常高，以至于法服公司的股票成为哥谭合伙公司最大的资产——其

⊖ Morgenson, Gretchen, Fabrikant, Geraldine, " *A Rescue Ploy Now Haunts a Hedge Fund That Had It All*," New York Times, January 19, 2003.

⊜ Deposition by Attorney General State of New York of William Ackman In re Gotham Partners Investigation, May 28, 2003.

⊜ Morgenson, Gretchen, Fabrikant, Geraldine, " *A Rescue Ploy Now Haunts a Hedge Fund That Had It All*," New York Times, January 19, 2003.

13%～15% 的资金均被投置于此。

2002 年 11 月 19 日，随着新一波赎回浪潮的到来，哥谭合伙公司在其网站上发布了一份题为"法服公司之推介"的报告[一]。在这份文件的首页，阿克曼和伯科威茨写道："我们认为，很多媒体对法服公司的报道是不公平且失衡的，而且在很多情况下是完全错误的。我们出具的这份报告不仅会详细阐述看涨法服公司股票的理由，同时也会驳斥那些看跌该公司股票的空方的观点。"[二]

阿克曼论述道："哥谭合伙公司拥有超过 100 万股法服公司的股票，根据相关研究和分析，且在充分考虑了空方的观点之后，我们认为法服公司所经营的是极具吸引力的业务，其公司股票的价值被严重低估了。"

在报告标题项下的第一部分，阿克曼感叹道："那些做空的投资者晚上怎么能睡得着？"阿克曼将法服公司的股票称为"所有在美国交易所上市的公司的股票中被做空最严重的一只"，他说："我们无法理解卖空者的想法，他们一定相信这个企业即将崩溃……而且很快。"

阿克曼的宣传工作起到了作用，法服公司的股价开始上涨，于是，阿克曼开始期盼他的这番表演能够成功。

但就在几周之后，12 月 6 日，纽约最高法院正式否决了哥谭合伙公司旗下的高尔夫业务板块与第一联盟公司的合并请求，而这意味着哥谭合伙公司的资产管理部门将无法获得数以千万计的资金来改善其财务状况。

上述判决使得哥谭合伙公司旗下的各个高尔夫球场濒临破产。

更糟糕的是，阿克曼不得不告诉默金，他们不能再接受他的资金了。[三]

在灾难性的法庭判决公示三天之后，阿克曼开始发布其关于 MBIA 公司

[一] Morgenson, Gretchen, Fabrikant, Geraldine, "*A Rescue Ploy Now Haunts a Hedge Fund That Had It All*," New York Times, January 19, 2003.

[二] Gotham Partners Management, "*A Recommendation For Pre-Paid Legal Services, Inc,*" November 19, 2002.

[三] Deposition by Attorney General State of New York of William Ackman In re Gotham Partners Investigation, May 28, 2003.

的抨击文章，试图挽救本公司基金所押注的另一个项目的头寸。阿克曼提交的报告的核心内容是质疑 MBIA 公司债券的 3A 评级。自此，阿克曼开启了长达七年的于法律和金融领域战斗的传奇生涯。然而，就那时的情境而言，阿克曼实在无力承担这场漫长的诉讼，他需要一场胜利才能保证本公司业务的正常运营。虽然 MBIA 公司的股价在阿克曼的打击下有所下跌，但它很快就反弹了，如此则使得阿克曼和伯科威茨陷入了一种难以控制的局面。

事实很快变得清晰：对阿克曼而言，当时唯一可行的办法就是关掉公司。

在接下来的两周内，哥谭合伙公司出售了法服公司的股票，清空了 20% 的头寸；公司内部人士也开始脱离处于困境的哥谭合伙公司。因此，媒体纷纷质疑哥谭合伙公司是否已经变得非常绝望，以至于要抽走法服公司的股票，然后进行抛售。⊖

哥谭合伙公司的公关顾问建议阿克曼在《纽约时报》的周末版发表一篇文章，向公众澄清相关的事实，但阿克曼拒绝了这个建议，他对众说纷纭的舆情不予置评。⊜

在经营了十年之后，2003 年 1 月，资产从 300 万美元增至 3 亿美元、年化收益率曾高达 20% 的哥谭投资合伙管理公司开启了自身的清盘程序。这是一个艰难的，甚至是尴尬的过程。当时，阿克曼说："对哥谭合伙公司而言，清盘似乎是最公平的。"

几周之后，总检察长斯皮策开始调查阿克曼和伯科威茨做空 MBIA 公司股票的行为，以及他们在法服公司股票交易中所扮演的角色，而阿克曼对此一点都不担心。阿克曼认为：所谓的调查是一场政治迫害，因为 MBIA 公司曾经与纽约州首府奥尔巴尼的高层有过接触。

⊖ Morgenson, Gretchen, Fabrikant, Geraldine, "*A Rescue Ploy Now Haunts a Hedge Fund That Had It All*," New York Times, January 19, 2003.

⊜ Deposition by Attorney General State of New York of William Ackman In re Gotham Partners Investigation, May 28, 2003.

斯皮策的调查拖了几个月，这期间阿克曼不仅失业，而且还遭受了相关政府部门的"冷遇"和监视。

斯皮策像是一只比特犬，他曾经赢得过"华尔街治安官"的称号，因为他接管过一些规模较大的银行的案件，并根据分析师的研究报告开出过 14 亿美元的罚单。

许多人都想知道，阿克曼是否会成为斯皮策所要猎杀的下一个目标。

2003 年 5 月 28 日，阿克曼前往曼哈顿下城，在斯皮策位于百老汇 120 号的办公室内进行了近八个小时的证词陈述。㊀

阿克曼在纽约 Covington & Burling 律师事务所的律师的陪同下向检察署阐述了其针对 MBIA 公司所撰写的报告的内容，同时申明了他对该公司的详细指控及相关意义。

接下来，检察署的法务人员向阿克曼询问了法服公司的股票交易一事，除了其间提出的诸多问题之外，他们还询问：这笔交易的投资理念从何而来？阿克曼说："是大卫·伯克威茨想出了这个办法，但我不知道他是从哪儿得出的结论。"㊁

阿克曼还被问及法服公司股票发售时间和相关新闻报道一类的问题——哥谭合伙公司当时正在出售法服公司的股票，甚至公司自身的网站上出现了"兜售"的字样。

阿克曼反驳了上述这一说法，并为这宗交易进行辩护。他说："哥谭合伙公司网站上的一份免责声明曾明确地表示——本公司可以随时改变所持股票的头寸方向。"

阿克曼还解释了为什么他不能在交易发生时于公开场合进行相应的阐释，

㊀ Deposition by Attorney General State of New York of William Ackman In re Gotham Partners Investigation, May 28, 2003.

㊁ 同㊀。

即鉴于本公司不稳定的财务状况，相应信息可能会引发对该基金剩余资产的挤兑浪潮。阿克曼声称：为了应对赎回所造成的风波，哥谭合伙公司出人意料地被迫变卖所持仓的股票，因为除此之外，公司决策层已别无选择。⊖

阿克曼说："大卫和我谈过此事，我们决定平仓，所以卖掉了法服公司的股票。"⊜

尽管相关调查最终没有发现哥谭合伙公司有任何不当行为，但是，这个调查过程使阿克曼个人的事业陷入了困境。于是，阿克曼卖掉其掌控的所有哥谭合伙公司的资产，以此来尽快、尽可能地补偿投资者的资金损失。

哥谭合伙公司有一笔资金曾投资在哈伍德地产公司（Hallwood Realty）的股票上，这是一家房地产投资信托公司，总部位于达拉斯市，其股价接近每股 60 美元，而阿克曼认为相应的股票价值应该是 140 美元。由于哥谭合伙公司正面临赎回浪潮的步步紧逼，所以阿克曼没有办法拖延偿付，然后卷土重来。于是，这位 20 多岁的投资者拿起电话，主动联系了一个比他大 40 岁的人，而这个人被认为是华尔街最有影响力的投资者之一。

这个人的名字叫卡尔·伊坎。

伊坎在过去几十年里一直被公认为华尔街最精明的交易撮合者之一。他以"吃人不吐骨头"的谋利方式闻名，而且永远乐于不停地寻找下一个猎物（受害者）。

阿克曼问伊坎是否可以帮忙，他的声音里流露出一丝绝望。

伊坎可能察觉到了阿克曼的弱势地位，同时，他对哈伍德地产公司的股票也产生了兴趣。于是，这两个人很快就达成了交易。

相关协议的起草日期为 2003 年 3 月 1 日，按照协议规定：伊坎将按每股

⊖ Deposition by Attorney General State of New York of William Ackman In re Gotham Partners Investigation, May 28, 2003.

⊜ 同⊖。

80 美元的价格向阿克曼付款⊖，阿克曼可以从当期的股价中获取丰厚的溢价，但是，此价格仍低于阿克曼所认定的价值。

阿克曼知道这个老家伙有赚钱嗜好，所以，他让伊坎的律师基思·谢特金（Keith Schaitkin）在协议中写入一条"傻瓜条款"，如果伊坎以更高的价格抛售股票，那么，该项条款可以让阿克曼免于看起来像个傻瓜。这条"傻瓜条款"要求：如果伊坎在三年内出售了相应的股份，或者出售、以其他方式转让任何一部分交易标的，且相关收益在 10% 以上，那么，伊坎和阿克曼将在两个工作日内分享相应的利润。此外，阿克曼还附加了一项条款，即如果交易双方发生歧义，那么败诉的一方将承担对方的法律费用。

谢特金几乎是熬夜起草了上述这份协议。

阿克曼考虑到他与伊坎两个人是合作伙伴，所以，阿克曼希望这位比他大 40 岁的投资者能够把哈伍德公司的股票"炒"得更高，从而使他们双方都能赚取更多的利润。

2003 年 7 月 29 日，这份协议最终得以达成。伊坎在美国东部时间的下午 1 点发布了一份新闻稿，其中提到他想以每股 132.50 美元（合计 2.22 亿美元）的价格单独（敌意）收购哈伍德公司。与当年 3 月伊坎和阿克曼起草协议之时的价格相比，该股票此时的收盘价格上涨了 87%。⊜

哈伍德公司拒绝了上述收购意向，并在 2004 年同意以每股 137 美元的价格与另一家公司合并，伊坎作为股东投票反对。尽管如此，伊坎还是获得了一笔意外之财：他从阿克曼那里以每股 80 美元的价格将哈伍德公司的股票收入囊中，而该公司最终的并购价格则是每股 130 美元⊜。

⊖ Unit Purchase Agreement by Gotham Partners and High River Limited Partnership, March 1, 2003.

⊜ Icahn, Carl, "Icahn Unit Announces Proposal for Acquisition of Hallwood Realty Partners, L.P at $222 Million, July 29, 2003.

⊜ Ahmed, Azam, "Two Wall Street Titans, and a Seven-Year Tiff," The New York Times, November 26, 2011.

　　阿克曼认为他有权和伊坎分享相应的利润所得，但是，在他与伊坎最初签订的协议所规定的两个工作日期限之后，阿克曼并没有收到任何款项。于是，他给伊坎打了个电话，索要自己应得的利润分成，同时让伊坎查看自己在《纽约时报》上的谈话内容。

　　然而，伊坎告诉阿克曼："对不起，我并没有卖出手中的股票。"

　　阿克曼则质问道："照你这么说，你手里还握有哈伍德公司的股票吗？"

　　伊坎回答道："没有，但哈伍德公司的股票不是我卖的。"

　　谈话很快就演变成了两个人互相威胁着要起诉对方。

　　2004 年，阿克曼提起了诉讼，他声称伊坎违反了合同。

　　伊坎在一份声明中说："在哈伍德公司的并购案中，我们投了反对票。所以，我公司认为，根据数个州的具有类似情况的若干先例，我本人与阿克曼之间的协议不包括前述这种情况，同时，从我与比尔的谈判中可以很清楚地看出，在前述这种情境之下，他是不会得到报酬的。"⊖

　　但是，纽约法院并没有认可伊坎的声明，于是伊坎在第二年向上一级法院提起了上诉。

　　其实，阿克曼和伊坎这两个人也曾试图达成和解，他们在伊坎最喜欢的意大利餐厅伊尔蒂内洛（Il Tinello）进行了一次会谈。该餐厅位于纽约西 56 街，是一家老店，那里的侍者仍然穿着晚礼服，一道名为"伊坎意大利面"的菜肴跃然纸上。在上凯撒沙拉和多佛比目鱼这两道菜的时候，伊坎提议向阿克曼所捐助的慈善机构注资 1000 万美元以解决相应的争端，但是阿克曼拒绝了，因为他认为这笔钱不属于他自己，而是属于他的投资者 ⊜。

　　阿克曼和伊坎之间的法律诉讼长达六年之久，直到 2011 年 10 月，伊坎被

　　⊖ Benoit, David, " Icahn; Au, Contraire I Never Wanted To Be Ackman's Friend, " The Wall Street Journal, January 25, 2013.

　　⊜ Ahmed, Azam, " Two Wall Street Titans, and a Seven-Year Tiff, " The New York Times, November 26, 2011.

判偿付给阿克曼 900 万美元，其中包括伊坎所欠款项的本金加上相应的利息。

伊坎非常恼火，他开始埋怨谢特金。诚然，八年前的那个晚上，谢特金匆忙起草了一份协议，但他笨拙地将相应合同条款的解释权"拱手"让给了法务部门。

谢特金的一时疏忽让阿克曼钻了法律的空子，伊坎大为恼火，他对《纽约时报》的记者说："阿克曼还想教训我，我从事这个行业已经 50 年了，没有他的建议我本来做得就很好！"⊖

在不情愿的情况下，伊坎向阿克曼支付了 900 万美元。之后，伊坎对此事一直怀恨在心，他平静地建议谢特金把眼睛睁大，一旦有机会就让阿克曼把"吃"进去的"吐"出来。

除了与伊坎的法律纠纷之外，2004 年对阿克曼来说是具有里程碑意义的。哥谭合伙公司崩盘之后，阿克曼融资 5000 万美元准备东山再起，而这笔新资金则来自他的老伙伴们——卢卡迪亚国家公司的老搭档约瑟夫·斯坦伯格（此人参与筹划了与老洛克菲勒所达成的那项交易）。于是，阿克曼在曼哈顿区靠近中央车站的潘兴广场大厦因地命名，创办了"潘兴资本管理公司"。

阿克曼自认为是一名具有维权特质的股东积极主义者，他遵循了一个标准的做法——持有一家公开上市的公司的大量股份，然后通过媒体和其他方法大力推动相应的变革，进而希望相关公司能够满足他所提出的要求。

2005 年 7 月初，潘兴公司收购了温迪国际（Wendy's International）快餐连锁店 9.9% 的股份，同时致信该公司管理层，敦促他们分拆 Tim Hortons 的甜甜圈连锁产业。阿克曼认为，如果 Tim Hortons 公开上市交易，则会使温迪连锁店的股票增值，使公司对其业绩具有更多的控制权。

7 月 29 日，就在阿克曼第一封信发出的数周之后，温迪公司同意了他的

⊖ Ahmed, Azam, "Two Wall Street Titans, and a Seven-Year Tiff," The New York Times, November 26, 2011.

分拆提案，董事长兼首席执行官杰克·舒斯特勒（Jack Schuessler）在电话会议上说："我们真的应该将这两个品牌拆分开来，这会使 Tim Hortons 发展得更快，而温迪国际也会趋于成熟。"阿克曼参加了这次电话会议，他说："我认为管理层做得很好，我们很高兴能成为该公司的股东。"⊖

拆分 Tim Hortons 的消息传出后，温迪国际的股价飙升了 14%，达到了 52 周以来的新高——每股 51.70 美元⊜。而当阿克曼投资之时，该公司的股价只是略高于每股 30 美元。

同年，阿克曼斥资 5 亿美元收购了温迪国际的竞争对手麦当劳公司的股份，并敦促该公司实行类似的策略——分拆一些公司所拥有的特许经营店。但是，该计划在 2005 年 11 月被麦当劳公司的管理层彻底否决。

然而，阿克曼毫不气馁。2006 年 1 月，他在曼哈顿中城的一个名为"麦当劳价值菜单"（a Value Menu for McDonald's）的会议上，他宣布了自己针对麦当劳公司所制订的拆分计划。阿克曼把他的计划连同麦当劳的汉堡一起呈献给观众，进而提出了许多在去年秋天就已被其倡导的议案。

麦当劳管理层再次拒绝了阿克曼的提案，但是他们同意回购阿克曼手中的价值 10 亿美元的股票，同时颁发了 1500 家麦当劳餐厅的特许许可。

2007 年，阿克曼利用麦当劳的"招牌"进行套现，他出售了相关连锁店的全部股份，同时将几乎近 100% 的利润收入囊中⊜。

在温迪国际和麦当劳公司的股票上所取得的胜利连同其在西尔斯（Sears）百货连锁店和巴诺书店（Barnes and Noble）进行的引人注目的戏剧性表演使得阿克曼成为华尔街的名人。随着越来越多的人开始追随他的一举一动，潘兴公司的资产迅速增长。2007 年，公司资产已经膨胀到近 50 亿美元。比尔·阿

⊖　Austen, Ian, " *Wendy's Moving to Spin Off It's Canadian Doughnut Chain,* " The New York Times, July 30, 2005.

⊜　同⊖。

⊜　Brewster, Deborah, "*Ackman sells off McDonald's stake,*" Financial Times, December 6, 2007.

克曼的传奇故事在公众和他的同龄人中不断流传，其中也包括阿克曼在其职业生涯中所押上的最大赌注之一。

2007年7月16日，潘兴公司购入了零售商塔吉特公司（Target）的股份，在相应的文件中，潘兴公司称：塔吉特公司的股票被低估了。[⊖]阿克曼购进了9.6%的塔吉特公司股份，他认为以每股60美元的高价所买进的股票未来价值将超过每股100美元。[⊜]

表面上看，上述这笔投资似乎遵循了阿克曼在其他交易中所体现出的理念，即专注于一只估值过低，且在房地产领域非常活跃的公司的股票。但是，此项交易的投资结构是不同的，而最引人注目的是这些参与者。首先，阿克曼把他在对冲基金行业结交的许多朋友都"圈了"进来，其中包括：第三点对冲基金（Third Point）的丹尼尔·勒布、绿光公司（Greenlight）的大卫·艾因霍恩（David Einhorn）和约克投资公司（York capital）的杰米·迪南（Jamie Dinan）。阿克曼的计划是成立一个"特殊目的投资工具"（Special Purpose Investment Vehicle，简称SPIV）式的独立基金，他宣称该基金只投资某些独立的、尚未为公众所知的企业。

尽管阿克曼告诉这群投资者他不会提前透露相关投资的流向，但是，在短短几周时间内，阿克曼从15位不同的基金经理那里筹集了20亿美元，这也证明了他在该行业所拥有的实力正日益增强。

一名曾投资给阿克曼一大笔钱的人说："他能从商界最聪明的人那里筹集资金，然后注入一个不知所云的资产池，而且相应投资于14天内就达到了20亿美元。但是，他又告诉我们相关的股票已经崩盘，不过关联公司是一家具有标志性的企业，其股票行情可以很快被修复。"

但是，这笔投在塔吉特公司股票上的资金几乎从一开始就是一场灾难。

⊖　Kavilanz, Parija B, "*Hedge Fund Takes Aim at Target,*" CNN Money, July 16, 2007.

⊜　同⊖。

　　尽管阿克曼获权出售塔吉特公司的一部分信用卡业务，但是相关投资的时机却是非常糟糕的——此笔交易是在"大衰退"（Great Recession）之前制定的，而这场衰退几乎导致了全球金融体系的崩溃，包括塔吉特公司股票在内的股市行情大幅暴跌，因此阿克曼的投资价值大规模缩水。

　　另外，塔吉特公司还拒绝了阿克曼分拆房地产资产的要求，相关管理层称该计划具有"冒险性"和"投机性"。⊖

　　于是，阿克曼发起了一场代理权争夺战，他希望在该公司董事会获得5个席位，其中一个属于他自己。阿克曼在致股东的信中写道："塔吉特公司董事会的经验不足，导致了公司的业绩不佳。"⊜

　　2009年5月29日，在威斯康星州华克夏的塔吉特公司年度会议上，阿克曼向股东发表了讲话，在引用约翰·肯尼迪和马丁·路德·金的话时，他两度流露出紧张的情绪。⊜

　　在公司业绩公布之前，阿克曼向会议室中的每一个人说道："我们发起这场董事会席位争夺战的目的是确保塔吉特公司永远不会失去其往日的辉煌。"

　　不久，官方公布了股东投票结果：塔吉特公司70%的现任董事会成员留任——阿克曼被彻底击败。

　　公司管理专家克劳迪娅·艾伦（Claudia Allen）向《明尼阿波利斯明星论坛报》（*Minneapolis Star Tribune*）的记者说道："如果抛却激进主义的影响因素，这次投票对塔吉特公司来说具有里程碑式的意义——这是针对公司战略的方向性表决，管理层和董事会所提出的理由显然更具说服力。"

　　投票结束之后，阿克曼家乡的报纸在头条位置大声疾呼："塔吉特公司董事会原成员占4席，阿克曼0席。"

⊖　Reingold, Jennifer, "*Taking Aim at Target*," Fortune, May 28, 2009.

⊜　同⊖。

⊜　Crosby, Jackie, "*Shareholders: Target 4, Ackman 0*," Star Tribune, May 29, 2009.

塔吉特公司可能赢得了史上第一次代理权之争，但其付出的代价还是很昂贵的，据说花费了 1100 万美元，更不用说还要花费几百个小时的时间进行"翻盘"。

然而，相对于上述这场战役以及之后的股价下跌行情而言，阿克曼和他的那些亿万身家的投资人所承受的损失更大。

最终，塔吉特公司股票的市值蒸发了 90%，这让许多原始投资者感到愤怒。更糟糕的是，许多人觉得阿克曼还在执迷不悟。

阿克曼在一封致团队的信函当中也承认了以上的问题，他也建议相关投资者收回剩余资金，但如果他们愿意这样做的话，那就需要放弃未来的绩效。

阿克曼在信中写道："为了能够迅速地发出此函，我把'道歉'一事忽略了。到目前为止，我对塔吉特公司股票可怕的表现深感失望，同时，我对本基金所造成的后果深表歉意……这笔交易可以作为我的人生底线，相关股票行情的波动是我在迄今为止的职业生涯中所遇到的最令人失望的情况之一。"[一]

然而，对某些人来说，阿克曼的这些话听起来很空洞，他们永远不会原谅阿克曼使其遭受的毁灭性损失。

截至 2010 年年底，阿克曼一直都在痛苦中煎熬。

他不仅伤害了朋友，而且针对塔吉特公司的投资也使人们质疑其管理风险的能力。一些投资者后来吐露心声，他们认为这个计划从一开始就是注定要失败的。

那么，阿克曼在零售行业的投资是否能够证明他的勇气呢？公众难道可以简单地凭他在塔吉特公司上所做的尝试来判断其对错吗？ 2010 年 10 月 8 日，阿克曼向外界公开了其所掌控的每股价值 10 美元的彭尼公司的股权。[二]这家拥有 111 年历史的公司已经苦苦"挣扎"了近 20 年。

[一] Moore, Heidi N, "Bill Ackman to Hedge-Fund Investors: "I Neglected to Apologize," The Wall Street Journal," February 9, 2009.

[二] J.C. Penney，一家美国零售公司。——译者注

阿克曼说服了彭尼公司的董事会解雇了长期担任首席执行官的迈克·乌尔曼（Mike Ullman），然后聘用了罗恩·约翰逊（Ron Johnson）。罗恩·约翰逊是苹果公司执行官的热门人选，他因帮助苹果这样的科技公司设计时髦的零售商店而倍受赞誉。

约翰逊迅速变革了彭尼公司之前的各项体制。他重新设计了一些商店，使之体现出"城镇广场"的效应，人们在购物的时候还能享受免费的冰激凌和免费的理发服务。这对一些观察人士来说几乎是滑稽可笑的。

另外，约翰逊还推出了一个"店内商店"的概念——在大店铺内设置几十个品牌的专卖柜台，如此则可吸引具有不同兴趣爱好的各类消费者人群。

在当时经济形势大动荡的情况之下，约翰逊叫停了彭尼公司的促销活动，终止了各种优惠券的签售仪式，其目的是构建一个更民主的"公平和公正"的定价机制。

但是，约翰逊的营销计划失败了。

在约翰逊掌舵彭尼公司16个月之后，该公司的股价下跌了50%；超过1.9万名员工失去了工作；其销售额惊人地下降了25%。⊖

约翰逊被解雇了，彭尼公司也陷入了混乱。此时，阿克曼觉得自己应该避一避风头。

在首席执行官当中，乌尔曼是比较受人爱戴和尊敬的。然而，阿克曼却将其轰下台，这就激怒了一群极具影响力的人。

星巴克的创始人兼首席执行官霍华德·舒尔茨（Howard Schultz）后来也参加了美国全国广播公司财经频道（CNBC）的节目，他向投资者透露了相关的消息。

舒尔茨表现得很激动，他说："所发生的一切是事实，而不是小说。详细的情况是这样的——比尔·阿克曼是彭尼公司招聘罗恩·约翰逊的主要策划

⊖　Guinto, Joseph, "*Who Wrecked J.C. Penney?*" D Magazine, November 2013.

者。同时，阿克曼和罗恩·约翰逊共同撰写了一份公司发展战略，而恰恰是这个战略毁掉了彭尼公司，也毁掉了该公司成千上万员工的生活……比尔·阿克曼是招募罗恩·约翰逊的主谋，也是那个失败策略制定过程的参与人，他的手上沾满了鲜血。"⊖

其实，阿克曼应该给彭尼公司打个电话，告诉他们："这可能是我最糟糕的一笔投资。"⊜

到 2012 年中期，随着彭尼公司股价行情的溃败升级，伴随着塔吉特公司前景的不确定因素，潘兴资本管理公司股价的走势逊于标准普尔 500 指数和道·琼斯工业平均指数。⊜

此时，比尔·阿克曼感到非常郁闷。

⊖ Sandholm, Drew, " *Howard Schultz Slams Ackman Over J.C.Penney Fight,* " CNBC.com August 9, 2013.

⊜ Ackman, William " *Harbor Investment Conference,* " February 13, 2015.

⊜ Pershing Square Capital Management Letter to Investors, June 12, 2012.

|第 4 章| 康宝莱：助人筑梦的伟大企业，
还是彻头彻尾的传销者

一辆救护车在快到上午 11 点的时候驶过马里布 33064 号太平洋海岸高速公路的安全门。医护人员之前接到了一个急促的求救电话，而现在，这个人躺在一间主卧套房的大号床上，"毫无生气，毫无反应"，但身上没有明显的外伤痕迹。⊖

在价值 2700 万美元的海景豪宅里，医生们把这位身高 6 英尺、体重 190 磅、穿着黑色 T 恤和比基尼内裤的男子拉到了地毯上，他们试图用心肺复苏（CPR）的方式进行抢救，但没有成功。该男子在上午大约 11 点 15 分的时候被宣布死亡。⊜

在自家豪宅中去世的人是 44 岁的马克·雷诺兹·休斯（Mark Reyndds Hughes），他是康宝莱国际公司的创始人兼首席执行官。

这一天是 2000 年 5 月 21 日。

休斯的妻子达西告诉来到这所房子的两名洛杉矶警探，她的丈夫前一天晚上喝了酒，在为 87 岁的祖母举办完生日派对后就睡着了，达西曾想把他从沙发上叫醒，她在快午夜时和凌晨分别叫了休斯几次，但是都没能成功，于是她就去睡觉了。第二天早上醒来时，她发现休斯脸朝下躺在床上，心想"他看起来不太对劲"，于是，达西马上打了 911。保安在第一时刻也试图抢救他，但是没有成功。⊜

⊖ Certificate of Death, Mark R. Hughes, State of California, May 21, 2000.

⊜ 同⊖。

⊜ Certificate of Death, Mark R. Hughes, State of California, May 21, 2000.

过了将近一个月，在经过正式的尸检之后，洛杉矶的验尸官判定：休斯死于无节制的过量饮酒。在此之前，他连续四天酗酒，而且服用超剂量的抗抑郁药物"多虑平"（Doxepin）。休斯血液当中的酒精含量为 0.21%，这是法定上限的两倍。^㊀

验尸官的报告指出，休斯有酗酒史，两个月前患上肺炎，他曾使用两支吸入器治疗哮喘并服用了一些处方药。达西·休斯对调查人员说，她的丈夫平时很健康，不吸毒，但每天抽六到八支雪茄。

对于一个在许多方面都具有高尚追求的人而言，他的死亡很明显是不合情理的。

休斯留下了近四亿美元的遗产^㊁——他控制了康宝莱公司一半以上的股份，在加利福尼亚和夏威夷也拥有房产。在康宝莱公司，他是一个受尊敬的人物，即使他所做的一切使其自身的公众形象与大多数人所知道的相比要矛盾一些，但也无伤大雅。

休斯曾经告诉公众，他在洛杉矶东南部的拉米拉达地区长大，那里主要是拉丁裔居住的地方。然而事实是——休斯是在一个白人中产阶级占主导地位的社区中长大的，那里大多数家庭都能满足自身所需，孩子们也不缺少什么。^㊂

休斯和另外两个男孩一起长大，他们的父母是乔·安（Jo Ann）和斯图尔特·哈特曼（Stuart Hartman）。但是，他们的关系有些复杂——斯图尔特·哈特曼是两个自称是休斯亲生父亲的男人之一。^㊃

哈特曼一家一直住在拉米拉达，直到 20 世纪 60 年代初，他们一家人才收拾行装，在 101 号公路上向东北方向行驶了 90 分钟，来到了卡马里奥。马

㊀ Mark Hughes Death Case Report, May 22, 2000.
㊁ Welkos, Robert, "*A Boy and His $400 Million*," Los Angeles Times, September 13, 2005.
㊂ Gray, Kelly, "Death and Denial at Herbalife," Los Angeles Times, February 18, 2001.
㊃ 同㊀。

克的父亲在那里创办了一家为美国政府提供飞机零件的新公司。

这家新公司的生意很兴隆，随着财务状况的改善，他们一家人开始出门旅行，于是，在他们家的门廊外出现了一辆凯迪拉克，还有很多给孩子们买的玩具。

但是，好景不长。

哈特曼夫妇经常为如何管教孩子而争吵，在马克 13 岁时，他们夫妻最终选择离婚。在一份证词中，马克的父亲指控妻子是一个沉迷于止痛药的女人，而且，乔·安偶尔会用家里维持生计的钱来满足自己这种具有高消费性质的、无法抑制的恶习。在父母离异后，马克和母亲生活，所以他改成了母亲家的姓氏。⊖

但是，对休斯而言，虽然周围的环境发生了变化，但麻烦似乎总是不断。

在青少年时期，休斯的家庭生活情况每况愈下，他也多次因吸毒被逮捕，然后被送往位于圣贝纳迪诺山的 CEDU 教育中心接受改造。在那里，他与一名工作人员成为朋友，并利用教育中心的旅行筹款陪同此人前往诸如贝莱尔和比弗利山庄之类位于洛杉矶市的非常豪华的地区游玩，而在一次这样的旅行当中，年轻的休斯从加利福尼亚州州长那里骗走了 500 美元，这位州长的名字叫罗纳德·里根（Ronald Reagan）。⊜

1975 年 4 月 27 日，休斯年仅 19 岁，仍在 CEDU 接受改造，而他的母亲却死于服药过量。休斯告诉《人物》杂志：他的母亲超重 30 磅，在服用减肥药之前，她试过相关书籍之中的每一种速效疗法。如果这是真的，那休斯母亲的去世将是一件令人心碎的事。⊜

⊖ Gray, Kelly, "Death and Denial at Herbalife," Los Angeles Times, February 18, 2001.

⊜ Heller, Matthew, "Death and Denial at Herbalife," Los Angeles Times, February 18, 2001.

⊜ 同⊜。

官方病理学报告显示：乔·安·哈特曼身体的循环系统中含致命剂量的止痛剂达尔丰和复方羟可酮，而她当时只有 36 岁。⊖

休斯后来在谈到母亲过世的情景时说："这就是为什么我毕生致力于寻找一种更好的方法来帮助人们控制体重。"⊜

20 世纪 70 年代中期，休斯开始为赛福思实验室旗下的现代品牌销售减肥产品⊗，它的创始人马克·赛福思（Mark Seyforth）是快速增长的直销行业先驱⊛，而直销行业的产品则由独立承包商个人销售。

注册的人要么自己使用这些产品，要么把这些产品卖给家人、朋友和同事，有人还试图招募新的销售人员，他们的薪酬结构备受争议。另外，赛福思发明了一个系统，在这个系统中，被称为分销商的独立承包商可以根据他们出售的产品以及其所招募的新员工数量得到奖赏。这种多层次的营销结构（MLM）在当时确实处于蓬勃发展的过程之中。⊗同时，玫琳凯化妆品、安利和特百惠都是公认的品牌，它们的历史可以追溯到 20 世纪 50 年代。但是在21 世纪初，前述这种营销模式正经历着"浴火重生"的考验，这些为公众所熟悉的公司和数百个不太知名的品牌虽然都做得很好，但是与此同时，他们的做法也经常受到批判——很多人质疑：多层次营销结构只不过是一种传销模式。

1975 年，美国政府决定对上述行业进行更深入的调查。当年 3 月 25 日，联邦贸易委员会起诉了安利⊗，该委员会表示：安利公司的分销商在寻觅商机上做了虚假的陈述，因为分销商实际上只是向安利系统内的其他人进行销售，但这些人不是真正的客户。

⊖　Heller, Matthew, "Death and Denial at Herbalife," Los Angeles Times, February 18, 2001.
⊜⊗　同⊖。
⊛　Cannon, Donnie, "The Biography of Mark Seyforth," Ezine Articles, September 30, 2010.
⊗　同⊛。
⊗　FTC Complaint, "In The Matter of Amway Corporation," March 25, 1975.

　　这个案子拖了四年。1979 年，一名法官裁定：安利公司的分销商向终端客户所进行的销售行为属于合法范畴。于是，安利胜诉。

　　虽然安利公司可以继续经营，但是在其与监管机构所达成的协议当中有一部分内容规定：安利公司必须推出一系列措施来更好地保障消费者的权益。同时，法庭还规定：安利公司所有售出的产品当中的 70% 必须提供给本系统以外的顾客；销售代表每月必须记录至少十笔真实的零售业务；为了保护新员工不被欺骗，安利公司必须回购所有卖家可能购买且未售出的存货，从而使相关从业者能够获得全额退款。

　　上述这个所谓的"安利决议"为其他传销公司 MLM 业务模式的发展成功地铺平了道路，而休斯本人似乎天生就能够与这些有争议的，但又迅速成长的企业完美地结合在一起。

　　休斯很快就成为另一家减肥公司销售业绩前 100 名的员工之一，该公司在破产前的几年里一直经营现代瘦身品牌。另外，在休斯准备开展自己的业务之前，他还和另一家传销公司合作销售健身器材⊖，而且合作了好长一段时间。

　　休斯曾经到过中国，在那里他体验了东方医学的哲学理念，由此，休斯认为：如果将中医的思想与西方新兴的补品行业结合在一起，可能会创造良好商机。

　　1980 年 2 月，马克·休斯在他汽车的后座上签署协议，创办了康宝莱国际有限公司，同时，休斯决定在位于贝弗利山的一家老假发厂生产相关的保健产品。⊜

　　当时，休斯只有 24 岁。

　　在康宝莱的早期产品中有一种叫作配方 1 的饮食替代疗法，还有一种叫作

　　⊖　Heller, Matthew, "Death and Denial at Herbalife," Los Angeles Times, February 18, 2001.
　　⊜　同⊖。

配方 2 的草本药片和一种复合维生素，该公司声称它们可以帮人减肥。[⊖]

康宝莱公司的这些产品价格昂贵，生产线成本约为 3000 美元。为了抵消高昂的生产成本，休斯给那些同意成为分销商的客户打了 25% 的折扣，他认为如果与这些客户达成协议，那客户就会买更多的东西。而且，休斯从赛福思这样的老企业中吸取了经验——他根据新招募的员工数量向分销商支付佣金，注册并购买康宝莱产品的人越多，分销商赚的钱就越多，爬上康宝莱公司食物链顶端的速度也就越快。最成功的分销商可以从他们的销售和"下线"中赚取佣金，"下线"指的是他们下面的新员工的销售业绩。最优秀的销售人员可以晋升到团队总裁，最终可以晋升到他们的"理想之地"——董事长俱乐部，而在那里，几乎每个成员都是千万富翁。[⊖]

在康宝莱公司成立伊始的五年中，公司的收入从 38.6 万美元增至 4.23 亿美元，而休斯则是该公司的领导者和首席执行官，在这种情况下，休斯也可以成为"首席布道官"[⊜]。

休斯也看到了这一点。他把皮肤晒得黝黑，梳着飘逸、乌黑的头发，穿着昂贵的西装，他的谈吐中总是带有传教士般的抑扬顿挫。在当地的体育场馆里，休斯经常戴着华丽的眼镜为康宝莱公司推销产品。

休斯在一次活动中说道："相信我……我可以非常真诚地告诉你，只要你不断使用我公司的产品、不断地与人交流、不断重复这一切，那么，一切皆有可能。你最向往的、最疯狂的梦想在康宝莱公司都能实现。"[⊗]

在向越来越多的信徒宣讲康宝莱公司美好愿景的时候，休斯几乎像救世主一样。康宝莱公司的活动经常在有线电视上播出。届时，休斯穿着燕尾服，戴着他那标志性的翻领别针，上面写着："现在减肥吗？如果想，那就向我

⊖　Heller, Matthew, "Death and Denial at Herbalife," Los Angeles Times, February 18, 2001.

⊖⊜　同⊖。

⊗　Tandingan, Gieson, "Mark Hughes Story" YouTube Video.

请教吧！"⊖

休斯还大声疾呼："在这里，你想走多远就走多远。康宝莱公司有这样的能力！"

康宝莱公司的客户开始试用其产品。到了 1985 年，康宝莱公司在世界各地拥有超过 70 万家分销商，其中许多人都是基于康宝莱公司所做出的拥有惊人财富的承诺而出售其产品的。⊜

在康宝莱公司举办的一场盛大活动的现场，一位女分销商说道："我以前的职业是卡车司机，而我上个月却赚了八万美元，你要不要也加入这个团队呢？"

同时，一对夫妇也声称："我们已经有一年没做生意了，但我们的第九张分成支票的金额是 40 883 美元！真是激动人心！"

休斯租用了一架 DC-10 型飞机，让它载着分销商飞往遥远的地方，他们甚至曾经到过悉尼，在那个著名的歌剧院里举行盛大的演出。

在一次类似的宴会上，唐尼和玛丽·奥斯蒙德都应邀出席，而雷·查尔斯和娜塔丽·科尔则出现在另一场演出当中。⊜

在这个世界上，似乎没有什么东西能阻止休斯或康宝莱公司。

休斯经常会这么说："让我来告诉你们要来康宝莱做些什么。我们要充分地利用各地的公司、客户和分销商，让康宝莱公司的产品在全世界的范围内被使用。"

20 世纪 80 年代中期，休斯成了洛杉矶娱乐圈的一员。他拥有两辆劳斯莱斯，并从娱乐明星肯尼·罗杰斯那里以 700 万美元的价格买下了贝尔艾尔的一处地产。⊛对他来说，喧闹的聚会是常态。

⊖　Mark Hughes Herbalife History Videos YouTube.

⊜　Copage, Eric V., " Mark R. Hughes, 44, Founded Nutrition Supplement Concern," The New York Times, May 23, 2000.

⊜　Herbalife 30th Anniversary Magazine, "Today," Mark Hughes Day 2010.

⊛　Heller, Matthew, "Death and Denial at Herbalife, "Los Angeles Times, February 18, 2001.

1984 年，休斯与来自瑞典的前选美皇后安吉拉·麦克结婚，韦恩·牛顿在招待会上表演。麦克是休斯四任妻子中的第二位。⊖

但是，从 1985 年 3 月开始，康宝莱公司遇到了麻烦。

加利福尼亚州总检察长起诉了康宝莱公司，他指控该公司对自身的产品提出虚假性的索赔。另外，该起诉还声称康宝莱公司是非法传销组织。

1985 年 5 月，休斯被召到国会作证，参议院的一个专门小组对他进行了两天的盘问，以此对康宝莱公司进行研究和测试。国会议员一直敦促监管机构在饮食和保健品行业采取更加强硬的立场，而康宝莱公司和它虚张声势的首席执行官似乎是一个很好的攻击目标。

正当休斯在听证会议室内如坐针毡之际，一群康宝莱公司的分销商在外面游行，他们所要表达的是对其领袖的声援之意。

休斯对相应的质询不屑一顾，面对营养专家在对其产品进行测试后提出的质询，他说道：“如果他们真的是减肥专家，为什么还那么胖？在过去的几年里，我的体重可是减掉了 16 磅！”⊜

总之，休斯与质询者之间的交流充满了火药味。

来自新罕布什尔州的共和党参议员沃伦·拉德曼则向休斯表达了自己的观点：一个只受过九年教育的人怎么可能成为该领域的专家呢？

休斯则回答道：“我敢说，没有哪种产品能像我的产品这样取得如此骄人的疗效。”

参议员威廉·罗斯问道：“你认为消费者在不咨询医生的情况下就使用贵公司产品的做法安全吗？”

休斯回答道：“当然安全，我们都知道，每个人都需要良好且基本的营养

⊖ Heller, Matthew, "Death and Denial at Herbalife, "Los Angeles Times, February 18, 2001.

⊜ Shutt, Douglas P., " Mark Hughes, Founder of Herbalife, Dies at 44, " Los Angeles Times, May 22, 2000.

成分。"⊖

休斯试图让他的顾客相信：尽管批评声越来越多，但康宝莱公司仍能生存下去。

休斯对他的亲信说："关于我们这家公司的文章会越来越多，而且，它们并不都是正面的，有些文章会非常负面。有些人要击垮我们。他们会说我们公司的产品当中的某些成分存在问题，他们还会说我们公司的所有产品都有问题。"

1986 年 10 月 16 日，康宝莱公司迁至加利福尼亚州，同时，该公司同意支付 85 万美元的罚款，并停止了一些有争议的营销行为。然而，康宝莱公司不承认有任何不当的行为。在此事件解决之后，休斯声称自己取得了胜利。⊜

休斯说："我很高兴地宣布，在经历了与美国食品和药物管理局、加利福尼亚州司法部长和国家卫生部这三个机构历时一年半的诸多调查之后，它们分别确认：康宝莱公司的产品对美国公众而言是安全的。现在，我们公司所有的辩护陈词、公司的产品和营销材料完全遵守州立法律，以及联邦法律的规定。"

仅仅一周后，1986 年 10 月 25 日，休斯在纳斯达克交易所将康宝莱公司运作上市，使自己变得非常富有。

此后，休斯继续扩展康宝莱公司的业务范围，他开始专注于海外市场。1990 年，康宝莱公司在法国和德国开设分店，1992 年在意大利、日本和中国香港地区开设分店，到 1996 年，康宝莱公司的业务在希腊和韩国迅速扩张开来。

此时，休斯的年收入为 1700 万美元，兑现了他的诺言——"带着康宝莱公司的产品环游世界。"⊜

⊖ Jackson, Robert L., " Testifies at Stormy Senate Hearing: Herbalife President Calls Diet Powders, Pills Safe," Los Angeles Times, May 16, 1985.

⊜ Shiver Jr., Jube, " Herbalife Settles Suit Filed by State on Medical Claims, " Los Angeles Times, October 16, 1985.

⊜ Fisher Forde, Tina, "Herbalife Owner Autopsy Inconclusive," The Malibu Times, May 25, 2000.

2000 年 2 月，康宝莱公司在洛杉矶论坛上举办了为期 5 天的 20 周年庆典活动，其中的一段视频展示了该公司的历史——休斯从一名后起之秀到全球巨头的崛起过程。

休斯向优秀分销商发放了百万美元的支票，泪水顺着他的脸颊流淌下来。此时，休斯似乎非常陶醉于康宝莱公司所取得的成绩。

然而，就在 3 个月之后，休斯死了。

在休斯去世时，康宝莱公司在 48 个国家拥有 100 万名分销商，年销售额17.9 亿美元。[一]不过，由于康宝莱公司的股价表现不佳，因此，投资者似乎对其优秀的业绩无动于衷。

《洛杉矶时报》有一篇关于休斯去世的报道，其中写道：休斯在几个月前曾试图收购自家的公司，但未能成功，因为他无法筹集必要的资金，而康宝莱公司的股价已跌至每股 10 美元左右。[二]

随着休斯的离世，康宝莱公司开始经历灾难。

康宝莱公司的销售额在 1996～1999 年增长了 18% 之后，其 2000 年第一季度的业绩仅增长了 7%，其股价在 2000 年 1 月触及 52 周最高点之后下跌了 40%。[三]

其后，康宝莱公司的股价一直在低位痛苦地挣扎，而状况并没有好转。康宝莱公司在三年内换了四位首席执行官。

同时，分销商也都基本上在操弄着他们想做的任何事情，即使这意味着要突破法律的限制。其中一种名为"最新致富方式"的商业投机行为特别值得怀疑。这种模式由少数强大的分销商经营，而这些分销商会为客户提供"在家工作"的机会。同时，一些公众人物则在广播中和有线电视上发布广告，而现场

[一] Fisher Forde, Tina, "Herbalife Owner Autopsy Inconclusive," The Malibu Times, May 25, 2000.

[二] Shutt, Douglas P., "Mark Hughes, Founder of Herbalife, Dies at 44," Los Angeles Times, May 22, 2000.

[三] Heller, Matthew, "Death and Denial at Herbalife," Los Angeles Times, February 18, 2001.

搭腔的人则会被询问联系方式，这些信息会被卖给分销商，然后分销商会给潜在的新员工打电话。如果他们决定加入，就必须购买价值数千美元的康宝莱的产品。

上述这些可疑的商业行为终于使康宝莱公司的"新政"陷入困境，但在搁置相应方案之前，该公司成员将面临集体性的诉讼。⊖

有人开始怀疑：在没有休斯的情况下，康宝莱公司能否生存下去。

2002 年，位于西海岸的两家私募股权基金公司，J.H. 惠特尼公司（J.H. Whitney）和金门资产投资公司（Golden Gate Capital）以不到 3.5 亿美元的价格将康宝莱公司纳入囊中，并且开始寻找新的首席执行官。他们要寻找一位能够带领这家拥有 23 年历史的公司重返辉煌的人。

2003 年 4 月 3 日，公司董事会宣布了他们的人选——这是一个自信、善谈的健身迷，他名叫迈克尔·约翰逊（Michael O. Johnson），曾是沃尔特·迪士尼国际公司（Walt Disney International）的总裁。官方的新闻稿中这样描述约翰逊："他是一位久经考验的赢家。"

约翰逊曾经说过："我基本上都是和迪士尼公司的私募股权人坐在一起。我们在下午 6 点到晚上 11 点半这个时段内进行交谈，同时探讨各种潜在的可能性。"

虽然约翰逊在 MLM 结构营销模式方面没有什么经验，但他似乎是康宝莱公司执行总裁最合适的人选。他曾从事过三项全能运动，是一个出色的自行车手，看起来甚至能达到挑战兰斯·阿姆斯特朗（世界著名脚踏车运动的倡导者）的水平。被录用为执行总裁后，约翰逊说："我对康宝莱公司的产品有种亲切感。"⊜

实际上，约翰逊也确实是康宝莱公司所需要的领导者。他是顶级的人才，

⊖ Parloff, Roger, "The Seige of Herbalife," Fortune, September 9, 2015.

⊜ Stanford, Duane, " Herbalife: Pyramid Scheme or Juggernaut? CEO Michael Johnson Fights Back," Bloomberg, May 23, 2013.

热情似火，且富有积极进取的精神。

约翰逊说："我想我一直都是这样的，因为这是我最擅长的生活方式。"

约翰逊说过，他的这些特质来自他的父亲。他的父亲在家乡密歇根州经营着一家成功的制造企业。老约翰逊家族企业生产的是柴油卡车曲轴，在此项领域，该企业是世界上最大的产品制造商。即使在大萧条时期，老约翰逊仍然具有钢铁般的意志，毫不动摇。

约翰逊说："我父亲是一个非常有进取心且成功的人，我可能从他那里少许继承了一些东西。"

年轻时，约翰逊似乎就注定要取得成功。他在高中时成绩优异，参加过体育运动，并计划去密歇根大学读书。但在约翰逊高中三年级时，悲剧发生了——他这一代兄弟姐妹一共五人，而其中一人在新墨西哥州陶斯滑雪场的事故中丧生。于是，约翰逊的生活变得一团糟。

约翰逊说过："我们两人一起长大，我和哥哥的感情非常亲密。"

自此，约翰逊的成绩一落千丈，他考入名牌大学的梦想破灭了。

约翰逊后来在当地的一所专科学校就读，1973 年，他搬到科罗拉多州的迪伦市，和一个朋友一起在一家酒吧工作，并最终得以经营这家店铺。

"我一般随身带着一张名片，上面写着'管钱的上菜员'，"约翰逊继续陈述道，"我在酒吧那里学到的商业知识比在任何地方都多。"

随着生活重回正轨，约翰逊进入了科罗拉多西部州立大学（Western State College of Colorado），主修政治学，辅修商务、历史和英语。

"我上了很多课。"约翰逊回忆道。

约翰逊曾经有一段做销售的日子，有一家公司为他提供了调往洛杉矶的机会，约翰逊顺势抓住了这个机会，于 1980 年 3 月搬到了加利福尼亚州。不过，他很快就厌倦了这份新工作，于是进入了加利福尼亚大学洛杉矶分校（UCLA）学习营销、剧本写作和电影方面的课程。

约翰逊说:"我在洛杉矶不认识任何人。"但他还说:"我睡在一个朋友的家里。"

约翰逊曾做过好多种工作来维持生计,他为当时著名的音乐节目做过灯光秀,还在杂志社工作过。后来,约翰逊将目标投向更加耀眼、迷人的娱乐界。在接受了几次采访和邀请之后,约翰逊选择了迪士尼,并在那里负责公司的家庭录像业务部。

约翰逊在伯班克住了 17 年,被认为是一个营销奇才。他策划、扩展了迪士尼的视频业务——他将接手时的 34 个市场发展到他离开时的 80 多个市场。后来,约翰逊接替了迪士尼首席执行官罗伯特·艾格(Robert Iger),他帮助迪士尼成为世界上最大的家庭娱乐分销商。

在迪士尼,约翰逊因喜欢往冰沙里加大量蛋白粉而闻名,他的精力十分充沛。⊖当约翰逊讲话时,他的声音听起来就像一个励志型的演说家。他非常热爱他的母校密歇根大学,经常在周六飞回安娜堡参加足球队的主场比赛。

不过,这件事唯一的缺憾是混乱的传销业务与迪士尼米老鼠"健康"的形象相去甚远。

约翰逊知道这一点,最初在猎头公司 Heidrick and Struggles 来找他时,他拒绝了这份工作。约翰逊回忆说:"一个猎头向我走来,我说:'康宝莱?你是在和我开玩笑吗?'我当时对这家公司的看法和其他人差不多。"其实,约翰逊对康宝莱公司本身或它的业务不太了解,但他已经听够了该公司多变的历史。他在接受记者采访时表示:"关于这个岗位,老实说,我觉得有点具有挑战性"⊖。约翰逊以前曾考虑过离开迪士尼,但一直没有,甚至面对美国在线(AOL)和赫兹公司(Hertz)的邀请都无动于衷。

⊖ Stanford, Duane, "Herbalife: Pyramid Scheme or Juggernaut? CEO Michael Johnson Fights Back," Bloomberg, May 23, 2013.

⊖ 同⊖。

约翰逊说："在招聘行业，我甚至以永不离开迪士尼而闻名。"

但在迪士尼的工作还是出了问题。约翰逊说："我有一个很大的头衔，但没有合适的权力来匹配，因此，我越来越沮丧。"

在接受康宝莱公司的工作之前，约翰逊自己也做了一番调查，打消了自己对这家公司的重重顾虑。

约翰逊说："我偷偷溜进洛杉矶博纳旺蒂尔酒店参加海巴利夫会议，见到了康宝莱公司的人。在那里，我看到了一支干劲十足的销售队伍。"接下来，约翰逊开展了进一步的调查研究，他甚至签约成为康宝莱公司的分销商，他想亲自看看这些产品都是些什么东西。

"我让我的教练也这么做，我们会以笔记的形式进行分享。"约翰逊说，"我对公司所面临的诉讼进行了个案研究，同时看了看这家公司的整体状况，我只是不明白它是如何运营的。"

相关的私募股权基金公司向约翰逊提供了一部分业务记录。最终，约翰逊屈服了，因为他觉得自己可以为康宝莱公司做点什么，就像他在迪士尼做的那样——扩大品牌的国际影响力。同时，他还意识到自己永远都不会成为迪士尼的掌门人，因为艾格已经被抬上了总裁的宝座，而且似乎已经以现任首席执行官迈克尔·艾斯纳接班人的姿态自居了。

约翰逊认为他可以对康宝莱公司及其员工产生积极的影响。

约翰逊在宣布接受聘用的新闻稿当中说："我个人对健身和健康的热情使我对康宝莱公司的使命产生了特别的注意力，康宝莱公司是一家拥有卓越产品和强大世界级销售网络的老牌公司，它拥有超过 100 万名分销商。"⊖

康宝莱公司强大的分销商系统在经历了多年的动荡之后，终于迎来了一位经验丰富的新领导。

资深分销商莱斯利·斯坦福说过："我非常欢迎迈克尔·约翰逊加入康宝

⊖　Herbalife Press Release, PR Newswire, April 2, 2003.

莱公司这个大家族，他的创业精神和个人对健康的热情可以与这家公司的传统完美地契合在一起，这将使他与分销商合作愉快。"⊖

休斯的死以及随之而来的混乱局面展现出了康宝莱公司的顶级分销商是多么强大。休斯去世后，14 个顶级分销商主持了康宝莱公司的销售会议，证明了他们的影响力。⊜

约翰逊甚至都不知道自己在做什么，但这一点很快就变得很清楚了。

在接受这份工作后不久，约翰逊曾试图在没有咨询分销商的情况下推出一款新产品，但他失败了。分销商不相信他，他们怀疑约翰逊是否适合这份工作。

基于上述这种情况，约翰逊也拿不定主意了，他甚至认为自己接受这份工作是一个错误。

约翰逊曾就他从迪士尼转至康宝莱公司工作的问题接受了《财富》杂志的采访，他说道："在康宝莱公司的这段时间是非常艰难的，有很多问题我并不了解，而他们的营销模式就像是一种我听不懂的语言。"⊛

几个月之后，约翰逊准备辞职。

"康宝莱公司的一些营销方式也许是合法的，但是，我不能确定对于一家公司而言，此种方式是否适用，"约翰逊继续说道，"我有一些想法，但也许我不适合这份工作。"㊃

在约翰逊准备离任之际，他的一位良师益友与他通了电话，力劝他留下来。

那天晚上，约翰逊回到家中写了一份商业企划书，他决定坚持到底。

约翰逊的一个直接目标是：淡化那些声名狼藉的分销商在休斯时代的销售宣传方式。于是，康宝莱公司禁止了那些概念模糊的"潜在顾客"措施。2004年 12 月初，约翰逊以 600 万美元的金额了结了那件针对本公司的集体诉讼案，

⊖　Herbalife Press Release, PR Newswire, April 2, 2003.

⊜　同⊖。

⊛　Associated Press, May 23, 2000.

㊃　Parloff, Roger, "The Seige of Herbalife," Fortune, September 9, 2015.

他认为是时候与"过去"告别了。

大约一周后，即约翰逊受聘一年半之后，康宝莱公司再次在纽约证券交易所上市，它以每股 14 美元的价格发行了 1450 万股，筹集的资金达到两亿美元，⊖ 而康宝莱公司目前的年销售额为 14 亿美元。

约翰逊希望通过此次 IPO 使本公司摆脱持续多年的审查。同时，他还有一个更大的抱负——把康宝莱公司变成一个真正的全球性的商业巨头。

约翰逊让足球偶像贝克汉姆和他的洛杉矶银河队穿上了前面印有"康宝莱"字样的阿迪达斯球衣，因为他知道，足球这项运动是欧洲、拉丁美洲人民生活当中的一个重要组成部分，而对于亚洲而言，这项运动也在逐年升温。几年后，约翰逊加大了赌注，他与另一位传奇人物莱昂纳多·梅西达成了协议，而梅西的职业俱乐部，即巴塞罗那俱乐部是相关比赛中最成功、最受欢迎的俱乐部之一。约翰逊在财报电话会议上表示："阿迪达斯在初始阶段生产了 60 多万件银河运动衫，这样，每个运动员身上都穿有一个会动的康宝莱公司的广告牌。"⊜

另外，约翰逊还致力于将康宝莱公司的产品推广为一个生活品牌，使其成为一个"在商业契机中胜利，于形势严峻时存活"的象征。

2008 年 12 月 16 日，次贷危机中期，在康宝莱公司的股票价格与其他公司的股票价格集体下跌的情况下，约翰逊和他的高管团队前往纽约证券交易所进行投资。在纽约证券交易所的一个会议室里，约翰逊播放了一段视频，将康宝莱公司描绘为金融风暴中的避风港。

当时，视频中传出一个声音：

"为什么选康宝莱呢？因为现在正是时候。我的意思是说，如果你已经看

⊖　Business Wire, "Herbalife Ltd. Prices IPO at $14 Per Share.

⊜　Townsend, Matthew, "Has Soccer Made Herbalife Unbeatable?" Bloomberg Businessweek, April 21, 2016 .

过新闻，那就让我们面对现实吧。现在正处于一个可怕的时段——经济陷入困境，汽油价格处于历史最高水平，每个人都需要钱，市场行情正在崩溃……人们正在失去家园，还有他们的工作；人们难以购买生活物品，他们正在寻找某种可以依靠的东西。康宝莱公司可以提供一种更好的生活方式——它有完美、廉价、健康的膳食，有世界上最好的营养产品。康宝莱公司可以改变人们的生活，使大家能够更好地活下去，这就是原因所在。那为何此时要选择康宝莱呢？康宝莱经济学！抗萧条的良药。"⊖尽管约翰逊曾试图淡化招聘的作用，或至少改变一些分销商为吸引新会员而采用的不正当的招聘方式，但他向该集团明确展示了这种做法与公司不断增长的利润之间有多大的关联程度。约翰逊在会上表示："我们将把重点放在招聘分销商和扩大分销商规模的工作上，这对我们来说绝对是基础。这种方式可以确保我们与分销商之间的沟通渠道畅通无阻，公司对此百分之百支持。我们相信你可以在康宝莱公司做一份收入不菲的工作，你可以构建自己的业务流程，你还可以为'上线和下线'创设一个兼职或全职的赚钱机会。"⊜

约翰逊的策略似乎奏效了。2008~2011 年，由于销售业绩的飙升，康宝莱公司股东所持股票的收益率增长了 870%。⊜

即便是在 2011 年 11 月那场针对康宝莱的比利时传销诉讼进行时，康宝莱公司的业绩增长速度也没有受到影响。那一年，康宝莱公司的销售额为 34.5 亿美元。

约翰逊也取得了不可思议的成功。2011 年，他是美国薪酬最高的 CEO，收入高达 8900 万美元，其中包括股票和期权。这是康宝莱公司在他的指导下

⊖ Official Transcript from Herbalife 2008 Investor Day.

⊜ 同⊖。

⊜ Rushe, Dominic, "Michael Johnson of Herbalife: America's Highest Paid CEO in 2011," The Guardian, May 2, 2012.

飞速发展的证明。㊀

截至 2012 年年中，康宝莱公司在 90 个国家开展业务，在华尔街也有令人羡慕的业绩记录，该公司股价连续 11 个季度创下纪录，比之前的两年翻了两番。

康宝莱公司这一稳定的表现让美国全国广播公司财经频道的吉姆·克莱默在与约翰逊所做的一期访谈节目时说："康宝莱公司股票可以说是我们所谈论过的最伟大的一只！"

约翰逊似乎成为了世界之巅，康宝莱公司呈现出一片欣欣向荣的局面，而投资者也已经注意到了这一点。

㊀ Rushe, Dominic, "Michael Johnson of Herbalife: America's Highest Paid CEO in 2011," The Guardian, May 2, 2012.

| 第 5 章 | **电话会议：空头之王艾因霍恩的诘问**

WHEN THE WOLVES BITE

2012 年 5 月 1 日，迈克尔·约翰逊爬上他那价值 3000 美元的比安奇山地车，从位于马里布的家中出发去上班。在短短几个小时之内，约翰逊和他的团队就要为华尔街偏向做空的分析研究师做上一季度的工作总结。

沿着太平洋海岸高速公路到威尼斯大道，约翰逊需要骑行 30 英里左右，然后到康宝莱公司总部所在的奥林匹克公园，这种骑行方式可以让作为 CEO 的约翰逊保持头脑清醒，还可以打破常规，为其在早晨所做的一些正规的锻炼热身。

约翰逊就像磨工一样，除了定期参加铁人三项赛之外，还经常参加全国最艰苦的比赛之一——Leadville 100 MTB [⊖]。这个比赛需要参赛者一次性徒步穿越 100 英里的落基山脉，途中还要进行频繁的攀岩运动，有的山岩竟高达 12 600 英尺。那些在不到 12 个小时内完成比赛的人需要设法在崎岖不平、尘土飞扬的偏远地区蜿蜒前行。他们可以为自身的努力而骄傲，这也确实是他们一生的骄傲。约翰逊在每次比赛中都可以得到丰厚的奖金，他认为不经过努力就得到的东西是不可接受的。

以往的季度电话会议在相关问题上几乎没什么争议，也没有什么利益分歧，只是走过场而已，约翰逊希望本次会议也是如此。他骑着自行车进了洛杉矶，然后带着它上楼，走到自己的办公桌前。

在楼上，约翰逊打扫干净办公室之后就浏览了一下准备好的发言稿，总结

⊖ Leadville Race Series Website.

了一些要点。之前，这篇发言稿他已经看过几个小时了。

上午 8 点前，康宝莱公司的高管们聚集在一间会议室里，准备例行公事地进行相关的程序。约翰逊、公司总裁德斯·沃什（Des Walsh）、首席财务官约翰·德西蒙、首席运营官理查德·古迪斯（Richard Goudis）、法律顾问布雷特·查普曼，还有其他一些人并排坐在一个长方形的桌子旁边。今天大家的心态都很乐观，因为前天晚上，康宝莱公司已经公布了前三个月的数据，其业绩非常喜人。

约翰逊先做了几分钟事先准备好的发言，这是一个典型的季度总结，从中体现出华尔街投资者对未来的预期。约翰逊说：“我们的金融和商业态势都继续保持强劲，昨天我们宣布康宝莱公司股票的每股收益增长了 24%，这是由于相关成交量增长了 24%。本季度，我们在 6 个地区的销量都实现了强劲增长。在这 6 个地区中，有 5 个地区的销量增幅达到了两位数——亚洲地区、北美洲地区、中国地区、南美和中美洲地区的销量增长了 20%，墨西哥地区的销量增长了 16%，而欧洲、中东和非洲地区的销量增长了 6%。在我详细阐述上季度业绩之前，请允许我向世界各地的分销商、员工和供应商表示感谢，我们公司业绩的增长和良好的财务状况是你们努力和奉献的结果。”⊖

此时，约翰逊刚刚度过了担任康宝莱公司掌舵人九周年的纪念日，考虑到他在上任几个月后就到了几乎要辞职的境地，现在的成绩已经是相当不错了。

在回顾执掌康宝莱公司近十年的经历时，约翰逊有颇多感慨：这些年来，康宝莱公司发生了很大的变化，似乎每天都有更多的人在使用它的产品。

约翰逊说道：“我们公司的产品已经成为消费者每日的必需品，而这是我公司业绩增长的关键驱动力之一。如今，我们估计超过 1/3 的交易量是通过日间消费实现的。”⊜

⊖ Herbalife International of America, Inc. Official Earnings Call Transcript, May 1, 2012.
⊜ 同⊖。

按照约翰逊的说法，康宝莱公司的营销方法并不仅仅是单纯的分销商-分销商的商业模式，在过去几年里，分销商模式受到了太多的批评。他暗示道：康宝莱公司不仅有真正的顾客，而且顾客的数量还在迅速增长。

随后，约翰逊将这些职责交给了沃什，沃什对公司的业务进行了评估，并称赞了该公司迅速崛起的营养俱乐部，正是这些俱乐部推动了康宝莱公司业绩的快速增长。

"我们估计，在 2012 年第一季度，康宝莱公司大约拥有 33 500 家商业或非住宅性质的俱乐部，"沃什说，"正如我们在上个季度和最近的分析中所提到的那样，当前总交易量中 34%～41% 的份额是由日间消费所提供的。"⊖

沃什对海外市场的强劲表现尤其乐观，他说："在第二季度，巴西的交易量增长了 22%，俄罗斯的交易量增长了 26%。计划在韩国和新加坡举办的康宝莱盛典预计将吸引 2 万人和 2.5 万人参加。这表明康宝莱公司在全球都非常受欢迎。"

在沃什和德西蒙发表上述言论后，牵头此次电话会议的查普曼接通了另一位分析师的电话。来自罗宾逊-汉弗莱太阳信托银行（SunTrust Robinson Humphrey）的迈克·斯沃茨以乐观的态度就一些基本的要点向沃什咨询了一些问题。

在沃什准备做电话会议的总结陈词之际，查普曼则正在对另一个打进电话的人表示欢迎，而这个人的名字让在座的每个人都挺直了腰板。

查普曼说道："你们要回答的下一个问题由来自绿光资本公司的大卫·艾因霍恩提出。"

"哦，该死！"当听到从查普曼口中说出的名字时，德西蒙承认自己当时不知所措。尽管约翰逊本人在此之前从未听说过艾因霍恩这个人，但大多数投资者肯定都听说过他。艾因霍恩是一位著名的对冲基金经理，许多华尔街人士

⊖ Herbalife International of America, Inc. Earnings Call Transcript, May 1, 2012.

认为他是一个天才。在金融危机期间，他在抛售了所有加盟公司的股票后收购了雷曼兄弟。艾因霍恩在这方面极具天赋。他是个亿万富翁，似乎喜欢玩弄那些他认为可疑的人，而且他最近还为绿山咖啡（Green Mountain）做过广告。但是，约翰逊和沃什身在遥远的洛杉矶办公室，在相关的文化习俗熏陶之下，他们已经从华尔街的舞台上谢幕了，所以艾因霍恩这个名字没有引起他们两人真正的关注。

艾因霍恩说话带着浓厚的鼻音，他说："我有几个问题要问你。首先，你们公司在终端销售方面的销售额有多少是在分销商网络之外销售的，有多少是基于分销商模式以消费形式获得的？"⊖

这似乎是一个简单而直接的查询，即在康宝莱公司的分销商网络之外，有多少销售对象是"真正的"客户，而不是一个分销商所发展的另一个分销商。

但是，沃什说话的口音暴露了他的爱尔兰血统，他似乎被一个本来是像"带球上篮"一样简单的问题而弄得心慌意乱。

沃什实际上结结巴巴地回答道："大卫，我们有一个 70% 的定制规则，也就是说，70% 的产品是卖给消费者，或者是分销商自己消费的。"

艾因霍恩继续问道："那么，贵公司实际销售给不具备分销商资质的消费者的产品所占百分比是多少呢？"

沃什回答道："我们没有确切的百分比，大卫……因为我们对这个细节的关注度不够。"

艾因霍恩继续问道："有一个近似值吗？"

沃什回答说："好吧，接下来，让我们重新审视'70% 法则'。我们认为这个近似值是 70%，甚至可能超过 70%。"

CNBC 的赫伯·格林伯格（Herb Greenberg）表示："德斯·沃什是一个出色的人，而且非常圆滑，我能理解康宝莱公司为什么让他出来撑场面。他有

⊖　Herbalife International of America, Eamings Conference Call, May 1, 2000.

爱尔兰人的魅力，可能会让人很放松。他对每一个问题都有正确的答案。"

但是，这次沃什没有出彩。"70%"这个数字是错误的，至少康宝莱公司的各个成员都将公司的任何一项举措作为某种业务来进行分销——哪个不是这么干呢！沃什是根据"20世纪70年代"安利公司的业绩来设置阈值的，然而这个数字不能实际反映"康宝莱公司的当前业绩"。⊖

沃什知道他把事情搞砸了，但一时冲动下，他没有立即纠正自己的错误。这还不是唯一的问题——在华尔街，康宝莱公司的股价正在直线下跌。

从艾因霍恩出现在电话会议上的那一刻起，以每股70美元开盘的康宝莱公司股价就开始下跌。先是下跌10%，然后是20%，甚至更多。⊜

在东海岸的午餐时间，相关电话会议开始约一个小时之后，赫伯·格林伯格就在直播节目中与一位网络长期主播苏·埃雷拉（Sue Herera）聊起了这个桥段。⊜

"我们当时在丹佛机场，突然接到了立即收听这通网络电话的信息，"格林伯格回忆道，"我也被艾因霍恩的问题所迷惑。但我更感兴趣的是，康宝莱公司居然回答了他所提出的问题，因为通常情况下，公司会把这些问题排除在外。我当时就想，如果艾因霍恩本人就在那里，那情况就会变得很有趣。"

格林伯格回顾了艾因霍恩所提出的一些问题，同时展示了一份记录康宝莱公司股价大幅下跌情境的实时股票图表。长期以来，这位记者一直对多层次营销公司持怀疑态度，他也向公众阐述了为什么这些问题会对康宝莱公司的股票如此不利，以至于引起它的暴跌。

格林伯格告诉埃雷拉："现在的情况是，康宝莱公司所遵循的是一种金字塔式的传销方式，还是一种真正向你我销售产品的业务模式呢？这就是问题的

⊖ Parloff, Roger, "*The Siege of Herbalife,*" Fortune, September 9, 2015.

⊜ De La Merced, Michael J., "*Einhorn Questions Prompt Selloff At Herbalife,*" New York Times DealBook, May 1, 2012.

⊜ CNBC May 1, 2012.

关键。"⊖

在那天上午，艾因霍恩一共提了 9 个问题，而对于这些实力不济的康宝莱公司的高管而言，他们感觉似乎被问了 100 个问题，然后这场具有讽刺意味的"面试"结束了。

"好的，非常感谢你们。"艾因霍恩在电话咨询结束之后诚恳地表达谢意，不过，他好像有点意犹未尽。

当日交易结束时，康宝莱公司股票的收盘价是每股 52 美元，跌幅高达 40%——这是该公司上市以来所经历的最大跌幅之一。

此时，华尔街饥饿的"鲨鱼"似乎闻到了"血腥"的气味。

电话会议召开的当天下午 2 点 20 分，《纽约时报》网站上出现一个醒目的标题——"艾因霍恩的问题引发康宝莱公司股票抛售潮"。《纽约时报》记者迈克尔·J. 迪·拉·莫斯德写道："当大卫·艾因霍恩开始说话，金融市场上的投资者都在倾听。⊖因此，当他在一家公司的财报电话会议上提出关键问题时，相关的股东都会感到恐慌。"

康宝莱公司总部的高管还在考虑下一步该怎么做，恐慌情绪却已经在公司内部传播开来。约翰逊敦促在场的所有人保持冷静，并提醒团队，他们并不知道艾因霍恩是否正在做空康宝莱公司的股票。此时，其他的分析师仍在排队等候，他们正轮流向约翰逊的团队进行提问。

沃什一直是康宝莱公司高管中最笨的，当时的他并不像其他人那样忧心忡忡。沃什觉得对康宝莱公司而言没有什么可隐瞒的，而且公司高管所组成的团队远比 3000 英里外的艾因霍恩一类的涉足者更了解这个行业。

那么，为什么康宝莱公司会为这位著名的对冲基金经理优先提供电话会

⊖　CNBC May 1, 2012.

⊖　De La Merced, Michael J., "*Einhorn Questions Prompt Selloff At Herbalife,*" New York Times DealBook, May 1, 2012.

议这样一个平台呢？在此之后，这个决定一直困扰着康宝莱公司的高管团队，尤其是在考虑到公司投资者和跟踪该公司的分析师通常会为他们的客户举行业绩相关的电话会议后。而在艾因霍恩打来电话时，康宝莱的高管甚至不知道他在股市当中所构建的头寸包括他是否只有一个仓位，其头寸风险是否经过计算等。其实，管理层早就应该知道这些。实际上，他们此时已别无选择。

仅仅两天之后，首席财务官德西蒙就计划与纽约和波士顿的投资者会面，不过，他同时还在担心如果会面所谈内容涉及的机密不让艾因霍恩知道的话，那么此种行为可能会违反美国证券交易委员会关于信息披露的规定。由于约翰逊从来没有听说过艾因霍恩这个人，所以他推掉了德西蒙发出的一同前往的邀请。德西蒙认为：如果艾因霍恩真的是在做空股票，那他们可能会马上知道这件事。

但艾因霍恩并不是人们所想象的那种一般性的异见人士，他早年取得的业绩曾使其成为一位不可否认的华尔街超级巨星。

艾因霍恩在密尔沃基郊外长大，曾就读于康奈尔大学（Cornell University）。1996年，他与之前的同事杰夫·凯斯文创建了绿光公司，管理着90万美元的资产。他们两人在曼哈顿的斯皮尔、利兹和凯洛格的办公室里开了店，利用免费的办公空间来节省开支，并与其他五家公司共用一台影印机。㊀

没过多久，两人的投资能力就给他们带来了巨额回报——绿光公司在第一年的任何一个月都没有遭受损失，而在当年最后三个月中，他们获得了37.1%的回报；㊁第二年就更好了，他们用已有的7500万美元的基金所实现的收益率达到了57.9%，㊂其中部分原因在于他们成功地做空了波士顿鸡业连锁餐厅

㊀　Vincent, John, "Tracking David Einhorn's Greenlight Capital, Seeking Alpha, November 9, 2011.

㊁　Vincent, John, "*Tracking David Einhorn's Greenlight Capital Holdings*," Seeking Alpha November 9, 2011.

㊂　同㊀。

的股票。2001年，艾因霍恩获取的回报率为31.6%，巩固了他对冲基金行业后起之秀的地位。

艾因霍恩之前的合伙人曾经说过：他在投资时比较擅长应用基本面的分析方法，即对股票相关公司的经营状况进行深入细致的解析。2002年，当艾因霍恩以每股26.25美元的价格卖空联合资本金融公司（Allied Capital）的股票时，他自下而上地对相应细节进行了广泛的研究——他连续数个小时挖掘该公司的资产负债表和财务报表，从中发现了这家公司可疑的借贷行为，从而认定其欺骗了美国中小企业管理局。⊖同年5月15日，艾因霍恩在于曼哈顿举行的拉·索恩投资研究会议上公开了这笔投资。这是一场一年一度的慈善聚会，业内最知名的公司在会上都要展示自己的最佳投资理念。这个论坛频繁地更换不同的股票，而这位面无表情的投资者在会议进行到3/4的时候抓住了麦克风，宣布了他的决定，同时揭露了联合资本金融公司做假账的行为。艾因霍恩将其与世界通信公司（WorldCom）相提并论，而该公司已经倒闭，它的首席执行官伯纳德·埃伯斯因会计欺诈和其他犯罪行为而锒铛入狱。

这是艾因霍恩第一次站在这么大规模的人群面前发表如此有意义的演讲。他身着蓝色西装，打着多色领结，领口系着纽扣，神经紧张地走上了舞台，而他的名字标签显得有点歪。艾因霍恩带领全神贯注的观众了解了联合资本金融公司的业务，在大约15分钟的演讲时间内，他讲述了做空该公司股票的原因。

艾因霍恩在第二天有效地完成了空单的交割事宜，从而使联合资本金融公司的股价于纽约证券交易所开盘时刻就下跌了20%以上。但是，由于投资者担心抛售会导致恐慌，所以没有公开地表示担忧相关股价还会进一步下跌。⊖

⊖　Coster, Helen, "*Einhorn Throws the Book at Allied,*" Forbes, May 16, 2008.

⊖　Summers, Nick, " When David Einhorn Talks, Markets Listen—Usually," Bloomberg, March 21, 2013.

但是，除了联合资本金融公司股价突然而迅速的变动之外，艾因霍恩的陈述引发了轩然大波。该公司开始反击艾因霍恩，并指控他操纵市场。该公司首席执行官威廉·沃尔顿指责艾因霍恩试图"恫吓交易者，自己快速赚钱，然后寻找下一个目标"。⊖同时，该公司还雇用了私家侦探，他们通过"电话丑闻窃听"的手段非法获取了艾因霍恩和他公司员工的电话记录。在这个过程中，有人通过冒充另一个人来获取机密信息。

这是一场全面的战争。联合资本金融公司表示：艾因霍恩正在进行"误导性的传播"，或做出"虚假的声明"。沃尔顿甚至说服美国证券交易委员会调查这位傲慢的对冲基金投资者⊜。但艾因霍恩没有被吓倒，在五年的时间里，他一直进行着反击。2007年6月，美国证券交易委员会发现联合资本金融公司本身确实违反了与非流动证券价值相关的"证券法"。2009年年底，联合资本金融公司股价已跌至每股1.56美元。⊜

联合资本金融公司最终破产了，而艾因霍恩的传奇却诞生了。在他后来所撰写的书中，他讲述了这个故事，即"联合资本金融公司一直都在愚弄着部分交易者"。

但是，如果说华尔街联合资本金融公司事件赋予了艾因霍恩某种神秘感，那么，在雷曼兄弟倒闭前的几个月，他对该公司的讨伐让他看起来像个预言家。

2008年5月21日，在索恩会议的舞台灯光下，艾因霍恩在一场名为"会计独创性"的15分钟演讲中再次公开披露了其做空雷曼兄弟股票的信息。艾因霍恩撕开了这家投资银行的资产负债表，质疑其资产的真实价值，以及它是否向投资者和市场隐瞒了相关的风险。他嘲笑了雷曼兄弟公司首席财务官艾琳·卡兰（Erin Callan）对该公司近期财务状况所发表的陈述词，并将雷曼兄

⊖　Morgenson, Gretchen, *"Following Clues the S.E.C. Didn't,"* New York Times, January 31, 2009.

⊜　Summers, Nick, *" When David Einhorn Talks, Markets Listen—Usually,"* Bloomberg, March 21, 2013

⊜　同⊖。

弟与被他尖锐抨击过的联合资本金融公司进行了比较，然后，他总结道：这家投资银行需要筹集资金，而且是现在就要筹集。在艾因霍恩表态之后，该公司股价跌幅超过了 6%。

之后，雷曼兄弟的一位发言人说："我们不会继续反驳艾因霍恩的指控和谴责，他所说的毫无事实根据，他只是希望获取个人利益。"

四个月后，雷曼兄弟宣布破产。这场"事变"则成为美国历史上规模最大的破产案件——相关资产 6390 亿美元、债务 6190 亿美元。

现在，艾因霍恩是最令人畏惧的金融家之一，他将目光投向了绿山咖啡公司，且在价值投资大会（Value Investing Congress）上阐述了自己的观点。他用了 110 张幻灯片做了一份题为"绿光公司做空绿山咖啡"的完整报告，其中参考了绿山公司的记账方法。实际上，绿山公司在收购了克里格公司及其广受欢迎的单品服务器后，它的 K 型咖啡杯已经在全国各地的办公室和家庭中随处可见。艾因霍恩却指出：从 1991 年到 2000 年，绿山公司每年的收入增长 25%，但在接下来的几年中，这一增长速度已放缓了近一半。该公司以大家所熟悉的吉列剃须刀模式来进行运营，即在接近成本的状态下销售克里格咖啡器具，而在高收益率的情况下出售一次性豆荚。到 2011 年，绿山公司已经卖出了 1300 多万件单品咖啡器具和令人惊艳的 90 亿杯咖啡。目前，国内市场是该公司最重要的增长引擎。

这里只有一个问题，即艾因霍恩认为绿山公司的业绩是完全不可持续的。他在演讲结束时提到了美国证券交易委员会对该公司的收入问题所进行的调查，并暗示：这个问题比该公司所发布的信息更重要。

艾因霍恩在演讲结束时展示了一幅藏在饮料泡沫里的一只小熊的艺术照片。

当天上午，绿山咖啡公司的股价重挫了 10%，成为"艾因霍恩效应"（Einhorn Effect）的又一个受害者。

2011 年的晚些时候，艾因霍恩在他的办公桌上看到了"康宝莱公司"这个名字，当时他仍忙于做空绿山公司的股票，而同一份报告已经被那些女孩送到了阿克曼的手中。实际上，艾因霍恩也阅读了克里斯汀·理查德所撰写的初稿，与阿克曼一样，他也不相信这只股票是一只可以做空的好目标。理查德实际上是先来拜见艾因霍恩的，但他礼貌地放弃了这笔交易，因为做空行为可能会对金融市场造成伤害，而且"空头"的相关理念从来没有被市场轻易地接受过。艾因霍恩并不是一个在没有被完全说服的情况下就"投入战斗"的人。

在接下来的几个月里，理查德一直都在坚持，最后艾因霍恩屈服了，他指派了一名绿光公司的股票分析师来进行相应的调查。这名女分析师参观了康宝莱公司的营养俱乐部，观察了其在美国各地的招聘会，理查德本人在研究报告的起草过程中也采用了一些类似的做法。

这名分析师向艾因霍恩报告了她所看到的情况，艾因霍恩当时对此非常感兴趣，他决定亲自去看一看康宝莱公司的运营模式。

在某一天的早上，艾因霍恩和理查德在中央车站乘上了地铁 7 号线，前往位于皇后区的科罗娜，他们计划参观康宝莱公司旗下的四五个营养俱乐部。

在其中一次探访中，艾因霍恩和理查德在一条繁忙的街道上参观，其间布满了卖酒的店和其他店面。他们二人踱进了一家俱乐部，在里面遇到了一个年轻人，这个年轻人大概 20 岁出头，艾因霍恩说他看上去"健康、开朗"。这个年轻人告诉他们：他几个月前刚刚成立了这家俱乐部，梦想是能够进入康宝莱公司的销售团队，即公司的总裁俱乐部。在那里，真金白银会滚滚而来。艾因霍恩和理查德坐了下来，他们喝了一杯草药茶，还有芦荟水和营养奶昔。

情况似乎只有这些了。不过，这名男子告诉艾因霍恩和理查德，他每周工作近 100 个小时，从早餐开始，同时，他每天要用一部分时间给附近的人发传单，希望吸引新的顾客。这时，艾因霍恩和理查德注意到，这个人把所有的东西都用铅笔记录在一个三环螺旋形的笔记本上，然后把一个小金星（小学老师发给学生的那种）贴在回头客，或那些看起来最有购买意愿的顾客姓名旁边。

由于营养俱乐部被视为社交场所，不是零售商店，所以没有收银机，因为这是被严格禁止的。

艾因霍恩在此俱乐部所发现的最令人不安的问题是，这名男子似乎把大部分产品作为自己主要的食物来源，他每晚都要睡在俱乐部尘土飞扬的地板上，而只有其他分销商才会来购买康宝莱公司的产品。

另外，艾因霍恩认为，以这个年轻人的收入来看，他根本付不起月租。

艾因霍恩和理查德整个上午都在品尝康宝莱公司生产的奶昔和茶，等他们喝完之后，艾因霍恩去附近的一家便利店买了一袋奇多薯片来消化、养胃。艾因霍恩和理查德遇到了几个人，他们都带着相同的目标来此，希望通过销售康宝莱公司的产品发家致富。

就在那次参观之后不久，也就是 2012 年冬天的晚些时候，在抨击了联合资本金融公司和雷曼兄弟公司之后，艾因霍恩决定做空康宝莱公司的股票，且以此为目的在金融市场构建了一个中等规模的仓位头寸。

但是，艾因霍恩对康宝莱公司的调查并没有就此结束。

2012 年 3 月 23 日，绿光资本公司分析师和理查德前往洛杉矶的一家酒店，康宝莱公司在那里召开年度会议，公司的高管则向分析师和大股东简要介绍了康宝莱的经营状况，并回答了相关人士所提出的问题。

上午的庆祝活动始于 6 点半，在训练营的各项活动和约翰逊的演讲结束之后，理查德和他的分析师开始用午餐，德西蒙在那里四处游走，和来宾打招呼。当德西蒙走到理查德和那个分析师所坐的桌子前，停下来打招呼之际，理查德问了他几个与 20 世纪 70 年代安利公司诉讼案件有关的问题，以及康宝莱公司实际的零售业绩。艾因霍恩在 5 月的电话会议上也问过类似的问题。德西蒙立刻起了疑心，询问她们是谁，而理查德则解释道：她正在为坐在旁边的女士做调查。德西蒙迅速离开了房间，并通知了首席执行官约翰逊。

第二天，康宝莱公司的总裁举行了一次峰会，约翰逊潇洒地宣称：他将向350多家与公司关联的顶级分销商发放5200万美元的奖励支票。

约翰逊对投资者表示："在这些公告中，有几条会让投资者感到不安。"他这里指的是大家期待已久的巨额奖金。

在接下来的一天，随着约翰逊高呼"早安，康宝莱公司！"的同时，正式的庆祝活动开始了。观众席中有些人向空中挥舞手臂，仿佛约翰逊就是他们的救世主。[⊖]

约翰逊沉浸在大众的崇拜中，他笑了起来，高兴地说道："我们康宝莱公司有些特别的东西，你们能感觉得到吗？你们能感觉得到吗？！"

在长达一个多小时的演讲中，约翰逊讲述了康宝莱公司的发展历程，回忆了他在迪士尼的时光，同时，约翰逊还讲述了他是如何使康宝莱公司重现辉煌的。

"我对这家公司感到前所未有的兴奋，"约翰逊继续说，"在这家公司里，相对于康宝莱所做出的各种承诺，我比以往任何时候都要兴奋。"

此时，音乐响起，人们纷纷站立、鼓掌。

约翰逊说道："我们给人们提供了一个改善生活的机会，我们同时也给人们提供了一个改变生活的机会。"

约翰逊每次讲话，大家都会站起来。

当约翰逊沉浸在受人崇拜的喜悦之中时，他也承认，针对康宝莱公司，确实有一些持怀疑态度的人，也就是那些多年批评这家公司的人。另外，约翰逊也敦促他的团队要时刻保持最佳状态。

约翰逊说道："我们公司会越来越壮大，越来越多的人会怀疑我们是谁，我们在做什么。我们必须在所有的事情上做到最好，我们必须在所有的事情上

⊖　YouTube Video of Herbalife President's Team Summit, March 24, 2012.

保持最高的诚信。我们不需要编造任何东西。"

理查德和绿光公司的分析师就坐在信徒中间，沉浸在现场的气氛当中。

回到纽约时，这两个人都为她们亲眼所见的一切而感动。理查德觉得，约翰逊似乎感觉到她们就在房间里——当提到所谓的"对康宝莱公司持怀疑态度之人"的时候，他就好像是在指斥她们二人。

不到一个月后，艾因霍恩就打电话给康宝莱公司，开启了他那"臭名昭著"的调查工作。

这只是即将到来的风雨的前奏。在短短两周内，艾因霍恩和约翰·保尔森、杰弗里·冈拉克以及其他几位明星投资者计划在纽约出席另一场索恩会议。如果艾因霍恩仅仅在两周前的财报电话会议上对康宝莱公司进行了警告，那么大多数人则会预期到他会利用这一事件大做文章，并承认他实际上已经开始做空康宝莱公司的股票了。

2012 年 5 月 16 日下午 3 点 31 分，艾因霍恩在纽约西区林肯中心的艾弗里·费雪大厅登台演出。在演出大厅里，观众的期望值很高，人头攒动的房间变得很暗，讲台上的聚光灯显得更亮了。⊖

在洛杉矶，康宝莱公司的高管挤在会议室里，聆听着艾因霍恩的现场演讲，一名工作人员在会议室里安装了一个设备，可以在观众席为康宝莱公司的总部直播现场情况，而康宝莱公司的高管可以通过电话聆听艾弗里·费雪大厅内所发生的一切。

在现场，艾因霍恩展示了第一张幻灯片。

幻灯片显示出"M-L-M"的字样。这是一个缩写，在房间里的人都知道，它的意思是多层次 – 市场 – 营销（Multi-Level Marketing），即康宝莱公司的一种商业模式。

⊖　LaRoche, Julia, Lopez, Linette, Du, Lisa, "The World's Top Hedge Funders Presented Their Top Picks Yesterday," Business Insider, May 16, 2012.

现场聚集在一起的记者和一群金融博客写手都紧紧地抓住自己的手机，他们准备好了在相关信息正式发布时公开相应的讯息。

此刻，康宝莱公司已经做好了最坏的打算。

然而……

其实，M-L-M 是马丁材料公司的标志——这完全是艾因霍恩的诡计。

这里再强调一下，M-L-M 是建筑材料公司的标志，而不是多级营销的缩写。艾因霍恩只是在捉弄康宝莱公司。他笑了，在场的人都笑了。

纯粹是出于一种宽慰，在金融市场上，康宝莱公司的股价几乎是立即飙升了 15%。

迈克尔·约翰逊本来是应该高兴的，但他却不知道刚刚发生了什么——他身处远在 3000 英里之外的洛杉矶，当前的状况并不是他所能掌控的。

上个周末，约翰逊在阿古拉山的切斯伯勒峡谷与朋友们一起骑行时翻了车，摔断了几根骨头，他被空运至一家医院，服用了止疼药，躺在床上。而就在那一刻，艾因霍恩发表了演讲。当约翰逊得知情况之后，他如释重负地舒了一口气，同时他也很高兴自己还能呼吸。

事实上，这出闹剧是艾因霍恩的经典之作——这个人毕竟是一个在拉斯维加斯经常玩高风险扑克的家伙，他曾经在世界纸牌之王锦标赛（世界扑克大赛当中的主要赛事）中赢得过 430 万美元。

但是，艾因霍恩此次的表现更加引人注目。其实，那天早晨当他走进大厅时，他就已经决定彻底摆脱做空康宝莱公司股票这件事——在康宝莱公司会议室里，没有人知道艾因霍恩内心的真实想法。无论是媒体，还是观众都无法窥测其内心，而那个对此事最感兴趣比尔·阿克曼也不知道艾因霍恩的想法。

| 第6章 |　**搅局者：厉兵秣马，烽烟四起**

W H E N　T H E　W O L V E S　B I T E

2010年，伴随着房地产投资信托公司GGP"全面开花"式的骄人业绩，以及投资组合中股票价格的快速上涨，在扣除相关费用的基础上，潘兴公司和相应主体机构的股价所获取的净收益率达到了29.7%[一]。但是，从2011年开始，该公司开启了它的坎坷历程[二]：于塔吉特公司问题上的"失算"拖累了相关基金的绩效，同时削弱了阿克曼的声誉，但这远远不是唯一让他头痛的地方。

阿克曼于2006年11月投资了书商博德斯集团[三]，他希望该公司能够适应这个行业快速变化的格局，或许还能与其主要竞争对手巴诺书店合并。这项投资沿用了股东积极主义者所遵循的经典套路，即买进认为是被低估的资产，然后制造所谓的奇迹，最后随着时间的推移在股价大幅上涨时获利。阿克曼也知道让博德斯集团翻身并不是件容易的事，但他一次又一次地告诫自己，要耐心等待。阿克曼在博德斯集团身上看到的是机遇，而其他人所看到的则是博德斯集团破败的迹象——这家公司错过了电子书行业的发展契机，其竞争对手要么缩减规模以适应数字化转型的要求，要么推出新的产品。但是，博德斯集团却继续扩张，同时累积了大量的债务。阿克曼多年来一直持有该公司的股票，甚至在一段时间内因此而提升了潘兴公司的仓位头寸，他确信自己已经做了一

[一] Burton, Katherine, " *Defeat at JC Penney Hurts Ackman as Performance Trails,*" Bloomberg, August 14, 2013.

[二] Letter to Investors, *Pershing Square Capital Management*, November 22, 2011.

[三] Checker, Joseph, " *Bill Ackman Likely Takes \$200 Million Bath on Borders,*" The Wall Street Journal, May 19, 2011.

笔不错的投资。但是，到了 2011 年 5 月，事情看起来非常可怕，阿克曼不得不寻找"出路"——他提出要充当媒介，甚至还资助博德斯和巴诺书店洽谈合并事宜，但这笔交易并未达成。⊖当人们很快意识到博德斯集团唯一可行的选择是破产时，阿克曼干脆就认输了——他开始抛售该公司股票。阿克曼以 2 亿美元的亏损出售了 100 万股博德斯集团的股票，而其他掌控头寸的人也在快速跟进。⊜

2011 年秋季，剔除相关费用以后，管理着 100 亿美元资产的潘兴公司股票的收益率下跌了 15.6%。⊜无论如何，这都是令人失望的，对于一个曾经获取过两位数收益率的基金经理而言，这也是一种令人难以接受的结果。

阿克曼现在所要做的是扭转这种公司财务长期处于赤字状态的情况。

10 月 10 日，潘兴公司公布了新的投资结构——购买了 12.2%，即 2060 万股加拿大太平洋铁路股份公司（CP）的股票。⊛消息公布后，CP 公司的股价迅速上涨了 10%，而且其升势一直非常强劲——从 2010 年 10 月到 2011 年 12 月底，该公司股价上涨了 18%。阿克曼在这一年中获救了。

阿克曼被自己在加拿大太平洋公司所取得的收益鼓舞了，进入 2012 年之后，他希望取得更加完美的成绩。而现实中存在的真正的问题是，在彭尼连锁百货公司上的投资是否能够帮助他实现相应的目标。阿克曼在 2010 年收购了这家零售商 16.5% 的股份，⊜并发动了一次董事会变动，将自己精心找到的"救星"罗恩·约翰逊推举为 CEO。阿克曼对彭尼百货的期望值非常高，以至

⊖ Checker, Joseph, "*Bill Ackman Likely Takes $200 Million Bath on Borders,*" The Wall Street Journal, May 19, 2011.

⊜ 同⊖。

⊜ Letter to Investors, *Pershing Square Capital Management*, November 22, 2011.

⊛ Ovide, Shira, "*Bill Ackman Buys 12.2% Stake in Canadian Pacific Railway*, The Wall Street Journal, October 28, 2011.

⊜ Merced, De La, Michael, "*Ackman Buys Into Penney and Fortune,*" New York Times Deal-Book, October 8, 2010.

于期盼该公司可以帮助自己扭转多年下滑的业绩。于是，他将自己的股份占比提升至 26.7%，并在一封信中对投资者说："除非我们相信对某一公司的投资具有巨大的潜力，否则我们不会购买其 26% 的股份，也不会加入它的董事会。"⊖

其他人显然没有这么乐观。2012 年春天，华尔街已经对阿克曼的与彭尼公司相关的复兴计划失去了信心。同年 5 月，彭尼连锁百货公司公布了其惨淡的第一季度销售数据，导致阿克曼的投资计划变得更加糟糕。与此同时，彭尼公司的销售额（行业内对收入增长进行衡量的关键性指标）同比下降了 18.9%，总销售额下降了 20% 以上。⊜当股市第二天开盘交易时，彭尼公司的股票价格顷刻下跌了 19.7%。

对于越来越糟糕的情况，约翰逊还抱有幻想，他在一份业绩报告当中声称："顾客非常喜欢彭尼公司所发明的新型营销模式。"⊜阿克曼对此则毫不气馁地对一名记者说："尽管彭尼公司面临着明显的挑战，而且交易大众对其也很失望，但约翰逊是一个'管理公司的最佳人选'，所以彭尼公司'并没有从根本上崩溃'。"⊛另外，阿克曼将该公司股票的目标价位定为每股 77 美元——尽管其目前每股股价还不到 30 美元。

然而，加拿大太平洋铁路公司看起来则更有希望。

阿克曼从此成为该公司最大的股东，他赢得了董事会席位的代理权之争，但他很快就放弃了首席执行官的职位，转而选择其他人替代自己。

2012 年中期，在阿克曼高度集中的投资组合中，彭尼公司和加拿大太平洋铁路公司的股份所占的比例达到 40% 以上。

其实，康宝莱公司并没有完全淡出阿克曼的视线，但阿克曼此时正专注

⊖ Letter to Investors, *Pershing Square Capital Management*, November 22, 2011.

⊜ Tuttle, Brad, "*Why JC Penney's No More Coupons Experiment is Failing*," Time, May 17, 2012.

⊜ JC Penney Quarterly Earnings Report Conference Call Transcript, May 15, 2012.

⊛ Fontevecchia, Agustino, "*At Ira Sohn, Bill Ackman Defends JC Penney, Pins Hope on New CEO Ron Johnson*," Forbes, May 16, 2012.

于彭尼公司和加拿大太平洋铁路公司的股票行情，而潘兴公司分析师肖恩·迪内恩针对康宝莱公司所做的工作比任何人都要多。他针对康宝莱公司持续地挖掘、探索与其业务相关的新线索，而这只会让他越来越怀疑这家公司的分销模式。迪内恩试图说服阿克曼将康宝莱公司股票的空单作为一个头寸加入相应的投资组合当中，但阿克曼并没有表现出任何兴趣——至少在 2012 年 5 月 1 日上午艾因霍恩于康宝莱电话会议上进行质询以前是这样的。

迪内恩也打了电话，当听到艾因霍恩尖锐的问题时，他感到非常震惊。迪内恩耷拉着肩膀，走进大厅，来到阿克曼的办公室，告诉他的老板：艾因霍恩正在连线康宝莱公司的电话会议，而大家把电话都打爆了。

阿克曼回忆道："当时，迪内恩进来了，他心情很低落，股价下跌了，我说，'哦，这太好了！大卫·艾因霍恩是一位伟大的卖空者，他肯定会公开相关的讯息，而这将成为金融市场持续发酵的催化剂。'"

阿克曼召集了潘兴公司的投资团队，讨论是否参与其中。在场的有阿克曼本人，还有他的同事斯科特·弗格森、保罗·希拉勒、罗伊·卡索维茨、阿里·纳姆瓦、瑞安·伊斯雷尔、乔丹·鲁宾，以及布莱恩·威尔士。阿克曼告诉他们：艾因霍恩出现在康宝莱公司的电话会议上，这是做空其股票的绝佳机会。

阿克曼说道："当你确信有人在领头做空时，记住你不必公开露面，你可以随时放弃。这并不像你买了某个公司 10% 的股份后就必须提交承诺书那么严肃，你明天就可以把它平仓。"

当阿克曼向聚集的人群陈述自己观点时，一场辩论也随之而来。一些人在房间里思考着通往胜利的路径，而另外一些人则指出：艾因霍恩已使该股重挫 40%，那它还有什么不好的地方可以做空吗？还有一些人质疑：监管机构是否有动机介入，从而关闭这家公司。这一点是肯定的，尽管一些多层级传销公司在过去已经宣告破产，但是大多数更大更知名的品牌即使没有蓬勃发展，却也能存活下来。

随着争论的激烈进行，阿克曼提出了一个更加实事求是的问题：如果艾因霍恩已经做了大量的工作，并做空了股票，那么"我们怎么会输？"

阿克曼依然认为时间站在他这边，因为几周之后，艾因霍恩将出席索恩会议，几乎所有人都认为康宝莱公司将成为他的打击目标，而其中的含义是显而易见的，如果仅仅是艾因霍恩的问题就已经令康宝莱公司的股价大跌，那么人们对一场公开演讲所能想象到的结果只有一个——该公司股价会继续狂跌。

艾因霍恩在电话会议上露面时，康宝莱公司股价应声下跌。于是，潘兴公司开始以每股 48 美元的平均价格做空康宝莱公司的股票。

做空意味着你要对冲某只股票，虽然这种模式可以获利丰厚，但它也有风险，这是因为：当做空一只股票时，你实际上是从另一个投资者那里借入股票，然后卖出，如果股票贬值了，你可以以低价买回来，然后把差价收入囊中；如果股价下跌，收益可能是巨大的；如果股价上涨，损失可能是无穷无尽的——对"股价能涨多高"这个问题而言，答案是没有上限的。

5 月 16 日，在索恩会议的当天，阿克曼从他的办公室沿着哥伦布大道走了大约八个街区，来到林肯中心，做了一个关于彭尼公司的 60 页幻灯片的演示。阿克曼自始至终都没有透露任何信息，他在台上的 15 分钟时间里没有提及康宝莱公司。他坐下来时，正轮到艾因霍恩在人群前发言。

下午 6 点 34 分，阿克曼和房间里的几乎所有人一起走上台，期待着那个脾气暴躁的卖空者用大锤"敲打"康宝莱公司。但是，艾因霍恩欺骗了所有的人，他所叫出的是马丁材料公司的名字，阿克曼也非常震惊。他径直回到办公室，和他的团队见了面，并考虑立即平掉康宝莱公司股票的空单。阿克曼不想成为这场战斗的"主要角色"。

阿克曼说："在这个房间里，有许多人质疑做空康宝莱公司股票这一做法，而我们已经就此事进行了讨论，我认为迪内恩做得很好。现在，我们需要再来梳理一下整个事件的过程。对于此事而言，我们有一个相关的规则——我们只是出于自身的目的来审视它，看看它到底会变成什么样子，然后我们才可以做出相应的决定。"

阿克曼还没有天真到以为单独行动不会带来风险，但他反驳持怀疑态度的人的说法是：潘兴公司可以轻松地填补艾因霍恩造成的空洞。

阿克曼对其他人说："我认为，我们不知道艾因霍恩会做什么，但是，他之前所做的一切可能即将成为鼓动金融市场的一种催化剂，而我们也可以成为催化剂。"

迪内恩开始夜以继日地为发表演讲做准备，他甚至睡在桌子底下翻看与康宝莱公司相关的任何资料。

阿克曼曾经说过："迪内恩一直都在寻找某些东西，而我也一直都在倾听，然后我们投入了更多的资源对康宝莱公司进行调研，并且联系了一家律师事务所。"

卡佐维茨是潘兴公司的内部监管专家，尽管他很少在公共场合唱衰某家公司，但他还叫来了法律顾问苏利文和克伦威尔，希望他们留心康宝莱公司，并对其业务模式进行取证。如果潘兴公司采取行动，那么苏利文和克伦威尔必须调查本公司面临的所有可能发生的情况。另外，他们还要调研传销法的历史、政府介入的可能性，甚至是康宝莱公司起诉阿克曼和潘兴公司的可能性。

阿克曼对公司的员工说道："我觉得做这些事情真的很有趣，我从来没见过这样的情况，你为什么不去做两个星期这样的工作再回来呢？如果你觉得有意思的话，我们就可以继续地畅谈。卡佐维茨、苏利文和克伦威尔他们所进行的深入调查不仅证实了我们的指控，还发现了更多确凿的证据。"

尽管与传销相关的法律在黑和白之间存在很多灰色的地带，但是，随着相应监管机构越来越深入的调查，阿克曼和办公室里的其他人则变得越来越自信——阿克曼和迪内恩所长期怀疑的康宝莱公司的欺诈行为是存在的。

于是，阿克曼决定加大赌注。

由于阿克曼所沽出的股票仍在 40 美元的高位徘徊，所以，他建议采取"重磅"策略——将空方头寸的价值提高到 10 亿美元，这相当于该只股票总流通市值的 20%。要么做大一点，要么不做，这正是阿克曼喜欢的方式。由于阿克曼既是一名表演者也是一名活动家，因此，他提议在纽约做一场引人注目的演讲。这是一场全世界都能看到的，阿克曼对康宝莱公司的"公开叫板"。

一些人认为阿克曼这个计划是疯狂的，构建这么大的头寸很容易让寻求刺激的投资者选择做多。但是，阿克曼也有一个答案，他认为：如果在做空康宝莱公司这件事上能够取得胜利，那么潘兴公司不仅可以为投资者赚钱，而且还可以同时终止康宝莱公司对少数族群和不那么幸运的人所进行的掠夺。阿克曼认为那些有胆量做多的人基本上是拿自己的血汗钱在炒股，而谁愿意背起这个负担呢？阿克曼的这一想法引发了一场争论，即潘兴公司的真正目标到底是为投资者赚钱，还是要实现某种利他主义或道德使命呢？

阿克曼赢得了这场争论，他认为潘兴公司可以两全其美。

同时，阿克曼对迪内恩说，他要在 6 月之前准备一份演示文稿，而此时距最终期限只有几周的时间。

这回轮到阿克曼策划对康宝莱公司进行"大揭底"。他给相关行业的一位朋友打电话，告诉他准备一个完美的场所。

相关慈善活动的联合创始人之一、阿克曼的老朋友道格拉斯·赫尔奇说："比尔在 2012 年索恩会议之前给我打了电话，他说'我有一些非常棒的东西，但我不确定是否能及时准备好'。后来，在 10 月末、11 月初时，他打来电话说'嘿，还记得我们的谈话吗？我有一些东西想要展示'，所以，我们想出了一个借助索恩会议那样的场合进行操作的办法。"

在赫希的陪同下，阿克曼预订了第七大道的安盛（AXA）中心，这是阿克曼要去的地方，那里足够容纳数百人。现在，时间是唯一的问题——10 月已经过去，阿克曼把演讲推到了感恩节那一周。但是，当11月到来的时候，迪内恩那边还没有准备好。于是，阿克曼把最后的期限定在12月20日，而那时华尔街的许多人还在休假。

随着发表日期的临近，迪内恩夜以继日地为阿克曼准备数百张幻灯片。如果他们要把康宝莱公司搞下去，那一切都必须是完美的，当然也要确保有足够多的人来听。

阿克曼对此也有自己的计划。

12月19日，在索恩特别活动的前一天，阿克曼打电话给CNBC的对冲基金记者凯特·凯利，告诉他关于做空股票的相关信息。凯利在这个行业有大量的人脉，从阿克曼的角度来看，他是帮自己"投下炸弹"的最佳人选。

就在下午2点前，凯利进入CNBC的常规节目《突发新闻》中。

凯利说道："我刚刚得知潘兴公司的对冲基金经理比尔·阿克曼手中握有大量康宝莱公司股票的空单。"⊖此时，在控制室里的制片人则拿出股票图表来观察华尔街的反应。

凯利说："阿克曼认为，在大家听到的故事中，康宝莱公司的情境是他所见过的最好的投资题材之一。而且，阿克曼做空康宝莱公司的股票已经有七八个月的时间了，他将在明早的索恩会议上公布更多细节。"⊜

这一下，美国金融市场炸锅了。

凯利的独家新闻让康宝莱公司的股价立即迅速下跌，在几秒钟内就下降了15%。而在3000英里之外的位于洛杉矶的康宝莱公司总部，首席执行官迈克尔·约翰逊也看到了阿克曼发表的幻灯片，他勃然大怒。

"这家伙以为他是谁，"约翰逊大喊着，但他并没有特别针对任何人，康宝莱的发言人也很快起草了一份谴责阿克曼的声明。约翰逊继续他的长篇大论，

⊖　CNBC "*Street Signs,*" December 19, 2012.

⊜　同⊖。

不管是谁，他都要不顾一切地与之战斗。不过，约翰逊考虑到自己身在洛杉矶，而阿克曼在纽约，且双方的斗争才刚刚开始发展，他也觉得自身无力阻止股价的下跌，因此，约翰逊取消了自己的时间表，打电话给了莫里斯公司（Moelis & Company）的洛杉矶办事处。这家投资银行过去曾与约翰逊打过交道。该公司的联席会议总裁纳温德（Navid Mahmoodzadegan）接过了电话，他很了解约翰逊，现在他要做的就是劝说这位已经疯狂的首席执行官保持冷静，同时让双方搞清楚自己的对手分别是谁。

约翰逊不会接受这些建议，他声称自己不会让纽约的某个混蛋在几分钟内毁掉自己的公司。所以，约翰逊做了一件不可思议的事，他抄起电话，打到CNBC的《街头招牌》栏目组，用一篇愤怒而长篇大论式的讲话来回应阿克曼的攻击。

"首先，阿克曼所讲的不是康宝莱公司的商业模式，这是他自己的商业模式！"约翰逊在电话中咆哮着，而凯利和节目主持人布莱恩·沙利文聆听其讲话的同时也在观看股市行情的实时变化。约翰逊继续说道："这是错误的，这是完全错误的，这是在公然操纵市场。我们不是在传销，那是虚假的指控。我们在世界各地拥有数百万客户。我们不为招聘支付费用，而且我们已经经营32年了。今天早上，我们刚刚和北卡罗来纳州州长在一起宣布康宝莱公司要在此投资建立一个上亿美元的设施，雇用500多人。康宝莱是一家合法的公司，而阿克曼先生的主张是'如果康宝莱公司破产，美国将会变得更好……'那我们也会说'如果比尔·阿克曼马上死掉，美国的境况一定会变得更好'。"⊖

由此，华尔街曾经出现过的最大的一场战役就此上演。阿克曼现场观看了约翰逊的爆炸性演讲，他对其表现出的愤怒情绪感到吃惊，甚至对约翰逊这种义愤填膺的状态感到恐惧。

当时，愤怒的情绪从约翰逊的身体中喷发出来，他非常生气，以至于在

⊖ CNBC "*Street Signs,*" December 20, 2012.

与 CNBC 的天才进行交流时，他竟然将康宝莱公司的销售数据弄得乱七八糟。凯利就康宝莱公司长期备受争议的销售数据向约翰逊提出了一些问题，而这些问题与艾因霍恩所提的相类似。

以下是当时的谈话记录：⊖

凯利："约翰逊先生，其他主要的投资者已经提出了相关问题，其中包括大卫·艾因霍恩，即你方产品的销售渠道是否仅限于贵公司自身的分销网络？情况是这样的吗？或者说，你们还有更广泛的营销渠道吗？"

约翰逊："我们有数百万的客户。我们的客户有时被称为分销商，这是大家唯一困惑的一点。他们之所以被称为'分销商'，是因为他们可以从我们公司的产品上获取折扣。"

凯利："约翰逊先生，你能不能给我们一个具体的百分比，以此说明你们在分销网络之外的销售额所占的比重究竟是多少呢？"

约翰逊："90％！"

凯利："有这么大的比例吗？"

约翰逊："绝对有！"

其实，90％ 这个数字是不准确的。约翰逊搞砸了，他自己也知道这一点，但除此之外，他现在还能做什么呢？

于是，阿克曼猛扑过去。他宣称：约翰逊撒了谎。

阿克曼回忆道："约翰逊的讲话听起来真的像个暴徒，我很清楚这不是一个普通的首席执行官所应有的反应。显然，他撒了谎。"

上面所发生的这一切都为第二天上午在安盛中心举行的相关活动奠定了基础。

12 月 20 日上午，阿克曼从潘兴公司的办公室出发，他要前往第七大道

⊖　CNBC *"Street Signs,"* December 20, 2012.

787 号的安盛中心进行短暂的演讲。迪内恩和一群潘兴公司的高管紧随其后，于前排就座，以此提供"士气"方面的支持。

当东部时间上午九点的钟声敲响时，索恩特别会议的活动开始了。

"早上好，我是埃文·索恩，我在这里欢迎你们参加索恩基金会的第一次特别会议。" ⊖

此刻，阿克曼站在后台，他认为自己所要做的演讲是经过潘兴公司的专家字斟句酌的、最好的一篇作品。在此之前，阿克曼没有进行预演，他没有在镜子前排练，也没有在潘兴公司的同事面前练习。但阿克曼从来没有像现在这样准备得如此充分，他知道这件事情已经是箭在弦上，不得不发，而阿克曼自己也不想将其搞砸。

在简短的介绍之后，阿克曼穿着无可挑剔的黑色西装，打着皇家蓝色领带，迅速地拿着一个遥控器走上台，开始就之前发表的幻灯片进行讲解。

阿克曼按下投影仪上的按钮，显示出第一张幻灯片，然后说道："大家好，今天要讲的内容很多，但我们会很快地切入正题。" ⊖

幻灯片上首先显示出"谁想成为百万富翁？"的字样。

"康宝莱……敢梦，就能赢！"阿克曼首先以康宝莱公司营销材料中的这句口号为笑料而展开话题。

阿克曼一开始就强调了康宝莱公司非凡的业绩增长模式，他惊叹于：在短短 30 多年的时间里，康宝莱从一无所有变成了市值 50 亿美元的公司，从而成为"世界历史上增长最快的公司之一"。

阿克曼向在场的几百人问道："你们这里有人买过康宝莱公司的产品吗？"

有一两个人举手。

阿克曼接着说："康宝莱不是一家特别知名的公司。"

⊖　Ira Sohn Conference Special Event Video, December 20, 2012.

⊖　Pershing Square presentation on Herbalife, AXA Equitable Center, December 20, 2012.

然后，阿克曼将矛头直指康宝莱公司最畅销的产品——F1 型代餐品，他将这款奶昔令人印象深刻的销售数据与更加主流的诸如高乐氏、佳洁士和高露洁一类的家居产品进行了比较。

阿克曼笑着说：" F1 型属于价值 20 亿美元的品牌代餐品，但这里怎么没有人听说过呢？"

阿克曼继续说："我很好奇，康宝莱公司营养粉的销量比安素公司（Ensure）、斯丽法公司（Slim Fast），以及健安喜公司（GNC）所销售的多种维生素复合营养粉多了 6 倍，这怎么可能呢？"

阿克曼甚至用前一天约翰逊自己的话来进行反驳，他指责道：这位首席执行官在与 CNBC 的凯特·凯利谈论康宝莱公司的销售额时，曾经透露过 90% 这样不可信的数据。

然后，阿克曼播放了一段视频。这是一份高产量证明，由康宝莱公司自己制作，以顶级分销商多兰·安德利（Doran Andry）的经历为蓝本，而理查德在她最初的研究报告中也曾提及。安德利在 22 岁时辞去了一份坐在办公室里的工作，他说自己被康宝莱公司提供的商业机会所吸引。自此，安德利开始攀爬康宝莱公司的销售阶梯，最终混入了顶级董事长俱乐部，并得到了所有想要的东西。

安德利曾经说过："康宝莱公司所生产的是一款能够改变人们生活的产品。"他展示了法拉利、宾利和昂贵的具有"飞行"模式（chopper）的摩托车。作为康宝莱公司的分销商，安德利每周只需工作"两三个小时"。⊖

安德利声称："在我工作的第一年里，我们的收入达到了 35 万美元；第二年，我 30 岁了，米科（安德利的妻子）25 岁了，我们的收入达到了 110 万美元——我们已经成为百万富翁了。"

⊖ Doran Andry " Testimonial," from Pershing Square presentation on Herbalife, December 20, 2012.

安德利还自充导游，带着大家参观了他买的豪宅。

安德利还曾做过如下的煽情表演，他说："你们知道，这真的很神奇。我拥有了法拉利、宾利。无论人们想要什么，我都会拥有。你们会问'那家伙是做什么的？'其实，我是康宝莱公司的独立分销商。人们对我所做的一切感到非常惊讶。我享受到的是一种难以置信的生活品质。你们所有人只要有梦想，就可以拥有我所拥有的一切，甚至更多。"

阿克曼嘲笑着安德利所吹嘘的成功模式，他指出：在管理方面，康宝莱公司是"世界历史上做得最好的传销公司"。

此时轮到迪内恩上台演讲了。

迪内恩抨击了康宝莱公司的营销模式和薪酬结构，他和阿克曼都认为康宝莱公司构建起一套故意让人误解的、错误的信息网络，实际上，其营销模式几乎完全建立在招聘的基础之上。他们认为：康宝莱公司的薪酬计划基本上是这样运作的——当康宝莱公司的分销商招募新成员或新分销商时，这些人如果从该公司购买产品，那招募者就会得到佣金，而当最初入职的员工找到其他人加盟时，他们也会得到报酬。随着他们所谓的"下线"购买了康宝莱公司的产品，相关的分销商将把康宝莱公司的食品连锁店提升到更高的水平，而顶级的分销商最终将达到董事俱乐部所要求的水平。在那里，安德利和其他人都会变得很富有。

这里只有一个问题，阿克曼和迪内恩断言：康宝莱公司几乎所有的新员工都在寻找商业机会的过程中失败了，而在这个过程中，他们损失了数千美元，很多人在第一年就离职了，他们还指控该公司的销售流程实际上就是从分销商到分销商，而这是传销模式的关键特征之一。

迪内恩几乎是不加修饰地质疑道："我们甚至不知道康宝莱公司的营销渠道当中是否存在任何的零售客户！"

阿克曼、迪内恩和阿克曼的密友兼法律顾问大卫·克拉夫特（David Klafter）

在三个半小时的时间里一直穿梭于 343 张幻灯片之中。康宝莱公司的股价在几天前的凯利的独家新闻采访中下跌了 12%，而在阿克曼和潘兴公司提出质问之时，其股价又下跌了近 10%。在 24 个小时内，康宝莱公司数十亿美元的市值蒸发殆尽。阿克曼很明确地断言，康宝莱公司股票价格的跌势不会就此止步。

离开舞台几分钟后，阿克曼平静地坐下来接受 CNBC 的安德鲁·罗斯·索尔金（Andrew Ross Sorkin）的采访，当谈到康宝莱这只股票时，阿克曼说道："如果康宝莱公司被发现是在搞传销，那么，其股票价值就是零。"

零？！让我们想一想，阿克曼不仅要押注于康宝莱公司股价的下跌，他还要押注于康宝莱整个公司的消亡。即便是那些认同他观点的人也认为这样做是有风险的。

CNBC 的记者赫伯·格林伯格也曾为自己的电视台制作过一档节目——一个关于康宝莱公司的纪录片。他回忆道："我认为阿克曼做得很好，但是，当他评论康宝莱公司股票价值接近于零时，我认为我应该思考'他为什么要这么说？'阿克曼画了一条线，显示出了非常傲慢的逻辑，但我认为他做的演讲非常好。"

阿克曼在展示其 300 多张幻灯片的同时，还提供了一个可以更加深入了解康宝莱公司的网站，他将其网址命名为"康宝莱公司的真相"（Facts About Herbalife）。阿克曼以此为平台更加详细地描述了其所指控的康宝莱公司的欺诈行为。阿克曼还承诺将自己所有的个人收益都捐给慈善机构，以免自己从交易当中获取任何股民的"血汗钱"。

现在，我们把镜头拉回到洛杉矶。康宝莱公司的管理层都感到非常震惊。办公室里的大多数人都认为阿克曼会把事情说得很严重，但他的指控不会在几个小时内就有这么大的破坏性。

接下来，康宝莱公司的众多分销商（事实上的销售团队）的反应则非常强烈。尽管几乎没有人知道阿克曼到底是谁，但他们确实看到了康宝莱公司股票的反应情况，他们怀疑自己的生计是否要陷入"火海"。

约翰·塔图尔担任康宝莱公司的分销商已经 36 年了，他逐渐晋升为顶级的董事俱乐部会员。他自己尝试过康宝莱公司的产品，然后宣传其疗效并销售它们，他每年要从该公司的商业运营模式当中赚取数百万美元。

塔图尔说："我在很短的时间内减掉了 12 磅体重，而且精力充沛，我想我应该和别人共同分享康宝莱公司的产品。"

塔图尔认为阿克曼的指控是虚假的，他说："我们已经经营了 30 多年，营业额达到数十亿美元。如果一种产品真的不起作用，那它的寿命不可能依靠欺骗公众而得以延续如此之久。"

但是，无论塔图尔和其他分销商对康宝莱公司的产品或业务本身有多大的信心，此时此刻，这些都无关紧要了。现在是阿克曼在对抗康宝莱公司，市场似乎相信这位身价亿万美元的投资者。这就是股市的现实——人们所看重的是维权型投资者的整体实力，以及他们所拥有的能量。

塔图尔说："这让我很生气，因为他（阿克曼）想把钱都装进自己的口袋，而有些人的动机则是不良的。传播错误信息和对企业造成危害的那帮人似乎是有一些'影响力'的。"

塔图尔表示：即使阿克曼的陈述和随后出现的戏剧性的股价下跌行情使康宝莱公司管理层略微有些不安，但他们还是立即查看了本企业的排名和相关文件，从而确定相应的信息保持畅通。

随着康宝莱公司的股价持续下跌，约翰逊经历了他职业生涯中从未遭遇过的考验，他拿起电话，打给他的导师——曾经掌管 Univision 集团的亿万富翁杰瑞·佩林乔（Jerry Perenchio）。佩林乔看过阿克曼的报告的部分内容，也听到了他那些"康宝莱公司该死"的指责。

约翰逊后来说："杰瑞接了电话，他告诉我，如果康宝莱是一家合法的公司，那就证明给大家看。"

接下来，康宝莱公司发表声明称："阿克曼今天发表的陈词是对我公司商业模式的恶意攻击，其内容主要是基于过时、扭曲和不准确的信息。"⊖

但是，被康宝莱公司股票行情的暴跌所震惊的人不仅仅是该公司执行团队的成员。

研究分析师蒂姆·雷米说："我从未见过一个投资者要花费三个半小时的时间于一个重要的场合进行网络直播，然后在电视上露面，进而表明自己的观点。这是我见过的、最为精心策划的一波牛市或熊市的行情变动。"⊜

阿克曼在回办公室前告诉记者："这是我对以往的相关投资所持有的最高信念，绝对是的。"⊛此时，康宝莱公司的股票跌得更严重了。

阿克曼后来说："我原以为这件事会在不到一年的时间内结束。我认为康宝莱公司的股票会暴跌，分销商也会开始恐慌，其传销计划会崩溃，而这些分销商会转向其他的传销项目。"

然而，阿克曼不久就知道：这件事远没有那么简单。

当年的 12 月 28 日凌晨 5 点 30 分，澳大利亚对冲基金经理约翰·亨普顿（John Hempton）在博客上发表了一篇题为《比尔·阿克曼走进斯大林格勒城》的文章⊗。所谓"斯大林格勒"指的是第二次世界大战中，德国遭遇灾难性失败的地方。许多历史学家认为，于此地发生的苏联和德国之间的这场长达 7 个月的厮杀是第二次世界大战中最伟大的一场战役。亨普顿认为，阿克曼或康宝莱公司都将面临类似的命运。

⊖ Bayliss-Herbst, Sven, Forgione, Sam, " *Pershing Square's Ackman Escalates Fight with Herbalife,* " Reuters, December 20, 2012.

⊜ Pfeifer, Stuart, Hamilton, Walter, " *Hedge Fund Manager Alleges Herbalife is a Pyramid Scheme,* " Los Angeles Times, December 20, 2012.

⊛ Celarier, Michelle, " *Flare-Up In War of Words Between Ackman, Herbalife,* " New York Post, December 21, 2012.

⊗ Hempton, John, " *Bill Ackman Enters The City of Stalingrad,* " Bronte Capital, December 28, 2012.

亨普顿写道："有人将蒙受巨大损失，胜利者的掠夺是如此的血腥，以至于'胜利'这个词听起来是空洞的……对于一个像我这样厌恶那些风险的卖空者而言，这种行为纯粹是对冲基金的耻辱。"⊖

接下来，为了让大家知道他押注的是哪一方，亨普顿写了一段令人震惊的附言。

> "附言：在比尔·阿克曼的演讲中，除了最后的结论——康宝莱公司的股票将会崩溃外，我对所有的一切都深信不疑。我在平安夜植入一批'多单'。我觉得现在'做多'康宝莱是非常有利可图的，因为康宝莱公司应对阿克曼攻击最简单的方法就是回购其自身的股票（并使股票价格上涨）。阿克曼先生最终会使康宝莱公司将巨额的（但是肮脏的）利润返还给股东（因此我计划成为它的一位股东）。"⊜

亨普顿的出现导致康宝莱公司的股价上涨了近7%。在阿克曼的演讲之后，该股曾在几天内跌至每股20美元。不到一周后，2013年1月4日，赫普顿与赫伯·格林伯格一起出现在CNBC，其间亨普顿解释了他为什么要选择"做多"康宝莱公司的股票。

亨普顿表示，对于康宝莱公司而言，"它会定期地回购股票，并支付相当高的股息"——他们是卑鄙小人，但他们只是股市当中的卑鄙小人。⊜

格林伯格后来回忆道："我很惊讶，亨普顿竟然选择了'做多'，而康宝莱公司是那种天生让人怀疑的公司。我知道亨普顿自己已经做了一番研究，但我从未想过他会将这件事情变得如此的个性化。"

亨普顿强调了其他一些投资者当时所正在进行的辩论主题——康宝莱公司实际上可能是一个规模庞大的欺诈集团，但是，这并不意味着该公司股价会在

⊖ Hempton, John, *"Bill Ackman Enters The City of Stalingrad,"* Bronte Capital, December 28, 2012.
⊜ 同⊖。
⊜ CNBC, *Street Signs*, January 4, 2013.

空方的压力下跌至零点，同时也不意味着政府将关停这家公司。

华尔街的投资者很快就认识到，在众多著名基金经理人当中，对阿克曼的理论持怀疑态度的并不是只有亨普顿一人。

在洛杉矶，有一个名叫罗伯特·查普曼（Robert Chapman）的人，以他名字命名的查普曼资本公司（Chapman Capital）管理着大量的资金。自20世纪90年代末以来，马克·休斯试图在杠杆收购中将康宝莱公司私有化，而查普曼则一直在跟踪康宝莱公司的相关信息。在经历了一个混乱的过程，且相关交易似乎不太可能达成之时，康宝莱公司的股价也跌至每股近8美元，这时，查普曼猛扑过去，植入了大量的"多单"。

查普曼说他自己会时不时地在相关股票的头寸之上买入、卖出，但是，多年来，他一直没怎么关注过康宝莱公司。直到阿克曼在纽约放映幻灯片时，他对康宝莱公司的兴趣被再次激起。

查普曼看起来更像个跟屁虫，而不是对冲基金的经理人，他也不怎么喜欢阿克曼。他认为这位傲慢的亿万富翁"比巴菲特还巴菲特"，是一个虚伪的笨蛋，并且对康宝莱的认知全部都是错误的。和亨普顿一样，查普曼也认为：康宝莱公司可以回购股票，或提高股息，而这两件事都可能推高股价。他还进一步指出：阿克曼公开演讲的时机发生在年底前的十天，此时，对冲基金公司会将自己的账簿按市值计价，或对自己的资产进行合理估值。而这其中蕴含的信息是——通过在年底大幅降低康宝莱公司的股价，阿克曼可以提高他的年度业绩。

2012年12月29日，查普曼发表了一封公开信，信中写道："关于康宝莱公司，在比尔·阿克曼'唱空'其股价的事件发生之后，我则以自身仓位头寸35%的份额植入了相应的'多单'。"⊖

⊖　Chapman, Robert," *Why I Made It A 35% Position After the Bill Ackman Bear Raid,*" December 29, 2012.

查普曼将阿克曼的公开卖空行为称为"马戏表演",并表示:阿克曼可能会遭遇"空头轧平"的风险——其他人如果买入康宝莱公司的股票,那就会推动其股价迅速上涨,从而将股票从市场中吸走。阿克曼已经拿走了 20% 的股份,如果其他的投资者也一起收购,他可能会被迫"平掉空单"(买入股票),从而抚平潜在的巨大损失。

查普曼认为,相关政府部门过去曾对康宝莱公司进行过审查,"政府部门曾经调查过该公司,也审查了康宝莱",但是最后也没发现什么"毛病"。

查普曼还观看了阿克曼在 CNBC 所接受的采访,他确信:投资者过于依赖监管机构进行干预了。

查普曼最后写道:"事实上,如果没有联邦贸易委员会对康宝莱公司采取禁令性的行动,阿克曼将康宝莱公司股价做空至"零"的计划注定要失败。"

格林伯格谈到查普曼时说:"他是机会主义者和投资者,他所讲述的故事情节离现实太远,而正因为如此,查普曼对康宝莱公司的看法非常有趣。查普曼看到了形势的变化,他发现人们对康宝莱公司的看法有变,他将成为'多头团队'当中的一员。"

几天后,查普曼表示:康宝莱公司的股价可能会回调至每股 70 美元,而每股 100 美元也"并非牵强附会"。

现在,多头占优的气氛已经开始蔓延,而当前唯一的问题是——阿克曼是否能够阻止康宝莱公司的股价持续上涨。

WHEN THE WOLVES BITE

查普曼和亨普顿在媒体和对冲基金领域给大家带来了一场惊喜，但是，随着新年长假的到来，大多数华尔街投资者依然如故地出城度假，许多观察人士所期待的"康宝莱公司争夺战"得以"中场休息"。

不过，平静的状态仅仅持续了一个星期。

1月8日中午12点37分，一向具有煽动性的商业记者查尔斯·加斯帕里诺在推特上写道："罗伯特·查普曼向康宝莱公司承诺，他将在今天或明天早些的某个时候制造'重大新闻'！他要起诉阿克曼吗?"⊖

这无疑是一个诱人的信息，即使没有人知道这个消息到底意味着什么。

有一件事是肯定的——阿克曼并没有待在纽约寻找答案。

第二天，也就是1月9日星期三的早上，阿克曼从曼哈顿上西区驱车来到新泽西州的泰特博罗，其间需要大约20分钟的车程——阿克曼的私人G550喷气机在那里加了燃油，准备在设有"飞行支持"标志的停机坪处驾机起飞。

考虑到阿克曼在做空康宝莱公司股票的问题上没完没了地工作，以及随之而来的压力和审查程序，大家都可以看出他太需要休息了。

阿克曼觉得去缅甸潜水是一个不错的疗养方法，这意味着算上加油的时间，他们需要16.5个小时才能到达那里。

阿克曼带上了他的8个伙伴，其中包括他的老朋友卢卡迪亚公司的约瑟夫·斯坦伯格、一些潘兴公司的合伙人，以及英国金融家马丁·富兰克林

⊖ Gasparino, Charles, Twitter Timeline, January 8, 2013.

（Martin E. Franklin）。他们将在一艘豪华游艇上度过数天，同时享受世界上最好的水下活动。

但是，就在美国东部时间上午 10 点之前，阿克曼的飞机正准备开始长途飞行，他的手机突然响起，从办公室发来了一条紧急信息。

这个信息非常令人震惊。

第三点对冲基金的首席执行长丹尼尔·勒布向美国证券交易委员会提交了一份重达 13 克的披露报告，其中披露了该对冲基金公司握有康宝莱公司 8.24% 的股份。⊖ 消息公布后，康宝莱公司的股价上涨了 7.54%，升至每股 41.24 美元。随后，根据纽约证券交易所新的"熔断机制"（防止个别股票暴跌）的规定，该股票被暂时停牌。

阿克曼对此真是措手不及。

阿克曼和勒布不仅是好友，有时甚至绑在一起进行投资，他们是对冲基金界最耀眼的明星，就像克鲁尼和皮特那样友好。而现在，他们却想把彼此的头扯下来。

CNBC 的索金（Sorkin）于网络上的早间节目中讨论了这个令人震惊的消息，他表示："这里的故事现在可能与康宝莱公司的现状及未来有关，同时，它又与对冲基金界有关，另外，它和这两位绅士也有关联。"⊜

尽管阿克曼一直怀疑其他的"多头人士"也"渴望"加入亨普顿和查普曼的行列，但他从来没有想到勒布也是一个机会主义者。最近，阿克曼在做了关于康宝莱公司的演讲之后收到了来自金融家的电子邮件，对他工作的溢美之词跃然纸上。现在，勒布砸了 3.5 亿美元在一只垃圾股上，那他做的是什么样的研究呢？阿克曼怒不可遏，他认为这个曾经的朋友的所作所为简直就是一种

⊖ Ross Sorkin, Andrew, De La Merced, Michael, " *Loeb Explains His Herbalife Bet*, " The New York Times DealBook, January 9, 2013 .

⊜ CNBC, *Squawk on the Street*, January 9th, 2013.

"狗屁举动"。

勒布很快就证明他要赢了。

在将提交给证券交易委员会的文件公布于众后，勒布发表了一封写给投资者的信。其中包括对阿克曼说辞的严厉谴责，称其对康宝莱公司的指控是"荒谬的"。

勒布写道：

> "阿克曼所谓的'传销指控'是最为严重的一项，我们与公司的顾问进行了密切的研究，我们不认为这项指控有什么价值。阿克曼因唱空康宝莱公司股票而做的演讲基于这样一种观点——联邦贸易委员会已经玩忽职守了30年，他们放过了康宝莱公司大规模的欺诈行为，而且相关机构很快就会（在对冲基金卖空者的要求下）宣布关停康宝莱公司。"⊖

另外，勒布还对阿克曼于安盛中心所做的长达三个多小时的演讲进行了跟进，他写道：

> "虽然这位卖空者的陈述很长，但是，他没有提供证据以显示康宝莱公司已经跨越了某种'红线'，从而迫使监管机构将其关停。实际上，在阿克曼的报告中，几乎没有什么'新的'消息，而当在后来的采访中被追问到此事时，甚至连卖空者自己也承认，联邦贸易委员会并没有研究康宝莱公司的做法是否违规。根据我们的经验，像联邦贸易委员会这样的专业监管机构不会盲目地接受来自对冲基金告密者突然施加的压力。最后，即使有一些监管干预改变了康宝莱公司的经营方式，但是，我们对该公司80%的收益源自海外这一事实感到欣慰。"⊖

⊖ Ross Sorkin, Andrew, De La Merced, Michael, "*Loeb Explains His Herbalife Bet,*" The New York Times DealBook, January 9, 2013.

⊜ 同⊖。

勒布明确地表示，他对康宝莱公司股价所设定的目标与阿克曼的大不相同，而后者曾视之为零。

"按照适度的 10%～12% 的市盈率计算，康宝莱公司的股票价值为每股 55～68 美元。如果从现在开始做多，那么，其间可以提供 40%～70% 的收益，所以第三点对冲基金对康宝莱公司进行长期多头投资的做法是令人信服的。"

这封信就像多年来人们在华尔街所看到的那样——多头、空头双方进行着彻底的"撕咬"。

当勒布构建新头寸的消息传出时，查普曼对《华尔街日报》说："这将成为有史以来对冲基金之间最血腥的战斗之一。"⊖

这是查普曼非常乐意挑起的一场战斗。

其实，在阿克曼演讲时查普曼给勒布打过电话，当时勒布正在墨西哥的卡波圣卢卡斯度假，查普曼给了他一个小插曲，并告知他康宝莱公司股票已然暴跌的行情。

查普曼知道，勒布仍然对阿克曼在与塔吉特公司相关的交易上所犯的错误耿耿于怀。勒布曾暗示：他已经从灾难中走了出来，但是，朋友们觉得勒布很可能认为在康宝莱公司股票上的交易可能会形成一个双赢的局面。也就是说，一方面，勒布可以通过购买股票所赚取的收益来履行其向投资者承诺的受托责任；另一方面，他还可以将手中的股票"塞给"阿克曼，从而收回其自身"期待已久"的回报。

勒布被查普曼的电话所吸引，他指派了一个第三点对冲基金的分析师对康宝莱公司的生意进行一些粗略的了解，因为他知道没有什么时间可以浪费了。

⊖ Chung, Juliet, Showdown Over Herbalife Spotlights New Wall Street," Wall Street Journal, January 10, 2013.

尽管康宝莱公司的股价处于每股 20 美元的价位（远低于艾因霍恩事件前的每股 70 美元的高点），但是勒布知道：其股价在此价位上可能不会停留太长的时间，当然，它也不会像媒体所报道的那样悲观。

勒布从墨西哥打电话给他的办公室，让他的同事立即聘请几位前联邦贸易委员会的律师，这些人在多层次市场营销领域具有专业的知识。勒布的目的很明确——判断康宝莱是不是一家传销公司，以及和随之而来的风险相比，对其投资是否有意义。

没过多久，所有人都得出了同样的结论：阿克曼错了。勒布确信：康宝莱公司的股票受到了不公平的待遇。于是，他开始以每股 28 美元的价格买进这只股票。⊖接下来，勒布必须决定，他到底要"放出多少倍的噪声"才够用。

就在圣诞节过后，勒布缩短了他在墨西哥的假期，飞到加利福尼亚，与康宝莱公司的首席执行官见面。虽然勒布可能对阿克曼有偏见，但他也知道这家伙不是白痴，他想消除自己心中对康宝莱公司运营模式的怀疑。

约翰逊后来回忆说："丹尼尔来到我的办公室，我想他要见我的目的是看看我这个人是谁，以及这家公司是做什么的。"

和约翰逊一样，因为在洛杉矶长大，勒布也喜欢骑自行车，所以他们两人都认识一些相同的朋友。约翰逊花了几个小时带着勒布在短时间内尽可能多地了解康宝莱公司的业务。

关于勒布的质询，约翰逊回忆道："勒布咨询了所有的问题，包括公司的营运模式、业务的合法性、消费结构、补偿计划、产品性能等。他非常好奇，在这里待了很长一段时间。"

约翰逊甚至还给了勒布一套自行车装备，开玩笑似地告诉他：下次和阿克曼一起骑自行车时要带上它。约翰逊引用了《名利场》（*Vanity Fair*）的一篇文

⊖ Fontevecchia, Agustino, "*Dan Loeb on Trumping Bill Ackman In Herbalife: It Wasn't Personal, There Was No Pump and Dump,*" Forbes, November 12, 2013.

章中记载的一个真实的故事，它讲述了几年前发生在勒布和阿克曼之间的一场自行车相撞的事故，阿克曼为此曾感到局促不安，甚至有点尴尬。

约翰逊说，他们的会面持续了几个小时，之后不久，勒布就开始囤积康宝莱公司的股票。

2013 年 1 月 3 日，第三点对冲基金所持有的康宝莱公司股票的头寸规模超过了 5% 的门槛，因此，它要在 9 日向证券交易委员会提交监管申报。

约翰逊听到勒布申报的消息后非常激动。如果查普曼和亨普顿能再给康宝莱公司一些喘息的空间，那么勒布就能给那些众所周知的做空者以"强力一击"。

"我们在寻找盟友，"约翰逊说道，"在市场出现空头的情况下，如果有人做多，对康宝莱公司而言肯定是有帮助的。"

但是，勒布不是一个普通的"白衣骑士"。

其实，问题的症结就在洛杉矶。

就像艾因霍恩，甚至是阿克曼那样，勒布也是个亿万富翁，他有着丰富而备受尊重的履历。2012 年，他掌舵的第三点超级基金的股价上涨了 33.6%，其中主要的"离岸基金"的收益率上涨了 21.2%，轻松"跑赢"了市场并且击败了其他大多数对冲基金同行。自 1995 年成立以来，第三点对冲基金的年化收益率至少是 21.1%（刨去费用）。⊖

勒布是赛场上最好的球员之一，但这并不足以让他成为行业的唯一一个领军人物。他英俊机智、身体健康、精力充沛，他的"毒笔"和他每年所收取的绩效一样出名。

2002 年 2 月，勒布写了一封措辞严厉的信给 Penn Virginia，其中提到了该公司最近一期的收购案，他写道："病态的构思和以 1.12 亿美元收购斯乐

⊖ Herbst-Bayliss, Svea, Goldstein, Matthew, "Hedge Fund Chief Einhorn Disappoints, Loeb Had Big 2012," Reuters, January 4, 2013.

基石油天然气公司（Synery Oil & Gas）的做法从一开始就是不合时宜的，其中似乎预示着糟糕的管理团队所完成的是一项'拖泥带水'的业务……恕我冒昧，老练的德州石油公司的员工出售了斯乐基公司的股份，并获取了相应收益，因为他们看到阿巴拉契亚煤矿的工人穿着鳄鱼皮牛仔靴，带着银色的马刺和价值十加仑的帽子来到这里。毫无疑问，诺基亚成长伙伴基金（NGP）当中那些出售了斯乐基股份的人是在天然气泡沫最严重的时候于顶部价位出手的。这让 Penn Virginia 的股东大感意外。"⊖

2005 年 2 月，勒布又将目标对准了星际气体合作伙伴公司（Star Gas Partners），他在相关的信件中写道：

> "非常遗憾！贵公司的无能表现并不仅仅归结于贵公司与债券持有人和信托持有人之间的沟通不畅。回顾一下贵公司的历程，你们就会发现多年来因自身原因所造成的价值毁灭和战略失误，所以，我们把贵公司的管理层称为美国境内最危险、最无能的高管。"⊜

即使是美国一些最知名的公司也未能从勒布的诅咒中幸免。2011 年 9 月 8 日，雅虎公司就遭受到勒布愤怒的指责。

在致雅虎公司董事会的一封信中，勒布宣布：他获得了 6500 万股雅虎公司的股票或 5.1% 的股份，因此，他成了该公司第三大股东。

他在信中写道："雅虎公司因管理和治理不善而遭到了严重的损害，但是这并非无可挽回。"⊜

实际上，雅虎这家曾经的硅谷明星企业近几年来的日子过得很艰难。

2008 年，雅虎因拒绝微软公司的收购要约（每股价格 31 美元）而得以闻名。此后，雅虎一直与谷歌和社交网站 Facebook 之类的更新、更灵活的对手

⊖ Lalinde, Jaime, "Dan Loeb's Top 10 Most Scathing Letters," Vanity Fair, October 31, 2013.
⊜⊜ 同⊖。

竞争，其自身的地位显得摇摇欲坠。

在勒布进入雅虎的视野之前，该公司刚刚解雇了它的首席执行官卡罗·巴茨。此时，勒布在雅虎公司股票价格接近 52 周最低点时（每股 11 美元）开始买进。同时，他从一开始就明确表示：希望在谁能成为下一个继任者的问题上有发言权。

勒布写道：

> "第三点对冲基金曾与许多在科技、互联网、媒体和消费者相关业务领域颇受尊敬的企业高管进行过讨论。从这些讨论中，我们选出了一组全明星阵容的、具有潜力的董事候选人，他们在重组后的董事会中所发挥的作用是不可或缺的，而且他们也能够践行贵公司于最近的公告当中所列出的三条路径——首席执行官调研、业务审查和战略抉择。我衷心期待与贵公司尽快共同探讨我们所提名的候选人的相关资料。"⊖

不过，勒布很快就失去了耐心。

2011 年 11 月 4 日，在发出抨击信函两个月后，勒布又给雅虎公司董事会写了一封信，这次是针对该公司创始人杨致远的。杨致远个人拒绝了与微软的交易，新闻报道称：他正在寻求私人股本公司的帮助，从而为自己留出"退路"。

这一次，勒布改变了语气：

> "有新闻报道称，贵方正在考虑进行杠杆化的资本重组，这将使私人股本公司获得大量股权头寸，从而使杨先生和大卫·费罗共同持股，由此，相关公司将有效地获取雅虎公司的控股权。而更令人不安的是，有报道称，杨致远正与私人股本公司进行一次性讨论，大概是因为这

⊖ Dealbook, " Hedge Fund Takes Big Yahoo Stake, Calls for Board Shake-up, " The New York Times, September 8, 2011.

样做符合他个人利益最大化的要求。董事会和战略委员会不应该允许杨致远参与相关的论证过程，尤其要考虑的是，他在 2008 年微软收购雅虎的谈判中表现不佳。很明显，他根本不会与股东结盟。现在，杨先生至少应该声明他是买家还是卖家，他不可能两者都是。如果我们是正确的，而且他实际上是一个买家，那么，企业伦理要求他在任何代表公司进行的深入性的策略探讨过程中采取回避的态度。公司还应要求他立即离开董事会，单独与费罗先生在一起工作。"⊖

勒布要求自己拥有两个董事会席位的杨致远先生辞职，并嘲笑他试图与私人股本公司达成"私下交易"。

雅虎公司拒绝了勒布的要求，称其为"目光短浅的人"。雅虎公司认为，勒布所做的一切只是为了他自己的利益。

2012 年 1 月 5 日，在没有咨询过勒布的情况下，雅虎公司宣布他们找到了巴茨的替代者，他的名字叫斯科特·汤普森（Scott Thompson），是 eBay 的一名高管。据《华尔街日报》当天的一篇文章称：汤普森以"亲切的个性和浓重的波士顿口音而闻名……这与他的前任形成了鲜明的对比。"⊖

如果投资者感到兴奋，那他们肯定没有表现出来——雅虎股价应声下跌了 3.10%，降至每股 15.78 美元。

勒布也没有激动，2012 年 3 月 28 日，他直接给汤普森写了一封信，语气看起来不似有缓和的迹象。

勒布现在要求占有四个董事会席位，其中一个席位留给他自己。同时，勒布还就别人嘲讽他在"搭顺风车"一事进行了回击。

⊖ Dealbook, "Loeb Calls For Yang to Quit Yahoo Board," The New York Times, November 4, 2011.

⊖ Efrati, Amir, :Lublin, Joann S., Woo, Stu, "Yahoo Finds New CEO at PayPal," January 5, 2012.

勒布写道：

　　"抱着'死马当活马医'的态度，我们认为，根据董事会的分析，如果微软公司四年前所提出的每股 31 美元的价格能够被交付给股东的话，那是一种可怕的'短视'理念。相反，一个客观的观察者可能会发现第三点对冲基金的想法完全是带有'附加'性质的。在我们 9 月披露了自己在雅虎公司股票上的头寸之后，第三点对冲基金就一直是代表股东权益的一分子。"⊖

勒布的话里带着"杀机"，他很快就要通过新闻媒体进行无情的攻击了。

2012 年 5 月 3 日，在这个周四，勒布又给雅虎公司董事会写了一封信，这一次他抛出了一枚"炸弹"——他声称：汤普森在简历中填写了一个其从未获得过的计算机专业的学位。勒布要求汤普森在下周一中午之前对此事进行答复。⊜

雅虎公司证实了这一指控，但表示：汤普森的错误是"无意的"。⊜

然而，事实并非如此。

汤普森曾就读于波士顿附近的斯通希尔学院（Stonehill College），1979 年毕业时，他获得了会计学而非计算机专业的学士学位。据科技网站 ALLThingsD 记者卡拉·斯威舍的报道，在过去的十年里，这个假的计算机专业学士学位一直在汤普森的个人简历之中。

勒布已经看够了，他敦促雅虎公司董事会解雇汤普森，并重新审视自己提交的董事会成员名单。

⊖　De La Merced, Michael, " Loeb To Yahoo's Chief: I'm Not a Short-Term Shareholders," March 28, 2012.

⊜　De La Merced, Michael, " Third Point Demands Yahoo C.E.O. Be Fired by Monday," May 4, 2012.

⊜　同⊖。

在另一封发给雅虎公司的公开信中，勒布写道：

> "我们敦促雅虎董事会停止浪费宝贵的公司资源，不要阻碍第三点
> 对冲基金的提名者进入董事会。我们准备立即行动，一旦进入董事会，
> 我们的首要任务将是与剩下的董事会成员一起重振雅虎公司的雄风！
> 公司新的领导需要具有相应的资格和诚实的品质，同时还应该具有治
> 理公司的实践经验。雅虎公司已无力继续与最大的外部股东进行这场
> 误入歧途的争斗，而且该公司还有许多其他问题需要解决——雅虎所
> 遭受的损失已经够多的了。"

11天后，被勒布抨击得"体无完肤"的汤普森辞职了。[一]

当天，勒布和雅虎达成和解，这位金融家获得了三个董事会席位，其
中一个是他自己的，另外两个席位分别配置给精于重组业务的玛伊瓦公司
（Maeva）首席执行官哈利·威尔逊，以及媒体咨询公司激活（Activate）的首
席执行官迈克尔·沃夫。

雅虎公司的内部人士罗斯·莱文索恩（Ross Levinsohn）被任命为临时首
席执行官，而董事会则正式开始寻找汤普森的继任者。

2012年7月17日，雅虎任命37岁的谷歌公司的明星经理玛丽莎·梅耶
尔（Marissa Mayer）为首席执行官。梅耶尔迅速宣称："雅虎是一家极好的
公司，拥有惊人的追随者、极好的品牌和巨大的潜力。"[二]

消息公布后，雅虎公司的股价上涨2%，升至每股15.96美元，而投资者
纷纷打赌该公司首席执行官走马灯式更换的日子终于结束了。[三]

勒布又赢得了一分。

[一] Efrati, Amir, Lublin, Joann S., "Thompson Resigns as CEO of Yahoo," The Wall Street Journal, May 13, 2012.

[二] Efrati, Amir, Letzing, John, "Google's Mayer Takes Over as Yahoo Chief," The Wall Street Journal, July17, 2012.

[三] 同[二]。

到 2012 年冬天，投资于雅虎公司、德尔福公司、美国国际集团公司、联合金融公司和墨菲石油公司等企业，同时还管理着 100 亿美元的第三点对冲基金的年化收益率超过了 20%。⊖

现在，康宝莱公司的股票也出现在第三点对冲基金的仓位头寸之中。

对于首席执行官迈克尔·约翰逊来说，勒布的出现和他在 1 月 9 日所提交的文件是再好不过的事情。第二天，约翰逊计划去纽约参加康宝莱公司投资者节（Herbalife Investor Day）——这是该公司首次利用公开场合来回应阿克曼等人的"进攻"。

但是，约翰逊和他的执行团队很快就会知道，他们将遇到更多像阿克曼这样的人。

在 1 月 9 日下午 4 点 33 分，《纽约时报》的网站上出现了这样一个标题——"证券交易委员会开始调查康宝莱公司"。⊖该报的记者本·普罗蒂斯和迈克尔·德·拉·莫思德说："相关机构的执法部门已经对康宝莱公司展开调查，根据信息来源，这次调查可能会涉及该公司的销售情况。"

《华尔街日报》首先报道了这一消息，而该消息一出炉就导致康宝莱公司股价在反弹之前有所下跌，但市场不久就恢复了正常。当日收盘时，康宝莱公司股价上涨了 3.7%，达到每股 39.77 美元。投资者显然认为证券交易委员会纽约办事处的调查是例行公事，其实股份变动是由勒布所构建的新头寸所致。

虽然证券交易委员会曾经花了数年时间来调查阿克曼做空 MBIA 公司的事情，但阿克曼此时显得兴高采烈，因为这家监管机构仅仅在两周后就"敲开"了康宝莱公司的大门。

阿克曼说道："我们进展得很顺利，我现在可以说'太好了！事情可能很

⊖ Hussain, Tabinda, "Third Point Up 21.2% 2012, AUM Reaches Another Record; $10.1B," Valuewalk, January 3, 2013.

⊖ Protess, Ben, De La Merced, Michael, "S.E.C. Opens Investigation Into Herbalife," January 9, 2013.

快就会结束'。"

2月10日早上，在西57街，约翰逊和康宝莱公司的其他高管带着几辆电视新闻直播车站在那里。该公司的首席财务官约翰·德西蒙、首席运营官理查德·古达斯（Richard Goudas）、莫里斯公司的纳温德，以及几位来自博伊斯公司（Boies）、席勒公司（Schiller）的律师和一些来自危机公关公司乔勒·弗兰克（Joele Frank）的公关顾问一起走进四季酒店，他们正式宣布向阿克曼"开战"。⊖

一些人认为，现在是关乎康宝莱公司成败的关键时刻。

上午8点46分，沃什给了投资者一种期待的感觉。

在CNBC的内部通话系统中，沃什通过卫星电视节目告诉主持人索尔金，阿克曼的言论是"对现实的严重歪曲"——"我们公司是以产品来驱动销售"，而且康宝莱公司为大众提供了"巨大的商机"。沃什还声称：康宝莱公司在其分销商网络之外拥有"庞大的客户群"，这是为应对阿克曼在演讲过程中所提出的指控而发表的声明。

在当天上午的盘前交易中，康宝莱公司的股价上涨了3.1%，升至每股41.18美元——这比阿克曼首次演讲之后的价格高出约15美元。

早上9点2分，约翰逊看起来很平静，在舞台上声称此次事件是"独一无二的"，而且"关于康宝莱公司的错误信息非常多"，同时"这种错误信息已经融入金融市场内，我们今天正在寻求纠正的方法"。⊖

首席运营官古达斯介绍了康宝莱公司的一些产品，以及相应的制作方法，同时，他也引用了一些被阿克曼所"曲解"的言辞。

然后，沃什上场了。

⊖ Russolillo, Steven, "Live Blogging Herbalife's Investor Meeting," The Wall Street Journal, January 10, 2013.

⊖ 同⊖。

他问道："如果我们不是一家合法的公司，那么我们为什么要在产品和设施上投资数亿美元呢？"⊖

沃什继续说："我们的商业模式是企业 – 企业，我们也出售货物给那些分销商，而这才是我公司商业模式的实质特点。"⊖

按照阿克曼的说法，康宝莱公司绝大多数产品几乎只在分销网络内进行销售，为了反驳这种说法，康宝莱公司委托别的机构进行了一项调查，进而证明实际情况并非如此。

利伯曼研究中心（Lieberman Research）的副总裁金·罗里（Kim Rory）说："在接受调查的美国成年人中，有 5% 的人购买过康宝莱公司的产品。"她解释道："这相当于 550 万个家庭，而这帮人'显然是康宝莱公司产品项下一个庞大的消费群体'。"⊜

沃什认为阿克曼指控康宝莱公司没有真正的网络外的零售客户的这种说法是一个"虚构的神话"。

沃什说："这就是潘兴公司想让你们相信的画面，当然，现实的情况是非常、非常不同的。"㉃

康宝莱公司的反击生效了。

上午 10 点刚过，康宝莱公司的股价已上涨了 7%，达到盘中高点。㉄

然后，轮到约翰逊上场了。

他说："康宝莱是一家极好的公司，有着不可思议的未来，我们已经在这旦待了 32 年，我们还会在这里再待 32 年。"

上午 11 点 34 分，康宝莱公司的活动结束了。㉅

在离开之前，每个与会者都得到了一个 Goodie 包，在现场绿色的企业色彩

⊖　Russolillo, Steven," Live Blogging Herbalife's Investor Meeting," The Wall Street Journal, January 10, 2013.

⊖⊜㉃㉄㉅　同⊖。

中充斥着康宝莱公司的产品，而同样的产品在几周前被阿克曼扔到巴士车下。

约翰逊开了门，乘上一辆等候在那的汽车，然后去往机场，准备当晚回洛杉矶参加一个分销商晚宴。

阿克曼当天发表了一份声明，其中声称："康宝莱公司正在歪曲事实，它完全忽略了我们演讲中的大部分内容。"

在剧烈波动的交易时段结束时，康宝莱公司股价下跌了 2.8%，跌至每股 39.24 美元。

在短短几周的时间里，康宝莱公司的整体价值几乎被削减了一半，随后又开始反弹，接着又开始下跌，然后又恢复到了正常的水平——所有这些变化对该公司的营业模式、销售数字、投资规模或员工待遇而言没有任何意义。在那个月，康宝莱公司的工厂经历了一个非常奇特的过程——在大家的日常生活中，他们看着发生的一切，但自身情况没有发生任何改变。

即便如此，约翰逊还是认为他能够挽回局面，而他的反击会在华尔街引起共鸣。

约翰逊登上回家的飞机，松了一口气，他觉得与阿克曼的战斗很快就会结束。

那是 2012 年的平安夜,迈克尔·约翰逊身处教堂之中。

就在阿克曼针对康宝莱公司发表演讲的几天后,约翰逊和他的一个儿子早早地来到这里,希望能有个奇迹发生。他为家人和朋友订了约 12 个座位,他们将在 15 或 20 分钟内参加圣诞前的弥撒。

当手机响起的时候,约翰逊和孩子们正站在一个小树林里,他们努力睁大好奇的眼睛,高兴地挥着手。

此时,约翰逊的手机屏幕上正显示着"未知号码来电"。

约翰逊以为是妻子打来的,他独自走进加利福尼亚州的夜色之中,在 iPhone 手机上按下了绿色的"接听"键。

电话另一端传来友好而迷人的声音:"嗨,迈克尔,我是卡尔·伊坎,我想询问一些关于阿克曼的事。"

约翰逊不知道伊坎是怎么拿到他的电话号码的,但他说不出话来——他的妻子刚刚出现,正挥手让他挂断电话。

伊坎的电话来得有点唐突。

"但这是卡尔·伊坎……这是卡尔。"约翰逊嘟囔着,他连一句话都说不完整。

约翰逊不好意思地告诉伊坎,他要到第二天才能给他回电话,然后约翰逊毅然挂断了电话。

第二天下午,就在圣诞节的当天,约翰逊去了马里布宅邸里一个安静的地方,拨通了伊坎的电话。

伊坎是正确的。现在，谁也不能拐弯抹角。

"伊坎认为阿克曼是不对的，"约翰逊回忆道，"他说要利用这一点构建康宝莱公司股票的多头仓位。"

约翰逊从未见过伊坎，但知道他的铁腕形象。约翰逊认为，在与阿克曼的战斗中，如果让这位标志性的投资者站在自己的一边，那可能会改变相应的游戏规则。这并不是说丹尼尔·勒布会被剁成肉酱，但他不是伊坎（这位亿万富翁习惯于对任何人都不加理睬）。此外，伊坎还有勒布没有的东西——持久力。伊坎的现金储备当时估计接近 200 亿美元，而且这些资金几乎都是他自己的，这意味着他不必担心外部投资者的利益，伊坎只对自己负有受托责任。伊坎也非常乐意在任何时间、任何地点把相关资本混在一起使用。约翰逊知道，伊坎的资产在应对阿克曼这一类人方面可能会成为一笔巨大的财富，而阿克曼也会用他自己的方式大造声势。

当我们谈到相关事态进展的时候，约翰逊说："有那么多人在排着队反对我们，让他们站在那里吧。对康宝莱公司而言，攻击的浪潮具有巨大的积极作用。"

伊坎与约翰逊的通话内容一直都是一个秘密。直到 2013 年 1 月 16 日，《华尔街日报》的网站上刊登了一篇报道，其内容是：

"伊坎购入了康宝莱公司的股份。"⊖

《华尔街日报》的朱丽叶·钟在报道中声称：伊坎所购入的康宝莱公司的股份很"少"，他或他的一个同事最近与康宝莱公司的管理层见了面。

尽管市场出炉了上述这一信息，但康宝莱公司的股价仍然下跌了 3.8%，收于每股 45.06 美元。这或许是因为多数观察人士认为：伊坎只是随波逐流，他想和查普曼、亨普顿，尤其是特别受人尊重的投资者勒布一起在康宝莱的问题上并肩作战。

⊖ Chung, Juliet, "Icahn Takes Herbalife Stake," The Wall Street Journal, January 16, 2013.

没过多久，伊坎就明确地表示他还有其他计划。

一个星期后，在 2013 年 1 月 24 日下午，伊坎出现在彭博商业网络上，但他拒绝讨论他是否购买了康宝莱公司的股票。

当主持人崔西·里根（Trish Regan）问伊坎是否在做多康宝莱公司的股票时，他腼腆地说："我要回避这个问题。"⊖

不过，尽管伊坎可能一直不愿直接谈论康宝莱公司，但是，他在应对阿克曼本人和他那夸张的战术方面并没有退缩。

伊坎轻松地说："听着，这对世界和华尔街来说都不是秘密——对华尔街的大多数人，我都挺喜欢和他们相处的，不过，'我不喜欢阿克曼'这件事也不是什么秘密。我不尊重他，也不喜欢他。"⊜

伊坎接着说："虽然我讨厌阿克曼，但这并不意味着我要进场去买一家公司的股票，只是为了报复他。坦率地说，我不喜欢阿克曼的做法。我认为，如果你要做空某只股票，而这只股票价格也确实在下跌，那你就会赚到钱。但你不应该到外面去找一个坐满人的房间，然后说这家公司的坏话。如果你要这么做事，那你为什么不加入证券交易委员会呢？"⊜

在与电视台连线的过程中，伊坎猛烈地抨击他的"死对头"。

伊坎在视频结束前说道："我告诉你们，我不喜欢那个家伙，我也不尊重他。我和他做过交易，他不是一个直率的人。"

伊坎指的是当年他与阿克曼在哈伍德地产公司问题上的争端——他和阿克曼在哥谭合伙公司最后的日子里卷入了一场丑陋的法律纠纷。伊坎最终花费了 450 万美元买到了一个"教训"。由于伊坎认为自己在哈伍德地产公司交易中的失败可归因于技术性的问题，所以相关的裁决激怒了他。其中部分原因是

⊖ Wickman, Allie, Carl Icahn on Bloomberg TV: I Don't Like or Respect Bill Ackman," Benzinga January 24, 2013.

⊜⊜ 同⊖。

他不得不开出巨额支票，但也因为阿克曼后来的傲慢态度。阿克曼在《纽约时报》上对己方的胜利洋洋自得，而伊坎却觉得他的这种行为违反了华尔街几十年来的准则——无论赢得多么令人惬意，胜利者都不应该"侮辱"那些失败的"对手"。

伊坎从来没有原谅过阿克曼，报道中所称的康宝莱公司的状况无论有多么"微不足道"，都会让许多人怀疑：是不是伊坎期待已久的报仇机会已经到来。

正当伊坎在电视上攻讦阿克曼的时候，我在 CNBC 的新闻编辑室里踱来踱去。突然，我在节目制作人约翰·梅洛依的办公桌前停了下来，他的桌子上有四个监视器，而他正在观看其中一个显示的电视画面。梅洛依接替我主持了半场报道。我们两人都觉得视频看得不过瘾。

视频结束后，我回到办公桌前，冲动地给阿克曼发了电子邮件，问他是否想直接回击伊坎的"进攻"。实际上，我以前从未见过阿克曼。

当日晚些时候，我收到了阿克曼的回复。那时，我正坐在曼哈顿上东区萨里酒店客厅的一张桌子旁，等着与一位熟人共进晚餐，同时翻阅着电子邮件来打发时间。

阿克曼突然冒出一条消息，说他正在对一份声明做最后的润色，并会马上把它发给我。我想他也许想贿赂我。

几秒钟后，阿克曼的声明出现在我的收件箱里：

"2003 年 3 月 1 日，我代表之前的哥谭合伙公司与卡尔·伊坎签订了一份合约，向他出售哈伍德房地产合伙公司 15% 的股份。他付给我的投资者每股 80 美元，并同意签署他所说的'傻瓜条款'。按照协议规定，如果他在三年内'出售或以其他方式转让'自己的股票，且获得 10% 的年化收益率，那么，他将向我的投资者支付酬金。金额相当于他从哈伍德公司交易当中所获取的利润的 50%。不到 13 个月后的 2004 年 4 月 14 日，哈普特资产信托公司（HRPT Property Trust）收购了哈伍德公司。结果，卡尔和哈伍德的其他股东以每股 136.16 美元的价格将他们的股票套现。

根据我们之间的协议，卡尔欠我的投资者大约 450 万美元，但他拒绝支付。我不得不代表我的投资者起诉他。2005 年 9 月 6 日，法院对我们这个案子的判决很简单——认定协议是'明确无误'的。伊坎再次拒绝付款，并提出上诉。我们又在上诉中获胜，卡尔被迫为所欠资金交了保证书，并再次上诉。总之，卡尔一直等到上诉期限的最后几天才上诉，为的就是拖延已经无法回避的赔偿案件的诉讼流程。8 年后，卡尔的上诉被驳回。2011 年，法院强迫卡尔支付给我的投资者 450 万美元，以及自出售哈伍德公司股票之日起开始计算的每年 9% 的利息。

卡尔付钱后，他给我打电话，祝贺我获胜，并说他想成为我的朋友。而我则告诉他——我对成为他朋友这件事没有兴趣。

卡尔·伊坎是一位伟大的投资者，但以我的经验来看，他并不信守诺言。"

几分钟后，这一消息就被公之于众。

当晚 8 点 31 分发布的《商业内幕消息》则声称："比尔·阿克曼向卡尔·伊坎开火。"

我问阿克曼是否会在第二天中午来我的《中场报道》栏目，亲自回应伊坎本人的恶毒言论。

令我惊讶的是，阿克曼欣然同意。

他说："当然，我很乐意。"

我发邮件给节目的制作人，告诉他们这个"好"消息。

舞台布置好了，至少我是这么认为的。

就在阿克曼答应来我节目这件事五分钟之后，我的电话又响了，那边再次传来他的声音。

阿克曼的语调听起来对晚上的事情还是有些恼火："你知道，我是不会去的。在整个事件的过程中，伊坎的介入只是个小插曲。我保证，等我有实质性的事情要谈论的时候，我一定上你的节目。"

"好吧。"我回答道，并试图掩饰自己明显的沮丧情绪。接着，我回去吃饭，我的朋友正在等我。这时，我的电话又响了，我为自己找了个借口，走进酒店的大堂，电话的另一端传来阿克曼的声音："不管那么多啦，我去上节目。"

阿克曼没有就此挂机，他继续说："卡尔就是个混蛋……他坑过我……他就是个混蛋！"

情况就是这样。

第二天早上，2013 年 1 月 25 日，纽约市下了冬季的第一场雪。早上醒来后，我前往纽约证券交易所去为《中场报道》做准备。《中场报道》是 CNBC 新开设的一个在每天上午 9 点播出的栏目，现场报道纽约证券交易所各上市公司的开盘情况。

临近中午，阿克曼到达新泽西的控制室，那里的制片工作人员检查了相关的音频效果，并确定通话质量良好。

中午时分，我们进行了现场直播。

"两家对冲基金巨头之间的口水战正在升温……"我在开始部分对阿克曼的到来表示欢迎，接下来，我说："比尔，很高兴和你谈话。"⊖

他说道："当然，谢谢你对我的邀请。"显然，阿克曼开始准备反击了。

我说道："让我们尝试着把争论继续下去吧，伊坎先生攻击你的根本原因

⊖　CNBC's Halftime Report, January 25, 2013.

似乎是你太咄咄逼人——你攻击康宝莱公司的方式太公开，以至于要向'全世界'宣布你在做空它的股票。那么，你对此有何看法呢？"

阿克曼反驳道："你知道它有什么吸引人的地方吗？2002年和2003年，卡尔在索恩会议上曾经发表过演讲，并同样谈到了'做空'的理念。我刚刚通过《财富》杂志查到他做空三一重工的证据，其间卖出的流通股份额占到22%。我当时就在现场，记得他在不停地讲述做空的道理，讲述他为什么能够成为一个伟大的'做空者'。那个时候，房间里挤满了人。而在同一个索恩会议中，让我觉得有趣的是，我在2012年的发言就变成了坏事！"

回到位于通用汽车大楼47层的办公室内，伊坎正在观看这次现场采访，当阿克曼讲到上述这些话时，他变得更加愤怒。如果问伊坎不能容忍的事情是什么？那就是有人冤枉他。当他和我谈论一个故事，或独家新闻时，他喜欢说："别坑我。"

比尔·阿克曼似乎把和伊坎之间的关系搞砸了。

我没有想到的是，伊坎竟然让他的助手拨通了我们位于新泽西州恩格尔伍德克利夫斯的控制室的电话。伊坎说他想和阿克曼进行电视直播式的辩论。

这不是一个偶然事件。

后来我才知道，CNBC一位名叫麦斯威尔·梅耶斯的制片人比较富有进取心，他那天上午给伊坎的办公室打了电话，告诉他阿克曼已经接受了采访计划，并提出要进行电话采访的想法。梅耶斯与伊坎相识多年，他甚至偶尔会自费将上西区熏鱼商场巴尼绿草（Barney Greengrass）的美味佳肴推介给这位著名的投资人，作为对伊坎之前在网络上露面的"酬劳"。现在，这些"昂贵的鲟鱼"开始派上用场了。

12点25分，伊坎的电话打了进来。

通过我的耳机，梅洛伊告诉我，伊坎一直都在倾听整个谈话过程，他要打进电话予以回应。

我对阿克曼说："卡尔·伊坎想打电话给你，直接对你的话做出回复，我可以给你两个选择——挂断电话，或者把伊坎先生的电话接进来。如果你愿意的话，你们可以在电视上进行现场讨论。"

在当时这个最激烈的时刻，我忘记给阿克曼另一个选择——自己说上一天，并挂断伊坎的电话。

阿克曼说："你知道，如果卡尔想辩论的话，我们就在节目里谈谈吧，我们甚至可以躺在床上进行交流。如果你答应我，我们可以从现在的话题上转开，转而去关注康宝莱到底是不是一家传销公司，为了美国全国广播公司财经频道这家电视台的未来，我很高兴能在节目里和卡尔进行交谈。"

节目组放了一段广告，我整理好思绪，尽一切可能为辩论时刻的到来做好准备。

接下来，我们回到直播现场，然后我欢迎伊坎和阿克曼来到《中场报道》栏目。

我说道："卡尔先生，在你昨天的指控之后，我们已经和比尔谈了好几分钟了，他说你本质上是一个伪君子。"

"听着。"伊坎用一种我从未听过的愤怒的声音回答道："我真的受够了阿克曼这个人。你知道为什么我们不想跟他一起回顾历史吗？我不会像你们希望的那样讨论是否应该持有空方头寸，但我想说说和这个家伙的交往过程。当年，我做着自己的业务，2003 年，我接到了一个叫阿克曼的人的电话，我告诉你，他那时就像校园里一个哭哭啼啼的孩子。我在皇后区上了一所很艰苦的学校，那里的学生经常殴打犹太男孩，而阿克曼那时就像一个被殴打的犹太小男孩，向所有的人哭诉就是他的优点……他当时在我的办公室几乎是抽泣着央求我帮助他。就像有首老歌里唱的那样：'你会后悔——我在错误的时间里遇见了错误的人。'"

伊坎气喘吁吁地冲着阿克曼大吼，从纽约证券交易所场内交易员所发的帖子里，我们可以看到，他们二人每一次"唇枪舌剑"的争论都会让这些人欢呼雀跃。

场内的交易几乎停止了。

我试图问伊坎是否在康宝莱公司股票上持有多方头寸。但是，他拒绝回答这个问题。

伊坎说道："我要谈的是阿克曼刚才所说的关于我的那些话，而不是什么康宝莱公司的股票。当我觉得时机成熟，我会跟你探讨康宝莱公司的问题。但是，现在我们不讨论这个话题。"

"好吧。"我回答，我也觉得此时这个问题并不重要。伊坎正忙得不可开交，他继续说阿克曼就是个骗子，并声称"他在华尔街上的名声非常坏"。

伊坎在谈到阿克曼时说："我要告诉你，做空康宝莱公司的股票是阿克曼的经典之作。如今，该公司股价下跌了 2%、3%，而他可能在早上醒来后说，让我们看看现在能摧毁什么公司，然后对它进行'唱空'操作。这种情况从 20 世纪 80 年代末一直持续到现在。现在，他可以向投资者展示所赚取的金钱，阿克曼做到了。如果你读过关于他的文章，你会发现他一生都在做这种事。同时，阿克曼也一直都在撒谎，我会告诉你一些事情。就我而言，他想和我一起吃顿饭，我和他共进晚餐，我得告诉你我笑了。我不知道他是我一生中遇到的最圣洁的人，还是最傲慢的人——那就是阿克曼，而那次是我最后一次见他。其实，我不想见他，真的。当谈到朋友时，他打电话跟我说：'嘿，我们是朋友，我们可以一起投资赚很多钱。'但我知道，即使我是他的朋友，我也不会给他投资。因为我告诉你，这个人所冒的风险极大。"

伊坎先生继续说："他做空一家公司，沽出 20% 的股份。现在，我会告诉你，这可能是所有空头破产的原因。我可以告诉你其中的奥秘——有一天，如果有人为这家公司投标，想要所有的股票，那阿克曼会怎么做呢？历史会重演，他会像 2003 年那样窘迫。如果所有人都要行使赎回权，那他将从哪里募集资金予以偿付呢？你知道，就我而言，这家伙就是个'大输家'。"

阿克曼很快否认了伊坎的这些说辞，他辩解道："我认为卡尔要么是记性很差，要么就是他对真相有疑问。我们没有在哈伍德公司的问题上达成什么口头承诺，我们做的是书面的协议。他说，他的律师很好，那就读读协议吧。这是我们在网上达成的协议，它有十页之多。卡尔今天想说的是他当时的想法，但是，这份协议对我来说比对卡尔来说要重要得多。显然，我们读了协议。卡尔像是个大男孩，他签署了协议。事情发生后，有几个法庭认为我们是对的，而他则尽可能地拖延偿付。卡尔·伊坎的一大问题是，他不习惯别人比他强，尤其是像我这样在 2003 年时还算个小男孩的人。卡尔可以试着安排一次对空头的打压行动，他想干什么就干什么吧。他可以试着吓唬我的投资者，不让他们跟我一起投资，这听起来就像他在电话中所说的那样。我们潘兴公司在风险面前非常谨慎。我的讲话要结束了。在我讲述完这一整件事之后，卡尔打电话跟我说：'比尔，我们现在可以成为朋友了。'我希望我能把这次谈话录音。我只是对他说：'卡尔，你不是我的朋友。'这就是整件事情的经过。每次他去电视台的时候，我都会为自己辩护。"

伊坎显然对自己和阿克曼之间的友谊没有兴趣。他回答道："如果你是世界上最后一个人，我也不会和你做生意。"

伊坎继续说："我来告诉你关于康宝莱公司的事。我会告诉你我知道什么，同时也会告诉你我之前说过什么。我认为，阿克曼对康宝莱公司做了'手脚'。我不喜欢阿克曼，他在撒谎。我不需要在康宝莱那里赚 400 万美元，惹恼我的是他总是在逃避交易。我们将让这件事就此打住，十年前发生的事情就别管它了，但他逃避了。我是一个强硬派。我认为，如果你和我握手，你就得遵守规则，没有人会回过头握手。现在，让我们回到康宝莱公司的问题上，这里体现出典型的阿克曼式的作风。这件事如果不是阿克曼做的，我不会在乎。但是，他走进房间，找了 300 个人，告诉他们这个公司有多么糟糕，这就是一个惯常做法！他在 20 世纪 90 年代就这么做——把人们吓死了，股票也下跌了。他在 12 月 31 日标记了康宝莱这只股票，账面上赚了 6 亿美元，如此则可向世界证明他有多伟大。他给慈善机构捐款，向世界展示他所赚取的 12% 的收益，但这样不好。去年我们公司的收益率达到 28%，但我们不会'满世界'地去炫耀，也不会去诋毁某一家公司的股票。2011 年，不谦虚地说，我们只赚了 33% 的收益，但我认为我们没有去操纵任何事情。而阿克曼在康宝莱身上所做的'文章'是这样吗？他旗下有很多无辜的投资者，其中包括很多退休人员，而他们将失去自己的金钱，由此，阿克曼可以在今年年底展示良好的记录。顺便说一下，他在康宝莱公司身上所冒的风险特别大。你可以问几乎所有的专业人士，这件事的风险概率是否已超过 20%。说到底，阿克曼不是在拿自己的钱冒险，他是在拿投资者的钱去冒险。你如果参与其中，那么在'空头承压'的情况下，你还要在做空康宝莱公司股票的投资当中获取 20% 的收益，届时阿克曼能做什么呢？我希望阿克曼回答这样一个问题——当康宝莱公司赎回所有股票时，他要从哪里得到这些股票呢？假设有一个对康宝莱公司的收购要约，他们收回了股票，那么在华尔街，面对一份投标书，每个人都会收回你所借入的股票。如果发生前述这种情况，股价可能会飙升至每股 100 美元。而阿克曼到底要干什么呢？问他！他在听电话！"

"如果我有机会发言，我很乐意回答，"阿克曼说道，"第一，卡尔，你可以自由地向康宝莱公司提出收购要约。你想为康宝莱这家公司投标，那你就去投吧！"

"第二，很明显，我们认为该公司不会收到投标报价，我们认为这家公司不可收购。我们认为没有人会无所顾忌地开出一张五六十亿美元的支票来收购被我们认为是欺诈的企业，这一点是关键。还有，卡尔·伊坎说他不喜欢这种行为，这很糟糕。但与此同时，根据《财富》杂志，2003 年，在一个有 500 人参与的会议上，卡尔·伊坎公布了他做空三一重工 22% 的流通股份的消息。

卡尔，你能告诉我们那是真的还是假的吗？你确实做了，所以我觉得，你竟然认为我们对康宝莱公司所做的一切是不合理的这件事十分有趣。在康宝莱的问题上，我们只是以全透明的方式向公众提供了相关投资的全部资料……我们做了 330 页的幻灯片，其中的细节不是要吓唬人，而是要澄清关于这个公司的一些事实。我们花了一年半的时间做了详尽的研究。我们要么被证明是对的，要么被证明是错的。我们正在做空该只股票，目前还没有补足所需，而我们还要做空更多康宝莱公司的股票。我们有问题，但康宝莱公司给了我们提问的机会，我们也会应对他们所提出的每一个问题，并对其发表的内容进行回复。这里，我对卡尔表示感谢，他帮助我们进一步了解了康宝莱公司和康宝莱公司的问题所在。我猜卡尔买了康宝莱公司的股票，如果他这么做了，那是因为他那里的人将相关信息泄露给了媒体，他会在股价上涨时把它抛出去。他做了一笔好买卖，我也恭喜你成交了一笔好生意。我不相信任何一个好的投资者可以长期持有康宝莱公司的股票。我们相信它是一个传销公司，我也相信我们可以在很大程度上证明这一点。"

总之，他们二人在镜头前的"斗嘴"很快就广为人知，这场辩论持续了 27 分钟，期间还播放了几段广告。

与此同时，纽约证券交易所的交易量下降了 20% 以上。

当天下午 1 点，《商业内幕》头条新闻的标题是："比尔·阿克曼和卡尔·伊坎刚刚在 CNBC 大吵了一架——这是金融电视史上最伟大的时刻"。

我吓昏了头。

伊坎先生怒不可遏。

而圣诞前夜去教堂做礼拜的迈克尔·约翰逊即将感受到"神"的法力。

第 9 章

**野蛮投机家：从交易员到世界
首富的投机发家史**

W H E N   T H E   W O L V E S   B I T E

在纽约富人的夏季游乐场东汉普顿，卡尔·伊坎漫步走出其海滨豪宅的后门，坐下来吃早餐。他拿起一根白色的小吸管，坐到了西柚旁边。

当时正是 2016 年 8 月，伊坎感冒了。

伊坎拿着他的白色吸管，取出一片药，把它扔进一大杯水中，药片完全溶解后，他就把冒泡的药水喝了下去。

伊坎所服用的是一种名为"最佳防御"的药丸，这是康宝莱公司生产的补品，标签上印有"增强人体免疫系统"的字样。

"我真的相信这些东西是有用的。"伊坎边说边向几百米外的大西洋眺望。

从 2012 年的最后一天算起，伊坎一直是康宝莱公司的拥趸，当时这家公司第一次遇到他，而他与阿克曼之间也发生了"著名"的争论。

伊坎和阿克曼在电视节目中进行了一场为整个华尔街所关注的争斗，而直到 17 天后的 2013 年 2 月 14 日，全世界才确切地了解到伊坎在康宝莱公司问题上的态度是多么认真。

就在伊坎正式提交相关文件的消息传出后不久，一则名为"伊坎披露了他所持有的康宝莱公司的股份"的新闻则登上了《纽约时报交易手册》的头条，消息就此传开。⊖

伊坎以普通股和期权的形式购买了康宝莱公司 12.98% 的股份，交易市值超过了两亿美元。⊜这透露出一个明确的信息，即伊坎在康宝莱公司股票上所

⊖ Alden, William, "Icahn Reveals His Stake in Herbalife," The New York Times, February 14, 2013.

⊜ 同⊖。

构建的头寸非常巨大。另外，伊坎不仅要为回购康宝莱公司的股票做准备，而且，他还想在这个过程中把阿克曼踢出去，并且希望华尔街的每个投资者都知道这件事。康宝莱公司的股价因此上涨了 23%，升至每股 47 美元以上，接近阿克曼开始做空该公司股票时的价位水平。然而，就像伊坎的新头寸因其庞大的规模而令人震惊一样，他进行交易活动的时机最能说明他的心理。

2012 年 12 月 20 日，伊坎开始买进康宝莱公司的股票，就在同一天，阿克曼在安盛中心发表了有关该公司的报告。伊坎的首席分析师乔纳森·克里斯托多罗（Jonathan Christodoro）在互联网上实时观看了这一事件，目睹了康宝莱公司股价的暴跌，并察觉到了轻松赚钱的机会。克里斯托多罗曾经接受过类似的训练，他以优异的成绩从康奈尔大学毕业，获得宾夕法尼亚大学沃顿商学院的 MBA 学位，还曾就职于史蒂文科恩资产评估公司（S. A. C. Capital Advisors），为具有传奇色彩的对冲基金经理史蒂文·科恩（Steven A. Cohen）工作过；他也曾在海军服役，被塑造成坦克一样坚强的人，而最重要的是，克里斯托多罗跟踪康宝莱公司股票已经有很多年了，他甚至还参加了该公司最初的"路演"——当时从事私募股权的 J. H. 惠特尼公司和金门资本公司在康宝莱公司股票首次公开发行之前曾向投资者进行过推销。克里斯托多罗对这家公司了如指掌，他给伊坎打了电话，伊坎相信他这个年轻分析师的直觉。同时，伊坎也看到了，康宝莱公司的股价正像石头下落一样下跌，于是，他加入了"多头"行列。

伊坎当时的内部律师基思·沙伊特金说道："伊坎对我说，'阿克曼这样做太疯狂了。'阿克曼解释说他持有空方头寸，而卡尔认为这是一件很危险的事情，那就让我们来看一看吧！于是，我们马上开始做多。"

伊坎旗下的长期交易员爱德华·马特纳加入董事会后，以每股 33.41 美元的平均价格买进了 74.8308 股康宝莱公司的股票，这是其对阿克曼及其疯狂的言辞给予的彻底否认。

当马特纳买进康宝莱公司的股票时，其他人则开始跟进。

沙伊特金打电话给前联邦贸易委员会的律师，同时，他很快对多年来模糊的传销法进行了研究。伊坎手下的人翻遍了康宝莱公司的财务报表和公开文件，研究了针对多层次营销者的其他历史性的案例。最终，他们得出结论——政府不会关停康宝莱公司。

2月21日，伊坎又买入了75万股康宝莱公司的股票，三天后，又填进了17.2万股。[一]与此同时，克里斯托多罗飞往洛杉矶，花了近两周的时间与康宝莱公司的高管会面，想用尽一切办法来驳斥阿克曼的指控。

在后来的几天时间里，康宝莱公司的股价跌幅越大，伊坎买进的股票也就越多，直到他持有该公司头寸的规模达到美国证券交易委员会定下的5%的门槛，因此，伊坎需要向委员会提交报告。2月15日，也就是伊坎披露文件后的第二天，他打电话给CNBC，想要与我会面，向我解释他为什么要对冲阿克曼的头寸。

伊坎说道："我所购入的是价值被低估的股票。我认为康宝莱公司股票的价值被严重低估。自从阿克曼给了我抨击他的机会之后，我们对康宝莱公司做了大量的研究。实际上。康宝莱是一家很好的公司，我认为今天的投入可以赚取很多收益。"[二]

上述论调给了阿克曼所构建的不那么稳定的仓位头寸以突然一击。其实，在伊坎与阿克曼所进行的即兴辩论中，他就曾威胁说："'空头承压'是所有风险的根源。"

如果伊坎或其他人试图直接收购康宝莱公司，并将其私有化，那么，对阿克曼不利的情况就会出现。因为如果伊坎进行相应的操作，那康宝莱公司的股票价格就会被抬高，从而迫使阿克曼进行"抛补"。也就是说，阿克曼要买回

[一] Securities and Exchange Commission Schedule 13D CUSIP #G4412G101.
[二] CNBC's Halftime Report, February 15, 2013.

其所售出的股票，然后偿还给'贷方'投资者⊖。由此，股票价格会比阿克曼当初做空之时的点位要高得多。那么，阿克曼所承受的经济损失可能是无穷无尽的——他自己知道这一点。

伊坎也知道这一点。

"我不会装腔作势地说，如果阿克曼'爆仓'，我会因此痛哭流涕，良心受到谴责。"伊坎在现场采访中表示，"事实上，我根本不喜欢阿克曼，他就像那送到我嘴边的一道小菜。"⊜

而伊坎的这道菜已经被端上桌了。

自从伊坎开始购买康宝莱公司的股票以来，其股价已经上涨了 30% 以上，而伊坎似乎打算继续操作。他承诺将与康宝莱公司管理层会面，讨论相关的业务，并考虑各种"战略性的替代方案"，而这一说法在华尔街代表着他们之间将进行某种交易。

伊坎还明确表示：尽管他与阿克曼之间有长达十年的恩怨纠葛，而打击阿克曼则可以令自己"舒心"，但他购买康宝莱公司股票的真正动机是为了赚钱。

伊坎说："大家都知道我不喜欢阿克曼，我也不尊重他。但我要感谢他说我是一个伟大的投资者，我认为这才是问题的关键。作为一个伟大的投资者，我不会仅仅为了报复别人而做多股票，除非我做过大量的研究，而且相信它会盈利，否则我不会投入资金购买任何一家公司的股票，这很重要！我不相信监管机构会对康宝莱公司采取什么行动，但有个家伙却站出来指责监管机构没有做好自己的工作，最好现在开始审查。康宝莱这家公司已经有 30 年的历史了，他们不需要等阿克曼告诉他们应该做什么。顺便说一下，我研究了阿克曼的观点，对我来说，他们那一方的水平完全是业余的。"

⊖ 因为阿克曼的"做空"属于"融券"。——译者注
⊜ 原文为"the strawberry on top of the ice cream"，此处有贬低之意，但未查到准确译文，故采用意译方式翻译。——译者注

这是典型的伊坎风格，他把投资视为一场"棋局"：根据谨慎制定的策略，聪明地设定相应的头寸，直至入场"收割"。这是伊坎一贯的做法。

对冲基金经理、伊坎之前的门生科维克斯管理有限公司（Corvex Management LP.）的基思·迈斯特说过："伊坎是世界上最伟大的斗士。在把握投资态势方面，没有人会比他做得更好。如果你是《财富》杂志上的一家'500强企业'的首席执行官，而卡尔就坐在你旁边，那么没有人会比你更感到恐惧。在这个世界上，没有人会比卡尔更加令人生畏，也没有人比他更有影响力。说实话，卡尔就是比所有人都聪明。"

迈斯特在20世纪90年代末第一次遇到伊坎，当时他刚从哈佛毕业，去了一家名为北极星资本（Northstar Capital）的房地产私人股本公司工作。在并购大亨阿什·埃德尔曼（Asher Edelman）对著名的泰廷格家族（Taittinger family）控股的法国公司卢浮宫（Societe du Louvre）进行敌意收购时，北极星公司给予了支持。但是，埃德尔曼需要更多的钱来资助这笔交易，于是，北极星公司曾试图将这笔交易出售给传统的PE公司（私募股权投资公司），但没有一家公司愿意涉足外资企业，尤其是一家具有复杂投票结构的公司。伊坎也加入进来，他不仅有钱，而且只要有机会"出人头地"，他愿意倾听任何有趣的言论。

迈斯特说："我和其他五名同事坐在一个大房间里，后续的事情你们都知道了——卡尔打电话给我，因为北极星公司和他的店里没有人，他正在直接处理这件事。很明显，谈判是卡尔的事，然而最终我们之间无法达成交易，因为卡尔的出资要价太高了，但我必须和他继续保持联系。"

2002年5月，在经历一个不寻常的面试之后，伊坎雇用了让他印象深刻的迈斯特。

迈斯特后来回忆说："我第一天来的时候，在等候室待了大约两个小时；第二天，伊坎进来了，他好像有点故意躲着我，也不想和我说话，他看上去心情很糟糕；然而，到了第三天，我永远不会忘记这个日子——这一天世界通信公司（美国第二大长途电话公司）发生了'翻天覆地'的变化，我坐在那里，看着人们进进出出。这时，有一群银行家和卡尔一起走了出来，他们看到已经坐在那里等候三天的我。他说：'嘿，你知道的，来见见我和世通公司的同事。'他好像在问'你是怎么想的？'而这是面试的一部分。"

迈斯特睁大了眼睛，他发现伊坎是一个高度投入的、与众不同的思考者，他能够比大多数人更快地阅读和评估某一个投资理念。现在，迈斯特依然认为：很明显，伊坎并不是一个受情绪驱使的人——即使是在应对康宝莱公司的时候。

迈斯特说道："我的观点是，如果交易的另一方不是比尔，那伊坎永远都不会理睬这件事。但是，我这么说没有什么恶意，实际上，驱使伊坎对冲阿克曼的动机是——'我能赢，我将打败一个真正有趣的对手'。"

事实很明显，伊坎可能看不起阿克曼，但他不会为了证明这一点而冒着损失大量资金的风险去投资。

这是伊坎从自己在华尔街从业50多年的职业生涯中总结出的经验教训，而具有讽刺意味的是：上述这种情况几乎从未发生过。

卡尔·塞利安·伊坎，1936年2月16日出生于纽约市布鲁克林区，是贝拉和迈克尔的独子。贝拉是一名教师，迈克尔则在当地的犹太教堂里唱赞美诗。伊坎年少时，全家搬到了皇后区洛克威附近的贝斯沃特，离肯尼迪机场不远，这是一个破旧的、大部分由下层中产阶级所组成的社区。伊坎是他这个年龄段的高个子，长得又瘦又长，而且喜欢棒球。在早期，伊坎的赚钱方式也显得他很有魄力。

13岁时，伊坎在家里的地下室中搭建了一个临时暗室，做起了自己的生意——制作摄影火柴盒。

伊坎回忆道："我有一个小相机，可以给别人拍摄他们的房子。我会敲门，然后走进去说，'沃克太太，我可以给你做一个火柴盒，上面有你的房子的照片……'然后，我给她的房子拍张照片，把胶卷在暗室中冲洗出来，把这家人的名字写在照片上。这样我可以把花一分钱买来的火柴盒卖到五十美元，我靠这个点子雇了三个小孩为我工作。"

伊坎随即从这种小生意转向更有利可图的事业。

在洛克威高中毕业后的夏天，伊坎在长岛的利多海滩（Lido Beach）当了一名小服务生。在海边玩扑克游戏时，他经常从穿皮鞋的高级客户手中赚钱。伊坎对"数字"很敏感，而且有着过目不忘的记忆能力——他在海边靠打牌赚了几千美元。

伊坎曾经不太谦虚地说过："我是一个相当不错的扑克玩家。靠它，（我）赚了很多钱。"

在那个时候伊坎就喜欢赢、喜欢胜利，讨厌被骗或被利用。

2006 年，他在接受《纽约客》（*The New Yorker*）的肯·奥莱塔（Ken Auletta）采访时表示："我当年情绪容易激动，当我过于沉迷于某件事时，我会吓到自己。如果我越过某条'红线'，我就会看起来像另外一个人。"⊖

伊坎非常聪明。

他是第一个从当地的洛克威高中毕业并进入普林斯顿大学的学生，并用他在利多海滩上玩扑克赢来的钱支付了一部分学费。他的专业是哲学，这意味着他具有机智而深刻的思考能力。这门学科对他以后的帮助很大。

伊坎在大三和大四时的室友彼得·利伯回忆道："他有能力分析一个主题，并独立得出结论。我认为这预示着将来他会做什么。"

伊坎在图书馆里花了几个小时的时间一气呵成地完成了他的本科毕业论文，他称之为"对经验主义标准的解析"。这篇论文使他在普林斯顿著名的哲

⊖　Auletta, Ken, "The Raid" The New Yorker, March 20, 2006.

学系获得了最高的荣誉。

利伯说："最佳毕业论文有一个特别奖，卡尔理所当然地获得了这个奖。"

1957年，伊坎从普林斯顿大学毕业。为了满足母亲的愿望，他不情愿地进入纽约大学医学院继续学习。

伊坎在那里坚持了两年多，随后突然离开。

"我真的很讨厌医学。"他在讲述自己的痛苦经历时说，"我两度退学，但我都回去了。第三次是因为我在读一些关于结核的病案，我去肺结核病房见一个医生，他要求我做一个诊断。我走过去轻敲一位病人的胸部，这个患者却对着我咳嗽。我说，我觉得我被传染了！那个医生却说：'你这个疯子，你现在就走，再也不要回来了。'所以，我离开了医院，穿过马路。那时我觉得我即将因染上肺结核而死，所以怎么样都没关系了。随后我到34街区报名参了军。"

伊坎在得克萨斯州萨姆休斯敦堡的陆军预备队服役了六个月。在那里，他可不是什么典型的义务兵，因为他没有按照条文规定做俯卧撑，而是继续玩他擅长的扑克游戏，然后又赚了几千美元。

1961年，伊坎离开了部队，他需要找一份工作。

他选择在华尔街工作，并加入德雷福斯公司（Dreyfus & Company），当了一名见习经纪人。这个工作是在与他关系很好的叔叔艾略特·施纳尔（Elliot Schnall）的帮助下获得的。施纳尔是一个富有的商人，他对自己这个作为行业新手的侄子产生了好感。施纳尔曾就读于耶鲁大学，对于年轻又缺乏经验的伊坎来说，他叔叔似乎就是一个理想的榜样。他们二人的关系一直维持到现在——伊坎经常会在傍晚时分离开东部，然后和叔叔一家人闪电般地开一次鸡尾酒会。

利伯回忆起他们在普林斯顿大学的谈话时说："伊坎的艾略特叔叔不仅是他的一个亲密的家庭成员，而且艾略特成功的商业模式显然给卡尔留下了深刻的印象。"

在德雷福斯公司的工作对伊坎而言可能是一个新的开始，但他入行的时机很糟糕——在伊坎加入这家公司不久，华尔街就发生了所谓的"肯尼迪熊市"（Kennedy Slide），股市连续六个月大跌，到崩盘结束时，股市已经下跌了22%。1962年春季某一天的单日跌幅甚至达到40%。⊖

伊坎失去了他的一切，包括心爱的福特敞篷车。

不用说，伊坎的父母对他们已经放弃当医生的儿子现在一团糟的经济窘境感到很不高兴。

伊坎回忆说："我失去了一切。我破产了，一无所有。我把车卖了，这样我可以维持生活。我母亲说，'你不能住在家里。你不能回到家里，除非你再回到医学院'。而我不打算那样做，于是我租了一套公寓。"

1962年股市崩盘后，伊坎的职业生涯变得一塌糊涂。后来，他加入了特塞尔公司（Tessel, Patrick & Company），在期权市场上辛勤地耕耘着。由此，伊坎掌握了这种交易的神秘性：它就像买卖股票一样，只是有一点瑕疵——期权价格通常比股票更便宜，但它们更具有投机性。期权交易员实际上是在押注一种证券的未来价格，而不是押注其当前价格。如果被锁定的证券在特定日期达到预期的价格，那么投资者可能会大赚一笔；反之，投资者的损失可能会很大。事实证明伊坎是一名出色的风险管理人。一年后，伊坎加入了格兰托公司（Gruontal & Company），管理整个期权部门。⊜

伊坎的前同事霍华德·西尔弗曼在1985年接受《纽约时报》采访时说："伊坎很聪明，也很有进取心，他在这个行业中是个不错的人选。"⊜

伊坎的确是一个完美的经营期权的人选。他的投资智慧和数字技巧帮助他

⊖ Dodds, Colin, "Carl Icahn: Success Story".

⊜ Slater, Robert, "The Titans of Takeover," AbeBooks, 1999.

⊜ Sterngold, James, "The Pawns Differ; Icahn Still Winning," The New York Times, February 6, 1985.

在动荡的金融衍生品市场当中脱颖而出。

伊坎当时赚的钱比之前多，但他渴望开设自己的公司。阻拦他的只有一个问题——他没有钱。幸运的是，他有可求助的对象。伊坎向他富有的叔叔求助，施纳尔同意借给侄子 40 万美元，让他在纽约证券交易所谋得梦寐以求的仓位头寸。1968 年，伊坎公司（Icahn & Company）在曼哈顿下城的百老汇开业了。

作为回报，施纳尔获得了伊坎公司 20% 的股份。伊坎非常感激他这个叔叔。

伊坎这样评价施纳尔："他是一个英俊的人。他借给我 40 万美元，我自己再拿出几十万美元，我就开办了自己的公司。"

伊坎和一个在格兰托公司相识的名叫阿尔弗雷德·金斯利（Alfred D. Kingsley）的年轻人在一起共事。金斯利 16 岁就考上了沃顿商学院，之后在纽约大学获得了税务硕士学位，是个数字奇才。[⊖]伊坎则是个工作狂，他每天工作很长的时间，有时还在办公室里睡觉，以便一大早就可以与远离纽约时区的潜在客户取得联系。

伊坎和金斯利两个人还从事高风险的套利交易，这是华尔街一个花哨的术语，这种交易是指投资者可以在一个市场购买股票或债券等金融工具，然后在另一个市场卖出，从而将差价据为己有。起初，他们经营的是封闭式共同基金。

在一封写给潜在投资者的信中，伊坎和金斯利阐述了他们精明的投资策略：

"我们认为持有'被低估'股票的大量头寸，然后试图通过下述方式控制相关公司的命运，以获得可观利润。方式有三种：①试图说服

⊖ Carlisle, Tobias, "How Carl Icahn Became a Corporate Raider," Investment News, December 7, 2014.

管理层清算或将公司出售给那些被称为'白衣骑士'的投资者；②发起代理权竞争；③投标报价，把我们的仓位头寸回售给相关的公司。"⊖

从传记作家马克·史蒂文斯（Mark Stevens）所撰写的"伊坎宣言"（Icahn Manifesto）中可知，伊坎因此获得了压倒性的成功。

"我赚了一大笔钱。"伊坎说，"我每年能赚上一两百万美元。"

这个来自皇后区的孩子获得了成功，但他在华尔街的好日子也没有持续太久。

从 1973 年 1 月到 1974 年 12 月，道琼斯工业指数的平均价格下跌了 45%；美国经济陷入了深度衰退，数十亿美元的市值蒸发殆尽；石油的行情在石油输出国组织 OPEC 实施禁运之后变得动荡。1974 年夏天，"水门事件"成为压倒理查德·尼克松（Richard M. Nixon）总统的"最后一根稻草"——他辞职了。

在这一时期，美国金融市场出现了史上最糟糕的熊市。

当其他人收拾危机残局时，伊坎和金斯利发现了一个机会。正如托拜厄斯·卡莱斯尔（Tobias Carlisle）在《深度价值》（*Deep Value*）一书中所描述过的那样：由于市场出现突然的混乱局面，他们两人开始识别那些潜在资产价值高于交易价值的被低估的股票。

金斯利当时说过："我们问自己，如果我们能够在被低估的封闭式共同基金上有所作为，那我们为什么不能在那些资产被低估的公司股票上把握时机呢？"⊜

⊖ Carlisle, Tobias, "The Insight That Enabled Carl Icahn to Become a Corporate Raider," Crain's Wealth, December 8, 2014.

⊜ Carlisle, Tobias E., "How Carl Icahn Became a Corporate Raider," Investment News, December 7, 2014.

于是，伊坎将"套利"交易变成了一门艺术，把他所学到的买卖股票和债券的知识变成了自己公司的一种"财富"。

当时，并购企业正成为大型流动性投资者的惯用伎俩，而伊坎也由此开始拓宽自己的业务范围。他想从中"分一杯羹"。

1977年，伊坎首次大举进军收购领域，他购入了一家家族企业——家用电器制造商塔潘公司（Tappan）5%的股份。⊖这家公司总部位于俄亥俄州，成立于19世纪80年代，主要生产烤箱和炉灶。伊坎在股价接近每股8美元时买进了该公司的股票，他认为这只股票被低估了，公司应该自行出售。他发起了一场争夺公司董事会席位的代理权之争，这立即使他与公司董事长、创始人的孙子理查德·塔潘产生了分歧。⊜

在罗伯特·斯莱特（Robert Slater）的《并购界的巨头》（*The Titans of Takeover*）一书中曾描述过理查德的表态——"我不会让伊坎走进来，不会让他把我们家族用毕生精力所打造的企业分拆出售。"⊜

但是，无论如何，理查德很快就会感觉到这个新对手的力量，他别无选择。

伊坎在代理权之争中胜出，并说服塔潘公司的董事会以每股18美元的价格将股票出售给了瑞典的伊莱克斯公司（AB Electrolux）。这比伊坎为此只股票所支付的价格要高出一倍多。⑭

伊坎最初的140万美元投资现在变成了270万美元的收益。⑮

在这一过程中，他还使一个不太可能在未来成为盟友的人对他钦佩不已——理查德·塔潘本人。他对伊坎的谈判能力非常的着迷，以至于在未来的

⊖ Richter, Paul, "Carl Icahn Relishes His Raider Role," The Los Angeles Times, June 9, 1985.
⊜ Slater, Robert, "The Titans of Takeover," AbeBooks, 1999.
⊜⑭⑮ 同⊖。

几笔交易中，理查德都会帮助这个曾经的对手。⊖

然而，尽管伊坎在他新的职业生涯中迅速取得了成功，并在华尔街大赚一笔，但他对自己在美国所获得的地位并没有多少满足感。伊坎的母亲因他从医学院退学而心碎，伊坎与父亲的关系也从未亲密过。他的父亲不太了解他这个儿子是如何谋生的，只知道他放弃了成为一名医生的机会。

直到今天，这位与美国一些最具代表性的公司在一起"摸爬滚打"的人在叙述与其已故父亲的关系时，仍几乎流泪。

"每每想到这件事，我都会落泪，因为我们之间从未亲密过。"谈到自己的父亲，伊坎说话的声音就会变得越来越柔和，"在我父亲于 1970 年去世之前，我们之间从来没有讨论过我所做的一切。那时，他拿起一支铅笔，然而他对数字一窍不通。他说，'过来，过来，我的儿子，告诉我你是怎么做……把它写下来，告诉我你是怎么做的'。我说，'你终于认可我了'。他说，'是的'。"

伊坎将其金融上的天赋发挥得淋漓尽致，甚至当大宗交易没有按照他的方式进行时，他也能想出一种赚钱的方法。

1980 年，伊坎将目标锁定在了纽约纸业公司撒克逊工业（Saxon Industries）上，他以每股 7.21 美元的平均价格购买了 70 多万股股票。⊜伊坎威胁该公司要发起一场代理权争夺战，或通过股东投票争夺公司董事会的席位。尽管撒克逊高层最初措辞强硬，但该公司仅在 6 个月后就与伊坎达成和解，同意以每股10.50 美元的价格回购伊坎手中的股票——这比伊坎支付的平均收购价高出3 美元。⊜

伊坎在这笔交易中赚了 220 万美元，而且其收益还在持续增长。⊗

⊖ Slater, Robert, "The Titans of Takeover," AbeBooks, 1999.
⊜ Carlisle, Tobias, "How Carl Icahn Became a Corporate Raider", Investment News, December 7, 2014.
⊜ Cole, Robert, "Icahn Makes Dual Offer for Dar River," The New York Times, October 26, 1982.
⊗ Slater, Robert, "The Titans of Takeover," AbeBooks, 1999.

伊坎在 1981 年与哈默米尔纸业公司（Hammermill Paper）达成了一笔交易，从中获得 1000 万美元的收入。同年，他在与思慕普利帕特公司（Simplicity Pattern）的交易中获利 700 万美元。第二年，伊坎投资于百货连锁店马歇尔菲尔兹公司（Marshall Fields），并从中获利 1700 万美元。⊖

到 20 世纪 80 年代中期，伊坎已成为华尔街新兴并购领域的一员，他与伊凡·博斯基（Ivan F. Boesky）、布恩·皮肯斯（T. Boone Pickens），以及德崇证券（Drexel Burnham Lambert）的迈克尔·米尔肯（Michael Milken）等一批做市商一样享有盛名。其中，德崇证券以其声名狼藉的"垃圾债券"为当时的收购狂潮提供了资金，而米尔肯的高收益证券为他赢得了"垃圾债券大王"的绰号。他几乎是垃圾债券市场的发明者。

上述这些人被媒体称为"企业掠夺者"（Corporate Raiders），他们是精明的，往往也是无情的谈判代表。这些人会不顾一切地对那些被认为是"过于集权"或具有"乡村俱乐部"性质的公司进行重组，因为这些公司的首席执行官对自己打高尔夫的分数比对股东的利益更感兴趣。

当时是杠杆收购（Leveraged Buyout，LBO）的时代，像伊坎等财大气粗的做市商在美国各公司的董事会里横行霸道，没有人能阻止他们。米尔肯的债券价格低廉，容易获得，这使得金融家焕发出一种新的能量，他们也愿意陶醉于其中。

1983 年 9 月 19 日，伊坎向美国证券交易委员会提交了一份长达 81 页的文件，就此锁定了美国汽车铸造公司（American car and Foundry，ACF）。然后，伊坎立即通知了该公司⊖他持有 13.5% 的股份，希望获得控制权。他要求与管理层会面，同时威胁说：如果他们不愿意坐到谈判桌前，他就会加大压

⊖ Richter, Paul, "Carl Icahn Relishes His Raider Role," The Los Angeles Times, June 9, 1985.
⊖ Cole, Robert, " ACF, Icahn Target, Prepares Next Step," The New York Times, September 20, 1983.

力。伊坎在此过程中继续购买 ACF 公司的股票，到 12 月，他所拥有的股份已经增长至 27.2%，如此则增加了相应的杠杆比率。[一]

1984 年年初，伊坎突然出击，以 4.69 亿美元的价格通过杠杆收购的方式买入了 ACF，然后迅速变卖了 ACF 公司的资产。其中包括该公司位于纽约的大型办公楼，而他甚至不知道员工在那里都做了些什么。

后来，伊坎笑着讲述了自己投资 ACF 过程中的冒险经历，以及他所遇到的与房地产业务相关的难题。

伊坎多年后在接受《纽约时报》的一次采访中回忆道："他们在第三大道有个 12 层的大楼……我花了一整天的时间，看着我的黄色便笺簿，都搞不清他们到底在干什么。第二天，我回去看了七楼、九楼、八楼……我不是白痴，我真的搞不懂他们在做什么。里面全是各种花里胡哨的东西，他们却说这很神秘。我说，'我想去圣路易斯'。我要去见一个人，他是 ACF 公司的首席运营官。在马提尼酒会上，我问他，'在纽约你需要多少人支撑相关的运营'。因为我实在不知道该怎么做。我放弃了这个 12 层的建筑，以 1000 万美元的价格把它租了出去，这在当时算是很贵了。"[二]

伊坎成为 ACF 公司的董事长后，削减了更多的成本，其结果是：该公司的收益飙升。于是，伊坎收回了初始的投资，之后又收回了一些资金。

同样是在 1984 年，伊坎进军医疗保健、食品和服装领域，将切斯布鲁克 – 庞德公司（Chesebrough-Pond Inc.）列为收购目标。伊坎发起了一场激烈的收购战，几个月后，双方达成协议。切斯布鲁克 – 庞德同意回购超过 150 万股伊坎所掌控的股票，伊坎因此获取了 6860 万美元的利润。[三]

[一] Cole, Robert, "ACF, Icahn Target, Prepares Next Step," The New York Times, September 20, 1983.

[二] Lopez, Linette, Business Insider, November 4, 2015.

[三] Wires Services, "Cheseborogh Will Buy Sauffer for $1.2b," Los Angeles Times, February 20, 1985.

随后，伊坎开始寻找更大的并购生意。

1985 年 2 月 5 日，伊坎试图以 81 亿美元收购菲利普斯石油公司（Philips Petroleum）。该公司刚刚击退了另一位精力充沛的金融家布恩·皮肯斯（T. Boone Pickens）。他在 1984 年 12 月前对该公司进行过敌意收购。菲利普斯公司对这位俄克拉何马州的石油商进行了反击。但是，在看起来似乎不太可能达成交易时，菲利普斯公司给了皮肯斯 9000 万美元的现金来回购他的股票，还提供了 2500 万美元用于他的开销。⊖

当皮肯斯退出之后，伊坎开始进场。

他购买了菲利普斯公司 5% 的股份，同时声称该股票被低估了，并提议以 81 亿美元的价格将其私有化。伊坎和菲利普斯公司战斗了几个月，然后，就像应对皮肯斯那时一样，双方最终和解了。伊坎同意在八年内不再将公司作为目标，而作为回报，他让菲利普斯公司回购了他的股票，赚取了 5200 万美元的收益。同时，该公司还需再提供 2500 万美元——用于支付他的费用。

菲利普斯公司的股东们以压倒性的投票比率批准了这笔交易，并将其视为一场巨大的胜利。

菲利普斯公司的大股东欧文·雅各布斯表示："这是华尔街股票持有者所获得的唯一一次最大的胜利，因为大型金融机构最终决定不再退居二线。"

一名交易员在《纽约时报》上发表的一篇讨论伊坎达成相关交易的文章中表示："他为每个人都争取了更好的待遇——他有这个资格。"

而其他人就不这么认为了。⊜

批评人士开始将伊坎、皮肯斯和其他大型投资者的业绩描述为"绿色邮件"（Greenmail），将他们这种做法比作是一种向企业进行的"勒索"。伊坎愤怒地拒绝了这个称谓，他认为，尽管他有赚钱的动机，但他就像是一个守夜人

⊖ Cole, Robert J., "Icahn Bids $8.1 Billion for Phillips," The New York Times, February 6, 1985.
⊜ 同⊖。

一样控制着肆无忌惮的，或懒惰的董事会。

伊坎在 1985 年的一次新闻发布会上谈到董事会制度时说道："他们有丰厚的奖金、奢华的办公室、私人餐厅、喷气式飞机和乡村俱乐部的会员资格，而他们所管辖的公司却处在分崩离析、水深火热之中。"⊖

无论标题是什么，伊坎都在证明自己是个赢家。

但是，到了 1985 年夏天，伊坎的并购计划却面临着一场考验。

当年六月，伊坎将目标锁定在环球航空公司（Trans World Airlines）上，这家具有标志性的、仍在苦苦挣扎的航空公司曾被传奇的"隐居者"霍华德·休斯（Howard Hughes）所拥有。环球航空公司自 20 世纪 60 年代以来一直没有盈利，当伊坎介入时，这家总部位于圣路易斯的传统航空公司的处境已经岌岌可危。伊坎购买了其 25% 的股份，然后以每股 18 美元的价格，斥资 18 亿美元意图收购这家公司。⊜

环球航空公司发起了一场全面的公关攻势，在全国各大报纸上刊登了一整页的"致卡尔·伊坎的公开信"，明确表示对相关交易，或这位金融家不感兴趣。

"如果你以为当你试图接管我们的公司时，我们会袖手旁观，什么都不做，那你要三思！"——这是环球航空公司一句犀利的广告词。⊜

环球航空公司希望与不同的人达成不同的交易，它认为自己可以在创立联合航空公司的航空业先驱弗兰克·洛伦佐（Frank X. Lorenzo）身上找到理想的"白衣骑士"。洛伦佐的得克萨斯航空公司准备出资 7.935 亿美元收购环球航空公司，而伊坎则通过所持有的股票立即获得了 5000 万美元的账面收益。⑳

⊖　Gruber, William, "Raider Carl Icahn-A Pirate or Patriot?" Chicago Tribune, May 12, 1985.

⊜　Bleakley, Fred R., "T. W. A.'s Brief, Futile Battle," The New York Times, June 24, 1985.

⊜　同⊖。

⑳　Crudele, John, "T. W. A. To Be Sold To Texas Air Corp For $793.5 Million," The New York Times, June 14, 1985.

这笔意外之财很诱人，但伊坎并不打算就此平静地离开。

伊坎提出他的报价。当环球航空公司的工会开始怀疑洛伦佐时，董事会转而支持伊坎——这家航空公司属于他了。

据说，伊坎在交易正式生效时穿着飞行员夹克在办公室里兴奋地说："我们有一家航空公司了！我们有一家航空公司了！"㊀

之后，环球航空公司的排名和相关事件的热度略有降低。

由于对伊坎大幅削减成本的计划感到不满，4000名空乘人员戴着"阻止卡尔·伊坎"（Stop Carl Icahn）的徽章进行了为期十周的罢工。在一个关键的旅游季节，相应工作的中断使这家航空公司一无所获。在罢工期间，交通受到影响，环球航空公司不得不借入数百万美元以维持运营，而这只会增加其本已沉重的债务负担。

然而，伊坎并没有让步。

他力促环球航空公司拓展业务范围，并增强其与对手的竞争能力。1986年，他与欧扎克航空公司（Ozark Airlines）达成协议，收购其数十架飞机和航线。伊坎的计划是将欧扎克航空公司的中西部线路和环球航空公司的航线以圣路易斯为中心完美地合并在一起。㊁

然而，伊坎的脚步并未就此停止。

1987年7月22日，伊坎使出了他的老套路，他宣布自己计划通过德雷塞尔（与雷曼兄弟齐名的"投资银行"）杠杆收购模式动用12亿美元将环球航空公司私有化。㊂

上述这笔交易于1988年获得批准，伊坎的收入为4.69亿美元，比他当

㊀ Salpukas, Agis, "Icahn on T. W. A. Woe: 'We're at Crossroads'" The New York Times, February 10, 1990.

㊁ Williams, Winston, "Carl Icahn's Wild Ride At TWA," The New York Times, June 22, 1986.

㊂ Dallos, Robert E., "Icahn Proposes Buyout to Take TWA Private," Los Angeles Times, July 23, 1987.

初投入这家航空公司的费用高出近 3000 万美元。他还控制了环球航空公司 90% 的流通股。而环球航空公司的债务则增加了 5 亿多美元。⊖

伊坎继续削减成本，他取消了之前订购数十架新飞机的订单。

此外，伊坎以 4.45 亿美元的价格将环球航空公司利润丰厚的伦敦航线卖给了美国航空公司（American Airlines）⊜，而且不久，伊坎似乎就有了扭转乾坤的魔力。

在 1985 年亏损 1.93 亿美元、1986 年亏损 1.063 亿美元之后，环球航空公司在 1987 年和 1988 年扭亏为盈，伊坎因相应的策划而赢得赞誉。然而，该公司无疑是一个沉重的负担，有些人想知道伊坎为什么一开始就把自己弄得那么狼狈。

伊坎说："这很简单。"

1986 年，他在接受《纽约时报》采访时表示："我本可以逃出来，但是，我是在华尔街长大的。当你做了一笔交易，那就要坚持下去。"⊜

不过，美好的时光是短暂的。

被杠杆收购方式加剧的环球航空公司的债务负担变得不可收拾，1992 年 2 月 1 日，该航空公司根据《破产法》第 11 章的规定申请破产保护。

如此一来，伊坎就获取了更多的成果。

作为最大的债权人之一，伊坎排在第一位，他可以从出售环球航空公司资产之中获利。他还削减了被称为"卡拉布机票协议"（Karabu Ticket Agreement）的项目。这是一个为期八年的交易项目，该项目允许伊坎以 5.5 折的价格购买任何通过圣路易斯市的机票，并可以按折扣价转售。⊛

⊖ Grant, Elaine, X., "TWA-Death of a Legend," St. Louis Magazine, July 28, 2006.
⊜ 同⊖。
⊜ Williams, Winston, "Carl Icahn's Wild Ride At TWA," The New York Times, June 22, 1986.
⊛ 同⊖。

这是一笔精明的交易，有助于巩固伊坎作为最令人畏惧的做市商的声誉。

《纽约时报》在那段时间发表的一篇文章的标题中写道："对被突击搜查的人来说，伊坎是可怕的——他就是一个恐怖分子。"

到了 20 世纪 80 年代中期，交易环境发生了变化。"绿色邮件"受到了指责，一些投资者本身也受到攻击。

1986 年，伊坎承认，在相关部门对内幕交易所进行的更广泛的调查当中，他受到了质询。这一调查还涉及"套利者"博斯基和德崇证券的米尔肯。⊖

然而，伊坎并未在相关案件当中被提名，或受到指控。

伊坎在当年 11 月表示："美国证券交易委员会没有对我提出任何指控，我也没有理由相信他们会在未来做出任何决定。"

但是，博斯基和米尔肯就没那么幸运了。

1986 年 11 月 14 日，博斯基承认犯有内幕交易罪，被判处三年半监禁，他还同意为米尔肯相关的案件作证——米尔肯后来被指控犯有六项与内幕交易有关的重罪。⊜

米尔肯也承认自己有罪。1990 年 11 月 12 日，米尔肯在旧金山外的加利福尼亚州普莱森顿市的联邦惩教所被判处十年有期徒刑。⊜

德崇证券公司在过去的十年里为大宗交易提供了可观的资金，但其很快也遭遇了类似的失败。1990 年 2 月 13 日，这家公司申请破产。作为当时美国第五大投资银行，这个结局是令人震惊的。㉔

⊖ Cole, Robert J., "Icahn: No Charges Made or Expected," The New York Times, November 20, 1986.

⊜ McCabe, Scott, "Crime History: Wall Street Titan Boesky Pleads Guilty To Insider Trading," Washngton Examiner, November 13, 2012.

⊜ The Associated Press, "Milken Assigned To Bay Area Prison," The New York Times, February 22, 1991.

㉔ Eichenwald, Kurt, "The Collapse of Drexel Burnham Lambert," The New York Times, February 14, 1990.

在政府的镇压和市场情绪变化之后，伊坎开始改变自己的经营策略。

1988 年，他收购了德士古公司（Texaco）近 15% 的股份，并支付 120 亿美元以每股 60 美元的价格收购了该公司。⊖ 伊坎又一次故技重施——他发动了一场争夺德士古公司董事会五个席位的代理权之战。尽管最终他输了，但伊坎还是继续买进它的股票，并让公司向股东支付特别股息，而不是回购自己的股票。这是一个双赢的局面。到了 1989 年 6 月，伊坎投资在德士古公司股份上的资本高达 22 亿美元。⊜

从 20 世纪 90 年代开始，伊坎就没有任何放手的迹象。

1995 年，伊坎和另一位投资者贝内特·勒博（Bennett LeBow）购买了 RJR 纳贝斯克公司（RJR Nabisco）大量的股份。这是伊坎在他屈指可数的几次类似投资中，第一次在一家因被经典商业故事"门口的野蛮人"（Barbarians at the Gate）作为蓝本而变得臭名昭著的公司身上所做的尝试。⊗伊坎主张分拆这家公司的食品业务，尽管最终他在代理权之争中落败，但伊坎在出售该公司股票时却获得了逾 1.3 亿美元的利润。

1999 年，伊坎重新获取了一笔纳贝斯克公司的股份，他同样要求该公司剥离食品部门。纳贝斯克公司最终同意进行一场"斡旋"——以自己的烟草部门替代食品部门进行剥离，而伊坎又卖出了其价值 1.3 亿美元的股票。

但伊坎仍不罢休——2000 年，纳贝斯克公司终于将其食品部门出售给了菲利普·莫里斯公司（Philip Morris Cos.），成交价为 98 亿美元。

伊坎在上述这笔交易中获得了 5.89 亿美元的收入，他说，在相关公司董事会因他而起的许多争斗中，他经常袖手旁观。他不断重复一句话——"我与他们战斗，也与他们交朋友——有战争就有和平。"⊗

⊖　Quint, Michael, "Texaco and Icahn End Feud," The New York Times, January 30, 1989.

⊜　同⊖。

⊗　围绕着这家公司，华尔街发生了著名的"公司争夺战"。——译者注

⊗　Delivering Alpha, CNBC and Institutional Investor, Pierre Hotel, May 5, 2014.

然而，在每一次争斗中，伊坎都会赚到很多钱。

到 2000 年，伊坎的净资产估值超过 42 亿美元。[⊖]他在纽约贝德福德（Bedford）拥有一处 38 英亩的地产、一辆银色劳斯莱斯轿车，以及其他一些与华尔街巨头身份相称的物品。[⊜]

伊坎开始重塑自己的形象，他要摆脱"掠夺者"的称号，一些人在 20 世纪 80 年代给他贴上了一个听上去比较文明的"股东积极主义者"的标签。

伊坎还打算扩展他在基金方面的业绩。

2004 年，伊坎从投资者那里筹集了 30 亿美元，这在当时是一笔巨大的资金，然后他成立了一家对冲基金，名为"伊坎合伙公司"（Icahn Partners）。[⊜] 这家公司经营的不是典型的对冲基金，但伊坎也不是典型的投资者，根据他提交给潜在投资者的提案，自 1990 年以来，伊坎经营的金融工具的年化收益率在 48%～53%——无论以何种标准衡量，这都是天文数字。如果投资者想要分得一杯羹，他们就会被告知：他们必须要为此付出代价，而且要等待一段时间。

按照伊坎合伙公司的规定，投资者需要交纳 2500 万美元的最低入门费。当时其他基金公司只向投资者收取 1% 或 2% 的管理费，而伊坎的收费标准是 2.5%，同时，他还要从投资的净利润中提取 25%，而不是行业通行的 20% 的标准。^⑩

毋庸置疑，伊坎毫不费力地为该基金筹集到了资金。^⑤

此时，伊坎庞大的资金数量可以让他谋划更大的交易。

⊖ Peltz, James F., " '80's Corporate Raider Hasn't Lost His Taste for Takeovers," Los Angeles Times, April 9, 2000.

⊜ Auletta, Ken, "The Raid," The New Yorker, March 20, 2006.

⊜ CNN Library, "Carl Icahn Fast Facts," April 2, 2017.

⑩ Serwer, Andy, " Carl Icahn's New Life As a Hedge Fund Manager," Fortune, November 29, 2004.

⑤ 同⑩。

2004 年 9 月 18 日，伊坎开始展示自己所谋划的"大宗交易"。

当天，伊坎披露，在与竞争对手国王公司（King）之间所进行的激烈的关于迈兰制药公司（Mylan Pharmaceuticals）的"并购战"中，他持有该公司8.9% 的股份。伊坎为迈兰制药制订了另一项计划，他提出以 54 亿美元收购该公司。对此，伊坎无论如何都要坚持。当他入场时，他已经将迈兰公司的股价推高了，即使与国王公司之间的交易失败，他也会获利。而在此过程中，他还做空了国王公司的股票——即使与相关交易"失之交臂"，他也会保护自己。⊖

2005 年 7 月，迈兰公司表示将回购伊坎手中 94% 的股份，伊坎可因此获得巨额利润。

同年晚些时候，伊坎开始关注华纳时代公司（Time Warner），这家市值850 亿美元的媒体公司在互联网泡沫的尾声中不幸被美国在线公司（AOL）于2000 年兼并。

伊坎拥有 1300 万股华纳时代公司的股票和一个大胆的计划：他希望该公司分拆成四家，或回购价值 200 亿美元的股票。⊖

这场交易没有过多久就引起了争议。

伊坎发起了一场代理权争夺战，他要求股东罢免公司现任首席执行官理查德·帕森斯（Richard D. Parsons）的职务，同时解散公司董事会。

伊坎在 2006 年的股权之争时曾经告诉肯·奥莱塔："我喜欢战争，这是最棒的游戏，就像玩扑克一样。我在'战场上'与华纳时代公司最好的律师对抗，有 30 个公关人员来对付我，而在这里只有我一个人，我喜欢处于劣势。在内心深处我看不起他们，我知道这听起来很不谦虚，但我在这类事情上比他

⊖ Bloomberg News, "Icahn Bids $5.4 Billion For Mylan," Los Angeles Times, November 20, 2004.

⊖ Auletta, Ken, "The Raid," The New Yorker, March 20, 2006.

们要强多了。"

2005年9月12日，伊坎在向证券交易委员会提交的一份文件中陈述了他的观点："尽管（华纳时代公司）管理层一直在口头上承诺采取这样或那样的行动，但是，他们的行动过度谨慎，而且进展缓慢，然而我们认为，现在是采取行动的时候了。"

2006年2月17日，也就是伊坎70岁生日后的第二天，华纳时代公司否决了由伊坎牵头制订的公司拆分计划，同时与投资者达成了协议——回购200亿美元的自家股票，而不是业已计划的125亿美元。同时，该公司还同意任命两名独立董事进入公司董事会。

尽管伊坎在回购当中获利，但他知道自己在努力拆分这家公司的过程中遇到了挫折。

伊坎在接受《纽约时报》采访时表示："或许，我知道众多的投资者不希望看到董事会发生彻底的变化，他们有点犹豫。但是，我认为你们很难找到一个认为我没有创造价值的股东。"

事实上，到2007年为止，伊坎在短短几年内将这家公司的市值增加了500亿美元。他为广大股东（当然还包括他自己）创造了巨额的财富。

2008年，根据《福布斯》的数据，伊坎在全球最富有的人中排在第46位，而他希望自己能"爬"得更高。

在接下来的一年里，伊坎继续锁定摩托罗拉、雅虎、百健（Biogen）和高乐氏等公司。虽然他并不总是胜出，但伊坎在多次运作中，往往要将相应的股价推得更高。

虽然伊坎永远不会像他母亲所希望的那样成为一名医生，但他将以另一种方式为医学界做出贡献。2012年11月，伊坎宣布他将向位于曼哈顿的西奈山医学院（Mt. Sinai Medical School）捐赠2亿美元，这笔捐赠使得该医学院更名为西奈山伊坎医学院（Icahn School of Medicine at Mt. Sinai）。

　　2012 年 12 月，当康宝莱公司进入伊坎的视野时，他被认为是华尔街最令人生畏的、最精明的投资者，而且据说他的身价高达 200 亿美元。伊坎为自家公司所创造的年化收益率超过了沃伦·巴菲特。在相同的 20 年里，伊坎为自己赢得了投资界真正的"偶像派巨星"之美誉。

　　那么，比尔·阿克曼与如此强大的对手"过招"，究竟怎样才能"幸存"下来呢？

| 第10章 | **局势逆转：索罗斯入场，多方
攻势如火如荼**

W H E N   T H E   W O L V E S   B I T E

在 2013 年冬日，伊坎的出现使康宝莱公司的股价回升至每股 40 美元的高点，而阿克曼也承认，从他们之间公开"宣战"的日子算起，这个回升过程仅仅用了两个月的时间。

尽管如此，阿克曼仍然坚定地认为他所讲述的这个故事，以及相关的交易最终会让康宝莱公司破产。

在一个寒冷的冬夜，阿克曼的预期看起来要被印证了。

纽约时间 2 月 16 日（星期六）下午 6 点 20 分左右，我站在曼哈顿东 65 街区公园大道黑暗而安静的角落里，通过电子邮件告诉大家：据称，丹尼尔·勒布已经开始清算他握有的康宝莱公司的股票头寸了。我在报告中说，抛售是在几周前开始的，而报告中没有提到勒布到底抛售了多少股，也没有提到他的基金里还保有多少康宝莱公司的股份。

至少可以说，这是个令人惊讶的消息。

仅仅在六周前的 1 月 9 日，勒布宣称康宝莱公司是一个"引人注目的、可长期投资的企业"。第三点对冲基金在一封发给投资者的信中表示："康宝莱公司股票价值每股 55～68 美元。"这个价格相对于勒布当初买进股票时的点位而言，是一个重大的飞跃。⊖

然而，现在他为什么突然开始做空了呢？

⊖ Lopez, Linette, "Dan Loeb Explains Why Bill Ackman's Herbalife Short Thesis Will Go Wrong, And Why the Stock is Going to Surge," Business Insider, January 9, 2013.

对阿克曼来说，勒布的这一举动看起来像是一个典型的"釜底抽薪"的方案——投资者在市场上购买股票，然后公开推高其价格，在获取收益之后很快出手。几个月后，勒布在接受《纽约时报》索尔金的采访时笑着否认了这一说法，他说道："当康宝莱公司股价已接近每股 44 美元时，卖出的机会实在是太好了，这不容错过。"

勒布告诉索尔金："对我们来说，当前的行情就像是一份礼物，所以我们决定获利平仓，这种做法不是什么'釜底抽薪'。"⊖

在我的关于勒布开始减持康宝莱公司股份的报告出炉三天之后，投资者又一次从康宝莱公司的角度看到了希望。美国东部时间 2 月 19 日（星期二）下午 5 点过后不久，该公司发布了盈利报告，盈利程度轻松超出了预期。

更重要的是，该公司上调了前景预期，如此则表明该公司近来的业绩表现非常强劲。在第二天上午的财务报表电话会议上，首席执行官迈克尔·约翰逊对打来电话的分析师说了这样的话。

约翰逊说道："正如我们昨天所发布的那样，康宝莱公司在全球具有广泛的影响力。更具体地说，在 2012 年，我们实现了以下的财务成果——创纪录的 41 亿美元的净销售额、创纪录的 47 亿美元的交易量、创纪录的 7.36 亿美元的息税前利润（EBITDA）、创纪录的 4.77 亿美元净收益和创纪录的每股 4.05 美元的收益值。"⊜

约翰逊也隐晦地对阿克曼说了些话，他没有指名道姓。

约翰逊说道："此外，正如我们在新闻稿中指出的那样，我们的预算原则不包括某些一次性的费用，而主要是为应对卖空者所提供的信息而做出的反应，并支付一些相关的法律和咨询的服务费用。目前，相应的费用估计在

⊖ LaRoche, Julia, " Dan Loeb Just Gave a Rare Interview And Revealed A New Position in FedEx," Business Insider, November 12, 2013.

⊜ Herbalife Earnings Call Transcript, February 20, 2013.

1000 万～2000 万美元之间。"⊖

约翰逊还表示，他与伊坎进行了交谈，并称双方的讨论是"简短的""没有什么具体的结果"。⊜

约翰逊的话听起来很乐观，他相信在伊坎介入的情况下，他可以一劳永逸地打败阿克曼。

两周后，投资者就明白了约翰逊的话为何听起来如此乐观。

2 月 28 日，康宝莱公司宣布：公司将新增两名董事，且由伊坎亲自挑选。同时，康宝莱公司将这位投资者的股份增加到 25%，增加前伊坎的持股比例为 14%。⊜

康宝莱公司与伊坎之间的协议还意味着伊坎将获得大多数普通投资者所不能获取的关键信息。如果他曾想彻底收购康宝莱这家公司的话，那么他就会占据巨大的优势地位。

伊坎在一份新闻稿中详细描述了他与康宝莱公司管理层达成的协议，他说："在漫长的历史进程中，康宝莱公司已经证明了它有能力增加收入、获取收益，我们将与该公司合作，以提高其业绩。在投资康宝莱之前，我们对公司本身及其业务进行了大量的研究，我非常尊重康宝莱公司的董事会和管理团队，相信这家公司具有巨大的潜力。我们希望相关的股东代表能为公司董事会的未来决策提供具有积极影响的建议。"⑲

约翰逊对这笔交易大加赞扬。

他表示："我们很高兴达成了这项协议，并期待与伊坎提名的董事会代表一起共同努力。我们感激伊坎向康宝莱公司分享的康宝莱在相关的运营模式、

⊖ Herbalife Earnings Call Transcript, February 20, 2013.

⊜ 同⊖。

⊜ Pfeifer, Stuart, "Herbalife to Let Icahn Add Two Directors To Board," Los Angeles Times, February 28, 2013.

⑲ 同⊜。

产品，以及未来愿景等方面具有潜在价值的观点。"

康宝莱公司的股价在上述消息公布后上涨了7%，收盘价为每股40.29美元。

对于那些关注华尔街股票的专家来说，伊坎的董事会席位不仅仅具有象征性意义。

密切关注股票的戴维森公司（D. A. Davidson）的分析师蒂姆·雷米（Tim Ramey）说："伊坎从此可以站在康宝莱公司董事会的层面来回答问题，这是物有所值的。"⊖

现在来看，考虑到六周之后约翰逊所面临的另一场公关危机，伊坎获得康宝莱公司董事会席位的时机其实是最不恰当的。

2013年4月9日，在这个星期二，四大会计师事务所之一的毕马威会计师事务所突然"叫停"了康宝莱公司的审计工作。据称，该事务所的前高级合伙人斯科特·伦敦（Scott London）因内幕交易接受了联邦调查局（FBI）的询问。另外，该事务所还撤销了为康宝莱公司所做的三年期财务审计报告。

两天后，该合伙人被控犯有证券欺诈罪，罪因是他曾向一位密友提供股票信息，从而换取现金。他的这位朋友名叫布莱恩·肖（Bryan Shaw），涉嫌与两名男子进行非法交易，赚了127万美元。这就跟某些电影当中所演的桥段一样。

根据FBI当局的说法，肖经常在家附近的街角秘密会见斯科特·伦敦先生，并送上几袋现金。除了音乐会的门票和现金之外，肖还曾送给斯科特·伦敦劳力士手表和其他一些贵重的珠宝首饰。

康宝莱公司在一份声明中为自己的会计做法和管理进行了辩护。不过，毕

⊖ Geller, Martinne, "Herbalife Gives Icahn Board Seats, Right To Boost Stake," Reuters, February 28, 2013.

马威事务所突然宣布的消息和由此带来的不确定性都是康宝莱公司所厌恶的。

负面宣传是一回事，但康宝莱公司多年的收益报告频繁变化的情况则意味着该公司基本上陷入了财务冻结的境地——它不能像人们希望的那样可以融资回购自身的股票，因为任何头脑正常的银行都不会在相关公司的账簿没有经过充分审计的情况下批准该公司的贷款申请。

这种出乎意料的状况使康宝莱公司的股价在当日下跌了 3.8%，降至每股36.95 美元，而即便是最乐观的分析师也在重新做出自己的判断。

雷米在一份报告中详细说明了他为什么在新闻中首次下调康宝莱公司股票的评级，他说："这将对康宝莱公司的股票造成破坏性的影响，但希望不要危及公司本身。"⊖

"我曾经和其他公司经历过这种情况。"雷米说，"有一次我采访过类似的公司，它在三年的'炼狱'当中什么都做不了。它不能提供收入、不能提交申请，而这些对康宝莱公司来说是非常糟糕的。"⊖

尽管阿克曼声称康宝莱公司很难再找到四大会计师事务所其中的一家为其提供审计服务，但该公司很快就找到了另一家事务所。

5 月 21 日，康宝莱公司宣布已聘请普华永道取代毕马威成为其新的审计公司。于是，康宝莱公司的股价上涨了 4%。

两个月后，股市将受到更大的冲击。2013 年 7 月 31 日，这个星期三的上午 11 点刚过，我在电视上看到又一个大牌投资者参与进来。

据知情人士透露，乔治·索罗斯（George Soros）的同名公司持有大量的康宝莱公司的头寸，而据我所知，这是索罗斯公司所持有的"三大头寸之一"。

股价在交易中暴涨了 10%，达到每股 65 美元以上。

⊖ Geller, Martinne, Flitter, Emily, "FBI Probes Trading as KPMG Quits Herbalife, Skechers Accounts," Reuters, April 9, 2013.

⊖ 同⊖。

索罗斯是一位具有传奇色彩的投资者，他曾在 1992 年 9 月 16 日击败英格兰银行。索罗斯曾大举做空英镑，迫使英国政府从欧洲汇率机制 ERM 中抽回本国的货币，如此则使得英镑市场陷入了混乱。索罗斯的名字因此成为传奇的一个代名词。他在相关交易中赚了 10 亿美元，而这一天在英国被称为 "黑色星期三"。⊖

现在，有些人甚至怀疑索罗斯是否也在以同样的方式打击阿克曼。

这位年长的政治家在 2011 年几乎处于退休的状态，他不再管理别人的资金。不过，他对企业相关的股权投资还保持着一定的兴趣，但其关键的决策都留给了一群更年轻、更饥渴的投资组合经理人。

保罗·索恩（Paul Sohn）就是这样一位投资者，他毕业于耶鲁大学，研究过经济学；他在对冲基金行业拥有一流的背景——曾经为马克·金顿（Mark Kingdon）和索罗斯的弟子斯坦利·朱肯米勒（Stanley Druc kenmiller，被称为 "上帝之子"）工作过。

索恩在 2012 年 1 月的第一周就开始掌管索罗斯的两个投资组合：一个是他自己构建的，其中可以涵盖他想要投资的任何金融工具；另一个是他与别人共同管理的公司最大的、最重要的、"最佳创意" 的基金，而 "最佳创意" 的投资组合大多由集中的头寸组成——每次只投资几个产品，每个产品都价值数亿美元。

索恩希望发展相关的业务，并希望聘请一位分析师来帮助他。在一系列的面试之后，索恩将范围缩减到三个最终入围者，他让其中每一个分析师针对特定的股票进行分析。

这个特定的股票是康宝莱公司的股票。

索恩以前从来没有投资过这家公司，但他知道该公司历史的一些细节，以

⊖ Beattie, Andrew, "How Did George Soros Break the Bank of England?" Investopedia, March 16, 2017.

及多年来伴随其左右的争议。

直到阿克曼出现之后，索恩才决定更深入地观察康宝莱公司。

索恩说道："当阿克曼事件发生时，我认为它值得重新评估。所以，我看了他的演讲。和其他人一样，我认为阿克曼的演讲很有说服力，他表现得很好，也讲了一个很好的故事。"

索恩等着终极分析师候选人介绍他们对康宝莱公司股票的看法，而具有讽刺意味的是，他们在 1 月 10 日于四季酒店（Four Seasons Hotel）进行的辩驳决定了索恩自己所应采取的行动方式。事实证明，这对索恩做出购买康宝莱公司股票的决定具有重大的影响。

索恩说道："康宝莱公司的反应改变了我的思维。我旁观了这件事的整个过程，对我来说，阿克曼的演讲令人信服。但是，即使你认为双方的说法都令人信服，让我眼前一亮的是阿克曼报告中有很多不实之处，还有佣金的问题。显然，他们在操纵图表、数据，而此种方式让我感到恼火，我觉得这是一个危险的信号。"

在所看到的事实的支持下，索恩立即开始深入研究康宝莱公司。

"我们做的第一件大事就是委托调查。基本上，我们向相当多的康宝莱公司产品的用户和康宝莱公司的分销商提了 20 个问题。此次问卷调查涉及几千人。"接下来，索恩开始深究阿克曼观点的核心内容——康宝莱公司对成千上万的人进行了掠夺，他们是数以百万计的毫无疑心的人，而且其中大部分是收入较低的拉美裔移民。他们幻想着赚大钱，但这个幻想以不理想的经济状况的形式破碎了，这意味着康宝莱公司编织了一个精心策划的骗局。

索恩说："阿克曼最初的论点无非是康宝莱公司的经营模式本质上是一个庞氏骗局。没有人从中获利，每个人都是为了获取商业机会。这里没有真正的客户，这是非法的。"

索恩花了 2.5 万美元委托他人开展一项用英语和西班牙语进行的调查，以确保调查结果是源自康宝莱公司客户群体的准确表述。

该调查的第一个问题仅向康宝莱公司的分销商提出："你会向家人和朋友进行推荐，并使其成为康宝莱公司的分销商吗？"

78.4% 的受访者回答"是"，只有 5.6% 的人回答"不是"，其余人则回答"可能会"。

接下来，调查者询问了康宝莱公司产品的用户："你会将其产品推荐给朋友和家人吗？"结果，他们的回答再次形成压倒性的局面——62.1% 的人说"是"，只有 4.4% 的人表示"不会"。

下一个部分则涉及阿克曼的主要指控之一——为增加商业机会而加入康宝莱公司的大多数人都赔了钱。

调查者问道："成为分销商后，你赚了钱吗？赔钱了吗？由于成为康宝莱公司的分销商而破产了吗？"

42% 的受访者称自己赚了钱，21% 的人称收支相抵，12.7% 的人称自己亏了钱。

此外，71% 的人说他们因为康宝莱公司的产品而达到暂时性或永久性的减肥目的。

因此，索恩说道："所以，成千上万的分销商所给出的答案似乎完全揭穿了阿克曼简单而粗暴的论点。"

尽管确信自己已经做了足够的工作来否定阿克曼的断言，但索恩还没有准备好投入数亿美元，甚至更多的资金做多康宝莱公司的股票。

索恩不是一个不经过仔细思考就行动的人，他也知道阿克曼作为投资者的声誉和过往，这一切一直萦绕在他的脑海之中。

索恩反问道："我说过，我们已经做了足够的努力，知道阿克曼的论点是错误的。但你知道，他一定知道一些我们不知道的事情，阿克曼一定是在打一些我们不知道的牌，否则他这么做太疯狂了。仅调查一项我们就花费了

25 000 美元，而阿克曼没有做过类似的调查就敢投入 10 亿美元吗？"

因此，索恩在康宝莱公司上又做了很多更加细致的工作。

5 月初，索恩去西部旅行了几次，其中一次他就飞往了洛杉矶，对康宝莱公司首席执行官约翰逊和公司的其他高管进行了最后一次"嗅觉测试"，然后才入场购买康宝莱公司的股票。

2013 年 5 月 17 日，索恩确定了阿克曼的说法是错误的，于是，他开始以平均每股 40.44 美元的价格购买康宝莱公司的股票。

三周后，索恩走进曼哈顿中城的一家牛排餐厅，吃了一顿所谓的"创意晚餐"。他经常在一个餐厅的私人房间里把对冲基金经理或相关公司顶级的投资组合经理，以及分析师聚在一起，品尝昂贵的牛肉片和赤霞珠红酒，同时推销相应的投资理念。

那天晚上，在这个私人房间里，除了其他人之外，还有一张大家熟悉的面孔——比尔·阿克曼。

索恩坐在一间光线昏暗的房间里，把自己掌握的关于康宝莱公司的信息藏在心里，一边和大家谈论一家韩国企业的税务问题，一边等待着阿克曼的到来。房间里的分析人员一个接一个地提出他们的想法。轮到阿克曼发言时，索恩抓起笔，准备记下他对康宝莱公司的任何看法。

不过，阿克曼让索恩失望了，索恩后来回忆说："阿克曼甚至都没有提到康宝莱公司，他谈论的是霍华德休斯公司。"

索恩选择保持沉默，但房间里的其他人并没有让阿克曼那么轻松地离开。

后来，索恩回忆说："接下来，晚宴余下的谈资都是关于康宝莱公司的，所有人对此都很感兴趣。其实，我清楚除了阿克曼，我是唯一一个了解康宝莱公司的人，但我只是友好地向阿克曼问了几个问题，而他的反应使我想起了'皇帝的新装'，阿克曼真的没有我那么了解康宝莱公司。"

但是，阿克曼确实知道一些事，而索恩和那天晚上在房间里的其他人都不知道。

根据索恩的说法："阿克曼拿出他的黑莓手机说，'我要给你们读封信，这是琳达·桑切斯（Linda Sanchez）的作品，它会让康宝莱公司垮掉'。或者其他类似的话。"

琳达·桑切斯是来自加利福尼亚州的国会女议员，阿克曼说，她在前一天给联邦贸易委员会发了一封信，敦促这个监管机构的主席伊迪丝·拉米雷斯（Edith Ramirez）去调查康宝莱公司。

这封于 2013 年 6 月 5 日寄出的信函是这样写的：

亲爱的拉米雷斯女士：

我寄出这封信的目的是表达我对康宝莱有限公司的营销和商业行为的担忧，尤其是我对这家公司可能会伤害消费者，特别是伤害我国最弱势群体的消费者的指控感到不安。鉴于联邦贸易委员会肩负调查欺诈和潜在传销计划的任务，因此，我敦促你们调查此事。我相信，这样的调查将为消费者提供清晰的信息，我真心希望你们能够及时地、积极地进行相关的调查。⊖

既然能够逐字逐句地引用这封信的内容，那么，阿克曼是如何得到这封信的呢？谁也说不准。

不过，索恩并没有动摇。

"我不知道琳达·桑切斯是谁。"索恩说道，"但我回去做了一些工作。你知道我晚餐后的结论是阿克曼手里没有确凿的证据。而就在那次晚餐之后，我才真正开始做多康宝莱公司的股票。"

⊖ Letter from Congresswoman Linda Sanchez to the FTC obtained through FOIA request with Commission.

在接下来的几个星期里，索恩平静地构建了相关的仓位头寸，他故意把头寸规模保持在5%的门槛之下。这一门槛是必须规避的，一旦越过，索恩就需要向证券交易委员会提交文件，并通知华尔街的每个人：他在做多这只股票。

2013年7月22日，索恩在曼哈顿的一家海鲜餐厅参加了另一场对冲基金活动，他要去倾听更多的反馈意见。

谈话又一次在房间里热烈起来，轮到索恩发言的时候，他说："我的想法是做多康宝莱公司的股票。"他对围坐在桌子旁的大约18个人讲述了自己的观点。索恩明确表示：他对康宝莱公司进行了长达数周的研究，现在他可以轻松、彻底地驳斥阿克曼的说法——"我倒是希望能得到一些回应。你们或许知道推销某种产品的部分手段是什么，但也许有些东西你从未见过，或从未参与过。因此，我的观点没有受到太多的质疑。"

其实，索恩不希望他的头寸被泄露。

晚餐后的第九天，通过与索恩或索罗斯无关的消息渠道，我公布了索恩做多康宝莱公司股票的讯息。

这次发布的公告标题很生动。

一直跟踪阿克曼做空康宝莱公司股票事件的《纽约邮报》记者米歇尔·塞拉里尔（Michelle Celarier）报道称——索恩一直在"场中"逡巡，并告诫其他的对冲基金经理："乔治·索罗斯既然能搞垮英格兰银行，也可以搞垮阿克曼。"⊖

虽然上述这段轶事听起来不错，但索恩发誓绝无此事。

无论如何，阿克曼对此感到愤怒。

⊖ Celarier, Michelle, " Now, It Gets Ugly: Ackman to sic SEC on Soros ' Trade ' ", New York Post, August 1, 2013.

塞拉里尔写道：消息公布的第二天，阿克曼打算就康宝莱公司相关的可疑交易向美国证券交易委员会提起诉讼，而这与索罗斯的持股直接相关。

《华盛顿邮报》报道称，阿克曼特别指出：其他人告诉过他，索恩曾向对冲基金经理推销过康宝莱公司，他们试图招募其他的投资者，并承诺很快将回馈该公司 5% 的股份。

阿克曼说："有些人在一起使劲，试图把我挤兑出来。伊坎多少次在电视上讲，'空头承压'可能是导致所有卖空行为失败的根源？这是要呼吁每一个交易者做多康宝莱公司的股票。"

8 月 5 日，星期一，阿克曼正式提起诉讼，但索罗斯和其他多头投资者已不再是他担心的问题了。⊖

几天前，首席执行官约翰逊在电话会议上滔滔不绝地宣称康宝莱公司取得了历史上最好的季度业绩，公司盈利和收益大幅超出预期。

约翰逊表示："我们对自己的业务从来没有如此自信过，因此，我们在今年第三次提出更加理想的预期指标，而新的指标预测区间显示，在 2013 年，我们公司将会创下新的纪录，实现两位数的增长。"⊜

当天，康宝莱公司股价在盘后交易时段上涨了 5.8%，升至每股 64.05 美元。此前，该股在常规交易时段已经大涨了几个百分点。

当月晚些时候，阿克曼试图再次给康宝莱公司添油加醋，他给该公司的新审计事务所普华永道，及两位董事长丹尼斯·麦克纳利（Dennis M. McNally）和罗伯特·莫里茨（Robert E. Moritz）写了一封两页长的信函。在这封信中，阿克曼还附上了 50 页他最初从康宝莱公司网页上下载的一些文件。阿克曼警告这家事务所，要做好一旦他对康宝莱公司所进行的指控属实的准备。

⊖ LaRoche, Julia, " Report: Bill Ackman Filed A Complaint With The SEC Alleging George Soros'Fund Broke Insider Trading Laws," Business Insider, August 5, 2013.
⊜ Herbalife Earnings Call Transcript, July 30, 2013.

阿克曼写道："如果我们能够正确地认识到康宝莱公司所构筑的是一个传销局，而普华永道未能将这种风险准确地告知投资者，那么一旦该公司倒闭，普华永道可能会招致巨额债务。"另外，阿克曼还质疑普华永道公司的独立性，同时指出该公司为康宝莱提供了一些"非审计性"的服务。[⊖]

阿克曼总结道："我们期待着你们的消息，并随时回答贵公司可能提出的任何题。"

康宝莱公司回应说："我们坚持自己之前的财务报表是毫无保留的"。然而，该公司最好的防御措施就是使自身的股价继续飙升。

阿克曼曾在 2012 年年底将康宝莱公司的每股股价向下压了 20 美元，但到了 2013 年，该股票的价格涨幅却超过了 80%。

阿克曼知道他需要有所行动了，所以，他拿起那套最好的西装直奔华盛顿的哥伦比亚区。

⊖ Delevingne, Lawrence, " Ackman to PwC: Herbalife May Get You In Trouble, " September 11, 2013.

第 11 章

纸牌屋：华盛顿院外游说集团

W H E N   T H E   W O L V E S   B I T E

　　2013 年 10 月 2 日，星期三，两名穿得无可挑剔的男子走进华盛顿东北部第二大街上毗邻美国国会大厦的德克森参议院办公室，他们手里拿着公文包，通过安检，穿过一条长长的神圣的走廊，数着每个入口的编号，然后径直走到 225 号办公室的门前。

　　比尔·阿克曼和他的密友大卫·克拉夫特走了进来，他们二人并不具备那些典型的受大公司雇用来影响华盛顿决策的顶级顾问（K-streeterts）的资格，真正的顶级顾问大都以在白宫前街设立办事处而闻名，他们的游说任务非常重要。

　　阿克曼和克拉夫特来这里的目的是要会见马萨诸塞州参议员爱德华·马基（Edward J. Markey），他们只有一个目标——向康宝莱施压，并且希望该议员能够加入他们的"战队"。

　　马基是一位自由派议员，1976 年当选为国会议员，他在当时一桩涉及保健品公司的案件中发表了保护消费者的言论。马基和其他民主党参议员此前曾针对 14 家能量饮料生产商的标签进行了调查。在一份题为"这到底是怎么回事"的报告中，马基和其他参议员写道："现在是时候让那些能量饮料的生产商停止掩盖成分的行为，停止向儿童推销产品，同时提高生产过程的透明度"。⊖

　　⊖　"What's All The Buzz About? A Survey of Popular Energy Drinks Finds Inconsistent Labeling, Questionable Ingredients and Targeted Marketing to Adolescents," April 10, 2013, Staffs of Senators Markey, Durbin, Blumenthal.

这就是阿克曼和克拉夫特首先找到参议员马基的原因——这两个人认为他会倾听他们的陈述。

阿克曼还迫切希望能有一个突发情境来推动康宝莱公司股价再次下跌。此前，伊坎不合时宜的介入改变了人们的看法，从而推动股价几乎是以直线形式上升。

阿克曼向华盛顿哥伦比亚特区开战的策略于 2013 年早些时候就已启动。2013 年 3 月 4 日，周一，阿克曼和肖恩·迪内恩来到位于宾夕法尼亚大道 600 号的联邦贸易委员会总部与美国联邦贸易委员会主席伊迪丝·拉米雷斯会面。

带着 2012 年 12 月在安盛中心所使用的原始演示文稿的精简版本，阿克曼和他的团队走进一间会议室，开始了他们的陈词。

当迪内恩和其他人一步一步地引领着工作人员浏览他们的研究报告时，阿克曼变得越来越不耐烦，他终于爆发了雷霆之怒。

阿克曼开始斥责贸易委员会这个组织，指责他们让康宝莱公司非法经营这么长时间，而政府本应该尽到责任去阻止他们。此时，阿克曼的热情和顽强的决心被充分展示出来。

但是，这种咄咄逼人的策略适得其反。

联邦贸易委员会的工作人员被阿克曼的挑衅行为吓到了，阿克曼本人也很快意识到这种笨拙的表演方式是一个错误。离开联邦贸易委员会大楼时，阿克曼已经不相信监管机构会真正采取行动了，而在拉米雷斯眼中，阿克曼只是一个夸夸其谈的对冲基金行业当中的亿万富翁而已。

阿克曼没有得到他想要的监管部门的快速行动，但无论如何这并不意味着阿克曼要结束他的斗争，他已经准备好了。

由于阿克曼在最初的报告中提出的主要指控之一是康宝莱公司欺骗了低收入的拉美裔美国人，于是潘兴公司发起了一场秘密的"草根行动"——在一些相关的社区掀起了一股热潮。

潘兴公司覆盖了他们认为最有说服力的消费者群体。他们会见了全国消费者联盟（National Consumers League，NCL）、拉丁美洲公民联盟（League of United Latin American Citizens，LULAC），以及拉美裔联盟（Hispanic Federation，自称是美国境内"首要的拉丁裔非营利会员组织"）。⊖

没过多久，阿克曼他们的努力就结出了一些硕果：2013 年 3 月 12 日，全国消费者联盟的执行董事莎莉·格林伯格（Sally Greenberg）给联邦贸易委员会主席伊迪丝·拉米雷斯写了一封长达四页的信函，敦促监管机构调查康宝莱公司。

格林伯格在信中表示："我们认为，只有美国联邦贸易委员会才有资源和专业知识来调查相应的这些指控，同时确定康宝莱是非法的传销公司，还是合法的多层次营销业务组织。"⊜

全国消费者联盟表示，它已经会见了潘兴公司和康宝莱公司的代表，但从双方得到的观点相互矛盾，如此则有"混淆视听"之嫌。这一表述似乎也暗示了相关审查应倾向于哪种方式。

格林伯格说："潘兴公司和康宝莱公司发表的这些声明揭示出普通消费者，甚至在这方面有专长的全国消费者联盟都很难权衡这些彼此矛盾的主张。我们认为，这需要联邦贸易委员会对此进行充分调查。因此，我们要求美国联邦贸易委员会展开调查，以确定康宝莱是一家多层次营销结构的合法的公司，还是像它的批评者所说的那样是一家传销公司。"⊜

相关的信件并没有就此打住。

2013 年 5 月 17 日，拉美裔联盟组织主席何塞·卡尔德龙（Jose Calderon）也敦促联邦贸易委员会主席拉米雷斯调查康宝莱公司。

⊖ Schmidt, Michael S., Lipton, Eric, Stevenson, Alexandra, "After Big Bet, Hedge Fund Pulls the Levers of Power," The New York Times, March 9, 2014.

⊜ Greenberg, Sally, "Petition for FTC Investigation of Recent Allegations Against Herbalife Ltd." National Consumers League, March 12, 2013.

⊜ 同⊖。

卡尔德龙在信中写道："我们的理解是，康宝莱公司的营销资料称他们有望为那些希望'在家工作几个小时即获得丰厚收入'的人带来福音。你可以想象，对于移民来说，尤其对那些没有充分就业或不得不申请工作签证的人而言，这个承诺就像是实现他们'美国梦'的门票一样。然而，我们明白，当你增加投入购买产品、清单和营销材料时，大多数分销商实际上似乎都在赔钱。"⊖

这些来自拉丁美洲的游说团体的信件是一个重要的开始，但在 6 月 5 日，阿克曼的"讨伐"活动收到了更大的礼物，这就是他在曼哈顿一家餐厅里吃那顿对冲基金创意晚餐时分享的消息，当时保罗·索恩和其他对冲基金代表正聚集在这家餐厅。同一天晚上，阿克曼透露：加利福尼亚州众议员琳达·桑切斯向联邦贸易委员会递交了一封信，要求对康宝莱公司采取行动。

六周后，阿克曼得到了一个更加喜人的消息——琳达同为国会议员的妹妹洛丽塔也给联邦贸易委员会主席拉米雷斯女士写了一封亲笔信。

这封信的部分内容如下：

"仔细考虑后，我们想要求联邦贸易委员会调查康宝莱公司的业务模式，特别是康宝莱公司的参与者是否欺骗性地夸大其收益，以及其收益是来自消费者，还是通过招募更多分销商获取。"⊖

这是洛丽塔与国会女议员米歇尔·卢扬·格里沙姆（Michelle Lujan Grisham）一起撰写的。

阿克曼在国会中游说，他差不多拜访了 15～20 位不同的议员来为自己的主张辩护。他甚至有一次在走廊里撞见了亚利桑那州参议员约翰·麦凯恩

⊖ Letter form Jose Calderon, President of hispanic federation, May 17, 2013.
⊖ Letter to FTC Chairwoman Edith Ramirez from Congresswoman Loretta Sanchez and Congresswoman Michelle Lujan Grisham, July 26, 2013.

（John McCain），于是阿克曼把这位资深参议员拉回办公室倾听他的陈述。

阿克曼回忆道："我和他在一起待了15到20分钟，剩下的时间我们在办公室里转来转去，他向我展示了他生命中不可思议的纪念品，我认为他很棒，但他最终什么都没做。但这就是我在做的事——把这个故事讲给华盛顿任何一个愿意倾听的人。"

阿克曼在华盛顿争取支持的努力甚至达到了有可能违反了《联邦游说法》的程度，这个法律限制了人们向民选官员陈述自己观点的时间。

阿克曼对此也有自己的答案，他雇用专业人士去做他做不到的事情。

2013年，阿克曼在潘兴公司的工资单上填写了十几位来自少数几家公司的说客的姓名。⊖

根据《纽约时报》的调查，阿克曼所雇用的公司中的一家是专门从事草根运动的全球性战略集团，而这种草根运动正是阿克曼所希望的：2014年1月初，该集团的一位"反对派研究人员"致函美国联邦贸易委员会，要求其公布自2001年以来针对康宝莱公司的投诉数量。该监管机构的总法律顾问助理迪昂·斯特恩斯在回信中指出："针对康宝莱公司的投诉多达721页。"⊜

2014年2月22日，联邦贸易委员会收到了苏利文和克伦威尔的一封类似的信，其中指出：消费者在未披露的时间内向欧盟委员会提出了"100起相应的投诉"。

潘兴公司还聘请了伊芭拉战略集团（Ibarra Strategy Group）的米基·伊芭拉（Mickey Ibarra），他曾在威廉·克林顿任总统时期担任白官的政府间事务主管。《拉美裔杂志》称：伊巴拉先生是"华盛顿特区25位最有权势的拉美裔议员"之一。他的游说记录显示，潘兴公司向其支付了3万美元。

⊖　Schmidt, Michael S., Lipton, Eric, Stevenson, Alexandra, "After Big Bet, Hedge Fund Pulls the Levers of Power," The New York Times, March 9, 2014.

⊜　同⊖。

另外，潘兴公司还向莫菲特集团（Moffett Group）捐赠了 84 000 美元，这家公司自称是"独一无二的政府关系和战略咨询公司"。潘兴还聘请了韦克斯勒公司（Wexler & Wexler），并为该公司的公共政策服务项目支付了 15 万美元。

在某些情况下，阿克曼直接去国会，他想在那里取得一些快速进展。

潘兴公司在伊利诺伊州为两家游说公司注册，进而说服该州的总检察长和议会的议员赞同对康宝莱公司立案调查。

最后，他们聘请了杜威集团（Dewey Square Group）的拉丁裔部门，该部门曾声称："我们与美国的拉美裔社区有着深厚而持久的关系。"㊀

就像他们之前所做的那样，游说公司的努力获得了巨大的回报。

来自波士顿、纽约、沃特伯里和哈特福德、卡森几个城市的市长和议员的信件开始涌入联邦贸易委员会的邮箱。㊁

内华达州参议院多数党领袖甚至写信给该州总检察长凯瑟琳·科尔特斯·马斯特罗（Catherine Cortez Mastro），信中写道："看来康宝莱公司具有一个重要的传销特征。"㊂

一些小企业主也参与了此事，他们写信给监管机构，敦促机构进行类似调查。

2013 年 7 月 13 日，康涅狄格州曼彻斯特的齐尼娅·佩里卡发出了一封这样的公开信，她写道："作为一个小企业主，我知道要想在零售方面取得成效有多难，而这就是为什么要对康宝莱公司所做的事情进行调查的原因。"㊃

三天后，一位名叫玛丽·安·特纳的女性同样写道："我敦促联邦贸易委员会展开调查，调查这个所谓的多层次营销机构康宝莱有限公司所建立的模式

㊀　Schmidt, Michael S., Lipton, Eric, Stevenson, Alexandra, "After Big Bet, Hedge Fund Pulls the Levers of Power," The New York Times, March 9, 2014.

㊁㊂㊃　同㊀。

是不是一个复杂而滥用的'营销'骗局。"⊖

但这时出现了一个问题，佩里卡的信与玛丽·安·特纳寄来的信一模一样，因此这封信可能是按照别人寄来的信件逐字照抄的。这一发现引发了人们的疑问，即这些作者究竟是真正的受害者，还是游说者（或潘兴公司本身）发了同样的表格式的信函，让相关人士签名并寄给联邦贸易委员会和其他机构。到目前为止，一些人在质疑阿克曼在对抗康宝莱公司方面是否走得"太远"了。美国证券交易委员会前主席哈维·皮特（Harvey Pitt）就对相关的新闻调查公开表示过怀疑。

他说道："如果你想传播真相，那没关系。但是，如果你试图通过调整股票价格来证明你的投资理念是正确的，那就不行。"⊜

阿克曼否认了这一说法，他声称自己只是在做一开始就打算做的事，也就是展示康宝莱公司的欺诈行为，并让监管机构对康宝莱公司采取行动。

他在一次活动中说："因此，我们在进行这项投资时所承担的风险是我们能否让全世界都关注康宝莱这家公司，而一旦康宝莱公司受到关注，那么证券交易委员会和美国联邦贸易委员会也会对此问题重视起来。在美国，有50名司法部长，这相当于87个国家监管机构主管的总和。如果他们中的任何一个，或者至少是这个集团中的任何一个有权势的成员倾听我们的陈述，那么我们能让他们感兴趣吗？"㊂

阿克曼告诉过我："围绕康宝莱公司所发生的'战斗'实际上是一场自信力的比拼，当人们失去信心时，一切就完了，康宝莱公司本身就是一个骗局。因此，如果我们能够共享信息，让分销商跳槽，那就可以吸引监管机构的注意

⊖　Schmidt, Michael S., Lipton, Eric, Stevenson, Alexandra, "After Big Bet, Hedge Fund Pulls the Levers of Power," The New York Times, March 9, 2014.
⊜㊂　同⊖。

力。同时，我们开展的基本上是一场消费者保护运动。"

阿克曼的观点可能是有争议的，但他的游说策略是有效的。

2013 年 7 月 17 日，联邦贸易委员会消费者保护局局长杰西卡·里奇（Jessica Rich）与消费者维权人士进行了一个小时的会面，她告诉这群人：康宝莱公司的商业行为"令人不安"，不过她拒绝透露是否会展开全面调查。[⊖]

上述会面恰逢其时。

当天的晚些时候，伊坎计划在市中心的皮埃尔酒店（Pierre Hotel）出席 CNBC 的实现绝对投资回报大会（Delivening Alpha Conference），并接受现场采访。自从这位投资者公开谈论康宝莱公司的有关事务以来，时间已经过去了几个星期。此时，房间里挤满了记者和网络写手，他们等待伊坎公布投资的进展情况。伊坎没有让人失望，几乎没有人怀疑他对康宝莱公司的看法。伊坎甚至透露他已经购买了更多康宝莱公司的股票，并且已经通过这次交易赚了 2.5 亿美元。

当然，伊坎也没有错过向阿克曼发起进攻的机会。

伊坎的发言使房间里爆发出一阵笑声，他说道："你们不会让我说阿克曼的坏话，我喜欢阿克曼，我已经改变了对阿克曼的看法——任何能让我赚到 2.5 亿美元的人我都喜欢。"[⊜]

伊坎还重新强调了当初他选择对冲阿克曼的原因。

他在台上对我说道："说实话，如果阿克曼没有出炉所谓的报告，我是不会一直关注康宝莱公司的。因为我不是阿克曼的粉丝，我也没兴趣看他做的演示。我可以告诉你，当我读到他的报告时，我想这真是毫无意义。首先，持

⊖　Celarier, Michelle, "FTC Hrbalife Meeting Spicy," New York Post, July 17, 2013.

⊜　CNBC and Institutional Investor's Delivering Alpha Official Transcript, The Pierre Hotel, July 17, 2013.

有大规模空方头寸的做法是愚蠢的，但如果你这样做了，那么在我脑海中最愚蠢的事情是你鼓动一屋子的人，告诉他们你做空了，然后他们也做空，认定这样做股票价格就会下降。我认为那个家伙真的相信人们会追随他，你知道他不是华尔街最优秀的人。但是我现在喜欢他了，所以我不会说他什么坏话。"

坐在皮埃尔大宴会厅里的数百人对此消息表现得如饥似渴，这似乎只会鼓励伊坎继续说俏皮话。当然，这一切都是以对冲阿克曼为代价的。

《商业内幕》的记者利内特·洛佩兹（Linette Lopez）在采访结束后写道："卡尔·伊坎刚刚结束了他最搞笑、最讽刺、最精彩的采访。"⊖

伊坎也因此得到了更多的支持。

2013 年 9 月 3 日，威廉·斯蒂里茨（William P. Stiritz）在一份向监管部门提交的文件中披露：自己持有康宝莱公司 5.2% 的股份。⊜斯蒂里茨是一位受人尊敬的商人，曾在 20 世纪 80 年代让宠物食品公司罗尔斯顿普瑞纳（Ralston Purina）起死回生，现在是邮政控股公司（Post Holdings）的非执行董事长，他在华尔街和商界都得到过高度评价。斯蒂里茨的介入使当天本来大幅下跌的康宝莱公司的股价得以回升，但也可能是在市场获悉其构建头寸之后，康宝莱公司股票的亏损金额被降低了。

2013 年 10 月 28 日，康宝莱公司宣布又一个强劲的季度业绩，这向斯蒂里茨交了一份很好的"答卷"。事实证明，康宝莱公司员工的实际业绩和股市运作的方式确实对其股价有着一定的影响。首席执行官迈克尔·约翰逊表示："财务报表显示了我们的信念，即'全球肥胖人数占比数量增加'的宏观形势

⊖ Lopez, Linette, " Carl Icahn Just Ended What May Be His Most Hilarious, Sarcastic, Awesome Interview Ever," Business Insider, July 17, 2013.

⊜ Stanford, Duane D., Stritiz Sides With Icahn for 22% Surge in Herbalife Bet: Retail, Bloomberg, September 18, 2013.

将提高世界消费者对我们公司产品的需求。"⊖

虽然斯蒂里茨给康宝莱公司投了信任票，而康宝莱也在采取行动来改善自己的形象。

在收益报告中隐藏的信息是：康宝莱公司已任命美国前卫生局局长理查德·卡莫纳博士（Dr. Richard H. Carmora）为该公司董事会成员，这是该公司一项更广泛战略的一部分，该战略将围绕着拥有丰富阅历的知名人士进行运作，而这将有助于证明康宝莱公司的合法性。

就在一个月前，康宝莱任命洛杉矶前市长安东尼奥·维拉莱戈萨（Antonio Villaraigosa）为高级顾问，他们还聘请前国务卿马德琳·奥尔布赖特（Madeleine Albright）经营新的咨询公司，奥尔布赖特甚至还参加了康宝莱公司的活动，为公司的产品和诚信进行宣传。

在一系列强劲的盈利业绩和斯蒂里茨购入康宝莱公司股份等一系列事件的影响下，康宝莱公司股价在年内被推高了100%。

尽管当时一些做空的投资者可能已经开始逃之夭夭，但阿克曼明确表示：他愿意走得更远一些。

当年秋天，阿克曼重组了自己10亿美元的空方头寸，同时纳入场外看跌期权。如果伊坎以卖空限制相威胁，那么这些期权可能有助于保护阿克曼的头寸。阿克曼在2013年10月2日写信给投资者，解释了这一举动的目的。

在信中，阿克曼写道："为了降低康宝莱股价进一步上涨的风险，最近几周，我们调整了头寸，将空头股票的头寸减少了40%以上，并以长期衍生品（主要是场外看跌期权）将其取代。仓位头寸的重组能够为我们提供获取收益的机会，如果公司在合理的时间内垮掉，我们将获取与股票头寸数量相等的收益。由此，我们既可以保持整个初始空方头寸的规模，同时又能减轻实质性的

⊖ Herbalife Official Transcript: " Herblife Announces Record Third Quarter 2013 and Introduces 2014 Earnings Guidance," October 28, 2013.

市值损失，因为我们所支付的看跌期权的期权费总额是有限的。在头寸重组的过程中，我们还将投资所消耗的资金从 16% 降至 12%。"

阿克曼在总结时表示："在我的职业生涯中，我从未见过的情境是当前针对康宝莱公司普通股的长期投资所相关的风险—收益比率是多么没有吸引力。"⊖

在感恩节即将到来之际，阿克曼做空康宝莱公司的投资又亏损了五亿美元，他在 11 月 22 日召开的罗宾汉投资大会上再一次攻击康宝莱公司。

阿克曼给康宝莱公司打上了"反面罗宾汉"的烙印，这个名号取自这次备受关注的慈善活动。阿克曼详细描述了证券交易委员会最近针对其他传销骗局所采取的执法行动，并展示了被证券交易委员会指定的传销计划的"标志"，即反复强调"招聘新人"。

阿克曼展示了一些与康宝莱奢侈品牌相关的比较俗气的一些视频片段。在这些视频中，分销商在成千上万的观众面前走上舞台，宣扬公司的优秀品质。

另外，康宝莱公司创始人圈子当中的一名成员在录音中说："如果你想进行投资，那么你需要找到其他想要陪你一起赚钱的人，而这些人的灵感源于康宝莱公司的产品，及其所诱发的商业契机。"

在大约 20 分钟的时间里，阿克曼在台上展示了 65 张幻灯片，而最后展示的幻灯片据称来自康宝莱公司自己声明的数据：只有"前 1% 的分销商获得了 87% 的佣金"。⊜

在露面之后，阿克曼接受了一次电视采访，他否认了即将平掉空头仓位的说法。如果说这次采访与以往有什么不同的话，那就是他的语气听起来比以前

⊖ Ackman, William A., " Pershing Square Capital Management, Investor Letter, " October 2, 2013.

⊜ Robin Hood Investment Conference.

更坚定了。

阿克曼说："我们将把康宝莱公司带到地球的尽头。"⊖

康宝莱公司回应：阿克曼在活动中没有提出任何新的内容。他们嘲笑了这位投资者，同时声称：追随阿克曼的投资者已经蒙受了"数亿美元的损失"。⊜

伊坎也有类似的反应，当天他对另一位采访者说："我仍然相信康宝莱公司有一个美好的未来，在我看来，阿克曼关于康宝莱公司的许多言论不过是'输不起之人'的胡言乱语。"⊜

伊坎还提到了媒体和金融市场上那些讨厌阿克曼的人的话。这个投资者已经成为那些希望他一败涂地的人幸灾乐祸的话题。伊坎还表示：无论阿克曼何时谈到康宝莱公司，该公司股价似乎都在走高，没有出现相反的情况。⑭

投资者罗伯特·查普曼在阿克曼披露自身空头头寸之后不久就做多了康宝莱公司的股票，他在会上用一句令人难忘的话描述了当时的气氛："杀死比尔。"阿克曼敌人的数量似乎在不断地增加。⑮

到 2013 年年底，康宝莱公司的股价已经惊人地上涨了 139%，阿克曼因此进一步陷入困境。随着 2014 年股市的开盘，康宝莱公司的股价触及每股82 美元的高点。

阿克曼当初并不知道他在做空康宝莱行动中押注的 10 亿美元的头寸即将面临最大规模的"爆仓"威胁。

2014 年 1 月 23 日，星期四，一直被阿克曼和他的公司所游说的参议员

⊖　Stanford, Duane D., "Ackman Says He'll Take Herbalife Bet to End of the Earth," Bloomberg, November 22, 2013.

⊜　同⊖。

⊜　Regan, Trish, Bloomberg Television Interview with Carl Icahn.

⑭　同⊜。

⑮　Cohan, William D., "The Big Short War," Vanity Fair, April 2013.

马基发出了三封信：一封寄给美国证券交易委员会，一封寄给联邦贸易委员会，一封寄给康宝莱公司，以此呼吁调查康宝莱公司的经营行为。

马基在致联邦贸易委员会的信中写道："有人指控康宝莱实际上不应该被归入多层次营销公司的行列，而是一家基于自身业务而运作的传销公司。"⊖

马基写给证券交易委员会的信函所用的语言在本质上与上述内容相似，但该信件的开头所提出的要求更加直接："我写信的目的是想让你们调查一下康宝莱公司的商业行为。"这封信是他写给该机构的主席玛丽·乔·怀特（Mary Jo White）的。⊜

当这些信件的内容在早上传出之后，康宝莱公司股价立即暴跌了14%。

在给监管机构的信中，马基还发表了一份新闻稿，其中声称"康宝莱公司传销的产品可能没有任何营养价值，他们的那些经营计划承诺会带来经济利益，但这些项目却导致了脆弱家庭的经济状况达到'崩溃的边缘'"。⊜

与此同时，一些人质疑：马基的动机是什么，他写出这些东西是否发自内心？马基几年前曾经从阿克曼的姐姐那里得到了500美元的政治捐款。阿克曼被这些质疑声激怒了。

阿克曼说："一个参议员可以用500美元来收买的想法是荒谬的，实际上这是我姐姐的'邮购征集费'。有人说，在马基的初选当天，我向民主党全国委员会捐赠了3万美元。首先，这事发生在我给共和党参议员竞选委员会捐款的前一年。因此，根据他们的计算，如果任何参议员参与进来，他们都会受到某种影响。我从未见过马基，也从未和他说过话，我当然不知道他的初选是什么时候……整件事显得很荒谬，它快要把我逼疯了。"

⊖　Markey, Senator Edward J., Letter to FTC Chairwoman Edith Ramirez, January 23, 2014.

⊜　同⊖。

⊜　Office of Massachusetts Senator Edward J. Markey, Official Press Release.

撇开指控不谈，马基能够发出信件就是一次巨大的胜利，阿克曼知道这一点。

康宝莱公司的首席执行官约翰逊也是如此，他听到了最不想听到的声音。

约翰逊计划在周末和两个朋友一起去杰克逊霍尔的山区滑雪，享受令人兴奋的野外之旅。约翰逊等待这次旅行已经好几个月。他找到了最受追捧的导游，并且已经站在了泰顿体育馆的停车场里，手里拿着咖啡，等着商店开门。这时，他的邮件开始出现。

当他看到股票在眼前下跌时，约翰逊咒骂了一声，回到酒店与康宝莱公司聘请的律师和顾问团队通了电话，就此度过了余下的假日时光。

第二天早上，约翰逊飞回洛杉矶，他要面对马基那些信件可能带来的一切恶果。

康宝莱公司的发言人芭芭拉·亨德森表示：公司已经收到马基的来信，她期待着与该议员的会面，并准备"向他介绍公司，并在他方便的时候第一时间回答他所提出的问题"。⊖

具有讽刺意味的是，尽管马基的信函可能让人感到意外，但约翰逊几个月前也曾考虑去联邦贸易委员请求调查，从而一劳永逸地解决有关他公司的相关问题。

在一个星期天的下午，约翰逊让他的管理团队去他在马里布的家中，喝冰啤酒、打台球、踢足球，同时策划一个自我报告的计划。约翰逊想让整个事件脱离阿克曼的控制，进而占据主动，因为他认为康宝莱公司没有什么可隐瞒的。

在大家都同意的情况下，约翰逊打电话给康宝莱公司的律师，向他们阐述了这个想法。律师对这一建议先是沉默不语，然后将其全盘拒绝，他们认为让

⊖　Pfeifer, Stuart, " U. S. Senator Calls For Investigation of Herbalife; Shares Tumble, " Los Angeles Times, January 23, 2014.

监管机构陷入"兔子洞"的做法只会带来更多的问题。[○]

约翰逊的这个计划很快就被放弃了,康宝莱公司又恢复了"旧貌"。

阿克曼也"依然如故"。

2014年2月13日,阿克曼出席了在曼哈顿举行的港口投资会议,谈到了康宝莱公司股价的上涨和他重组后的仓位头寸。

阿克曼在会议中说:"如果康宝莱公司明天就消失了,那我们所赚到的就会比我上次做报告的第二天被行情'炸飞'的钱要多得多,而且我们的日子也会更好过一些。"[○]

至少在最近,阿克曼有理由更加充满希望,因为马基的信件阻止了康宝莱公司的发展势头。

截至当年3月,康宝莱公司股价较年初下跌了17%。

3月9日,《纽约时报》头版刊登了阿克曼的游说行动,同时报道了相应调查的结果,揭示了阿克曼所做的巨大努力。

两天后,阿克曼再次登台,这次是讨论康宝莱公司的中国业务,而这是康宝莱未来增长的一个关键领域。

阿克曼以试图反驳《纽约时报》记者对其在华盛顿进行游说活动所得出的结论开始。阿克曼称:他完全有权要求政府调查康宝莱公司。

阿克曼顽强的表现给人的印象是,他在坚持不懈地对抗康宝莱公司。但在幕后,情况截然不同。潘兴公司的最高管理层,甚至阿克曼本人都对这项投资能否"获取收益"产生了怀疑。潘兴公司咨询委员会几个星期以来一直在讨论相关头寸的问题,以及他们是否有必要继续坚持下去。

上述这一切发生在2014年3月12日,当时咨询委员会成员斯蒂芬·弗

○ 指监管机构会两头受气。——译者注

○ Alden, William, "A Year Later, Ackman Sticks With His Bet Against Herbalife," The New York Times, February 13, 2014.

莱丁（Stephen Fraidin）、马丁·佩雷茨（Martin H. Peretz）、迈克尔·波特（Michael Porter）、爱德华·迈耶（Edward Meyer）、艾伦·莫德尔（Allen J. Model）、马修·保罗（Matthew H. Paull）和阿克曼在潘兴公司的会议室里围坐在一张桌子旁进行了一次现状核查。

他们之间进行了一次发人深省的谈话，几位顾问公开表示，现在可能是时候放弃康宝莱公司了，就连阿克曼自己似乎也到了一个转折点，他原本一直有能力在投资的起起伏伏中保持坚定。他相信：公司已经做了大量的研究，他对自己的努力感到满足。

也许阿克曼想到了那个老旧的飞行员弹射座椅，这个东西就放置在潘兴公司一个会议室的角落里，提醒他有时候拉开伞索比等着坠机更安全。

就在大家几乎要做出平掉空单的决定时，房间里的电话响了，显示有内部电话打进来。潘兴公司的一名员工在线传达了一个似乎很好的消息——康宝莱公司的股票在华尔街被停牌，而大家都等待着至今还悬而未决的该公司的消息。

到底发生了什么变故呢？房间里的人纷纷表示疑惑。

阿克曼说："我们在董事会讨论这是不是卡尔·伊坎将宣布的有关私有化交易？然后，我认为这不可能，卡尔爱钱胜过恨我，如果他那样做了，那么相应的投资项目将会非常糟糕。"

就在下午 2 点前，阿克曼和其他人发现了这个消息，康宝莱公司自己也宣布了一项爆炸性的新闻，该公司在一份声明中表示：联邦贸易委员会正对其业务展开正式的民事调查。

实际上，阿克曼在几秒钟后就要开始抛售空单了，现在他突然高兴起来了。

"上帝！"他边说边把双手抛向空中，"这真是美好的一天。"

CNBC 的格林伯格对康宝莱公司进行了直言不讳的批评，他在电视上对这个变故做出了实时的反应，而华尔街的其他人则试图弄清楚这个震惊世人的变化的原因。

格林伯格说："这是联邦贸易委员会姗姗来迟的举措。"康宝莱公司股价重挫近 10%，跌回每股 60 美元以下。[⊖]

相关的调查令康宝莱公司感到意外。康宝莱公司在一份声明中表示："鉴于市场上存在大量的错误信息，因此康宝莱公司欢迎调查，并将与联邦贸易委员会展开全面合作。我们相信康宝莱公司符合所有适用的法律法规，而且康宝莱公司是一家财务实力雄厚、经营成功的公司。在 34 年，甚至更久的时间里，康宝莱公司为股东创造了有意义的价值，为分销商创造了重要的从业机会，并对消费者的生活和健康产生了积极的影响。"[⊜]

康宝莱公司的声明几乎没有说服投资者，公司股价于当日曾一度重挫了 17%，然后止跌回升，截至收盘时，其股价"仅"下跌了 7%。

康宝莱公司现在简直是"热锅上的蚂蚁"。

对阿克曼来说，现在更重要的是——他在董事会上几乎要终止的相关投资，情况突然又恢复到了良好的状态。

⊖ CNBC "Power Lunch" March 12, 2014.
⊜ Vardi, Nathan, "FTC Launches Herbalife Inquiry, Shares Fall," Forbes, March 12, 2014.

第 12 章

**阿克曼的致命攻击："这似乎
不是一个特别好的商业模式"**

W H E N   T H E   W O L V E S   B I T E

2014 年 4 月 11 日周五下午晚些时候，英国《金融时报》报道称：美国联邦调查局和美国司法部（Department of Justice）也对康宝莱公司展开了调查，这一次查处的是"犯罪行为"。⊖

康宝莱股价一度下跌超过 2%，但当上述这则消息公布之后，其股价暴跌14%，降至每股 51.48 美元。

这两个机构并没有就它们被《金融时报》所爆出的调查行动予以置评，但康宝莱公司则发表声明称：本公司对相关调查一无所知。

康宝莱公司表示："我们不知道美国司法部或美国联邦调查局正在进行什么调查，我们也没有收到来自这两个机构的任何正式或非正式的征询要求，我们非常严肃地对待公开披露的义务。除非有实质性的进展，否则康宝莱公司不打算就此事发表任何额外的评论。"⊜

当天晚些时候，路透社报道称：相关调查已经进行了"一段时间"，到目前为止，还没有对任何人提起刑事指控。消息人士还表示，这些机构正在采访康宝莱公司之前的分销商，同时查找与该公司商业惯例相关的文件和信息。⊜

阿克曼倒是兴高采烈，在几乎完全放弃交易后，他现在可以看到"希望的

⊖ McCrum, Dan, Scannell, Kara, " Criminal Probe Launched Into Herbalife," Financial Times, April 11, 2014.

⊜ Pfeifer, Stuart, Serrano, Richard, A., " Federal Investigation Target L. A. based Herbalife," Los Angeles Times, April 11, 2014.

⊜ Filitter, Emily, Herbst-Bayliss, Svea, " FBI Conducting a Probe Into Herbalife: Sources," Reuters, April 11, 2014.

彼岸"。

伊坎似乎对这一消息无动于衷，他没有透露自己对康宝莱公司的态度是否动摇，即使联邦调查局把康宝莱放在了一个更明亮的"显微镜"下也没有让他惊慌失措。尽管伊坎变得越来越持怀疑态度，但他在公开发表言论方面受到了限制，因为他被赋予康宝莱公司董事会的席位，而相关的股东协议中附带了非常严格的监管规定。

而 2014 年 7 月 16 日星期三下午的场面更加引人入胜。

下午 4 点 30 分刚过，伊坎又从皮埃尔酒店的金色幕布后面走了出来，他在 CNBC 的实现绝对投资回报大会上进行了另一场谈话，只不过这次在后台有一个令他意外的客人。

和去年一样，伊坎被指定为会议的最后一位发言者，在相关活动结束之后、参会人员畅饮鸡尾酒之前进行最后发言。近几周来，伊坎对股市估值过高的情境越来越紧张，他担心美国联邦储蓄银行前几年的宽松货币政策人为地抬高了股市，同时，一旦这些政策结束，那金融市场的情况就会变得很糟糕。

"当低利率环境结束时会发生什么，没人知道，谁都不知道。"伊坎一边说，一边忧心忡忡地思考着股市可能会出现的反应。[⊖]

之后的话题转到了康宝莱公司身上，伊坎承认：他现在拥有该公司 1700 万股的股票。在台上，我一再敦促伊坎详细说明自己的立场，但他说自己根本没有减持相关的股票，并明确表示他不会讲得太具体。

"我想说的是，我们以平均每股 37 美元的价格购买了 1700 万股，但我们没有卖出一股。这就是我能说的，我认为我们必须把它放在那里。"伊坎唐突地对我说，并恶狠狠地瞪了我一眼。

情况要是真的这么简单就好了。

⊖　CNBC and Institutional Investor, Delivering Alpha, The Pierre Hotel, July 16, 2016.

观众被承诺在节目中会有一位"神秘嘉宾"出现，而活动的组织者则对"这个人可能是谁"的问题守口如瓶。很少有人能料到，在我的鼓动下，到底是谁能够走上舞台。

这个人就是阿克曼。

一些观众倒吸了一口冷气，因为阿克曼微笑着面对这个安排已经好久了，他急切地想要接近伊坎，而伊坎也确实被"卷进"了这件事中。

两人有点尴尬地拥抱了一下，然后各自接受了一件 T 恤，上面写着："伊坎和阿克曼：又在一起了。"他们笑了起来，然后坐下来聊了 20 分钟，聊得非常开心。两人寒暄了几句后谈到了康宝莱公司，各自叙述了一些观点。这两个人之所以能从容面对，也许是因为他们已经私下打破了僵局。4 月底，阿克曼打电话给伊坎，试图把他们的不满抛在脑后。两人同意继续合作，甚至还讨论了未来共同投资的可能性。

"我尊重比尔。"伊坎在实现绝对投资回报大会中说，"我们在打打闹闹，简直是疯了……我们到底在为什么而战？"伊坎问道。

"还不是为了取胜。"阿克曼轻松地说，然后又认真起来，"听着，我很想找到一个办法把卡尔从股票里弄出来，他以每股 32 美元的价格购买了 1700 万股康宝莱公司的股票。他可以靠抛售这些股票赚很多钱，而这对卡尔来说是一个很好的结果，对我们来说也很好。所以，卡尔，也许我们应该谈一谈。"

在一段时间内，这场于华尔街上演了一年半的战争似乎即将结束——阿克曼和伊坎将在此时此地拥抱和平，并着手其他事情。

当天的晚些时候，《纽约时报》交易图书网站上一篇文章的标题为"伊坎和阿克曼以拥抱的形式公开结束了对彼此的宿怨"，反映出双方的关系明显缓和。⊖

⊖ Goldstein, Matthew, Stevenson, Alexandra, "Icahn and Ackman Publicly End Feud With an Embrace," The New York Times, July 16, 2016.

在那天晚上，当两人在实现绝对投资回报大会的舞台上坐下来交谈时，没有人知道伊坎和阿克曼大约两个月前在位于 59 街区的通用大厦顶层伊坎办公室内的秘密会面。阿克曼发起了这次会议，并向伊坎传递了收购他手中股票的想法。伊坎和阿克曼与他们的伙伴以小组形式会面后，退到私人办公室继续交谈，但他们之间的谈话没有达成任何协议。

即使阿克曼想让伊坎出局，但阿克曼在不到一周后的行动中将清楚地表明：他仍将全力以赴地争取胜利。

6 天之后的 7 月 22 日，"拥抱"成为头条新闻，阿克曼出现在 CNBC 的《中场报道》栏目中，他要为关于康宝莱公司的问题的下一场重要演讲做准备。这次演讲定于第二天上午 10 点在曼哈顿举行，地点仍然是安盛中心。

这一次，阿克曼盯上了康宝莱公司的营养俱乐部，研究人员克里斯汀·理查德在她最初设计的《康宝莱公司》的短片当中对这些俱乐部进行了煞费苦心的研究。

当阿克曼在电视节目中被问及投资者在活动中会学到什么时，他对此丝毫没有隐瞒。

阿克曼在公开嘲讽康宝莱公司管理层之前表示："你们将了解到康宝莱倒闭的缘由。虽然这是一种比较极端的说法，但康宝莱公司在规模上隐瞒了其最大的欺诈行为，对国家和人民都造成了伤害。我想说的是，我欢迎迈克尔·约翰逊和他的高级管理团队来参加这次演讲，如果他们愿意的话，我们很乐意让他们坐在前排。"⊖

几个月来，阿克曼一直在对康宝莱公司进行尖锐的批评，而康宝莱公司要么保持沉默，要么发出措辞犀利的新闻稿予以回应。但是，面对阿克曼的再

⊖ LaRoche, Julia, "Bill Ackman is About to Unveil the Most Important Presentation of his Career," Business Insider, July 21, 2014.

一次"猛攻",不到 24 个小时,忍受度显然已经达到极限的康宝莱公司"爆发"了。

康宝莱公司在推特(Twitter)上攻击阿克曼,他们声称:"付钱让人们传播不良信息的行为是不对的,但潘兴公司是这么做的。"康宝莱公司的这种说法其实是在暗指阿克曼所进行的密集的游说活动。

康宝莱公司在社交媒体上以"华尔街最糟糕的一面"为标签来指代那个无情地攻击了他们 18 个月的人。

阿克曼承诺他所掌握的信息将对康宝莱公司造成"致命打击",同时,他还说:"我们没有付钱让任何人传播关于康宝莱的不利信息。"

阿克曼继续说:"这将是我职业生涯中最重要的一次演讲,而这次演讲要如何提高人们的期望值呢?我是不会让你们失望的。"⊖

阿克曼向他的对手发起了挑战。

第二天早上 8 点 28 分,一辆金属质感的蓝色奔驰运动型多功能跑车驶入了位于第七大道安盛中心的地下停车场。⊜

在一个纪录片摄制组等其到来时,阿克曼从车前座爬了出来,他看起来平静而自信。他穿上西装外套,独自穿过大楼的内部,走到后台,一名音频技师正等着为阿克曼安装一个带有垂饰的麦克风。

阿克曼对音频技师说:"看一下时间。"通常情况下,相应的时钟会进行倒计时,以保持演讲者的诚实性,但阿克曼明确表示,他打算尽可能长时间地发表演讲。⊜

阿克曼希望相关电视节目的制作能够将他的演讲表现得完美无瑕。

他坐在那里化妆,让别人帮他把头发梳得整整齐齐,同时告诉化妆师不要

⊖ CNBC's Fast Money Halftime Report, July 21, 2014.
⊜ "Betting on Zero," Zipper Brother's Films, Gunpowder & Sky, Ted Braun, 2016.
⊜ 同⊖。

太过火，他说："我只是需要真实。"⊖

阿克曼已经做好了登台的准备，他首先想看到的是他的演讲能够获得万众瞩目。康宝莱公司首席财务官约翰·德西蒙从洛杉矶飞来，他在 CNBC 和我进行了一次罕见的现场报道。阿克曼不想错过公开露面的机会，他让记者坐进了观众席，那里的人们手里拿着咖啡，聚集在一起，他们看起来感觉很舒适。

阿克曼被潘兴公司的几名同事簇拥着坐在那里，眼睛盯着电视上德西蒙的表态。此时此刻，阿克曼似乎被惊呆了。⊜

德西蒙在谈到阿克曼时说："他发表了一些令人发指的言论。在过去的 18 个月里，阿克曼已经提出了 435 项指控，每一项都被其称为'最新、最伟大的'，而事实证明并非如此。我不担心他有什么实质的东西。这些东西可能是有趣的，也是阿克曼进行宣传的基础，然而他所忽略的是，我们所拥有的数百万名用户在使用并热爱我们的产品。我们对自己守法经营的模式完全有信心。因为某些问题涉及相应的法律规章制度，所以，我认为联邦贸易委员会的调查实际上已经把相关的问题抛诸脑后了。"⊜

为了揭穿阿克曼所谓的一些"预期"的欺骗性，德西蒙援引了康宝莱公司资助的一家研究机构的分析报告。该机构在当天上午早些时候发布了公告，其中声称它们支持康宝莱公司长期以来的观点，即康宝莱公司的运营模式是合法的。

德西蒙说道："这是我们委托进行的一项研究，但相关机构是独立的法人，与康宝莱公司没有关系。我们委托它是为了让一位前联邦贸易委员会的经济学家来研究我们公司的业务。"⊜

随着时间临近上午 10 点，阿克曼的活动即将开始。此时，阿克曼对康宝

⊖ "Betting on Zero," Zipper Brother's Films, Gunpowder & Sky, Ted Braun, 2016.
⊜ 同⊖。
⊜ CNBC's Squawk on the Street, July 21, 2014.
⊜ 同⊜。

莱公司股票的走势做出了不祥的预测，他在想：如果康宝莱公司股价行情超出了他的预期，也就是上涨而非下跌，那么他应该如何应对呢？

阿克曼实事求是地说："康宝莱公司股价不会上升，而现在的问题是该公司的股票交易是否会'复牌'。"⊖

阿克曼再一次要求他的公关顾问给出一个更有深度的答案，但他并没有气馁。

"康宝莱公司的股价不会上涨，这是一个必然。现在，康宝莱公司的股价已经无关紧要了！"阿克曼说得更加铿锵有力，他要以此来表明自己的观点。

接下来，阿克曼的演讲时间到了。

广播员说道："女士们、先生们，请欢迎潘兴资本管理公司的创始人兼首席执行官比尔·阿克曼先生。"话音刚落，阿克曼就从幕布后面走了出来。

阿克曼花了几个月的时间来准备这次演讲，有时他要一直熬到凌晨两三点才结束相关的"彩排"。

虽然昨晚阿克曼只睡了四个小时，但他看起来比睡了一夜的人更有精神。现在，他开始关注康宝莱公司的营养俱乐部。

阿克曼质疑这些俱乐部如何赚钱，他说："理查德曾经独自在皇后区参观了十个可疑的地点，同时进行仔细的研究。"

阿克曼说道："这似乎不是一个特别好的商业模式。"

一个小时过去了，两个小时过去了。

下午 12 点 15 分，阿克曼开启了论坛模式，他开始接受提问，同时及时地采取了防御措施。

"我不明白。"一个坐在房间后面的人说，"你花了很多钱做了这个漂亮的'发表'，但除了你，大家都不知道相关的细节。我不明白你的意思，你能否告

⊖ "Betting on Zero," Zipper Brother's Films, Gunpowder & Sky, Ted Braun, 2016.

诉我为什么你说卡尔·伊坎犯了一个错误呢？让我知道康宝莱公司非法经营的目的是关闭这家企业，但我看不出任何'端倪'。为什么其他人都在'做多'康宝莱公司的股票呢？"[⊖]

"这是一个很好的问题。"阿克曼回答道，"我们有一个数百人的团队在做这个项目，其中包括调查人员，以及律师。卡尔·伊坎没有像我们这样做过'尽职'的调查。营养俱乐部的事情是为了保密而设计的，这是一个巧妙的骗局，它锁定的是收入最低且最不成熟的一群人，而且他们中的许多人没有合法的'在留证件'。你知道，当你是无证移民时，你不敢抱怨，因为你害怕自己会被赶出这个国家。"[⊜]

但是，持怀疑态度的人并不仅限于坐在观众席上的这一位绅士。

当阿克曼在台上发表讲话时，投资者则纷纷加入"做多"康宝莱公司股票的行列。与阿克曼在当天上午早些时候所预测的情况恰恰相反：康宝莱公司股价先是飙升 13%，随后又上涨了 20%，之后更是进一步上涨。收盘时，相应涨幅惊人地达到了 25%。

这一场景是任何人都能记得的残酷事实，阿克曼当然也知道这一点。

阿克曼在面对房间里一位记者的实时报道时说道："康宝莱公司会利用今天其股价上涨的事实来证明每个人都忽略了我们所说的话，而我给你的建议是——你们不应该忽视我的话。"[⊜]

"还有提问的吗？"阿克曼问道。他显然被一系列问题搞得心烦意乱，这些问题中的大部分是在关注股市上涨的行情，而不是阿克曼所进行的"马拉松式"的战争。

也许是为了打破僵局，一个比较友好的询问者随后拿起了麦克风，那是阿克曼自己的父亲。

⊖　"Betting on Zero," Zipper Brother's Films, Gunpowder & Sky, Ted Braun, 2016.
⊜⊜　同⊖。

他问道："传销的定义是什么？比尔，你如何证明康宝莱是传销公司呢？"

"爸爸，如果你现在还不知道的话，那就别问了。"他和大多数人一起笑了起来。

随着人群逐渐散去，观众中有些人在打哈欠，康宝莱公司的股价仍在飙升，阿克曼试图做最后一击。

他提到了极权主义的政权，同时惊叹康宝莱公司是如何继续经营下去的——它是如何用"弥天大谎"来"侥幸逃脱"的。⊖

随后，他将攻击的矛头指向了康宝莱公司的首席执行官迈克尔·约翰逊本人，他直视着摄像机，向康宝莱公司发出了最后一条信息。

阿克曼说："迈克尔·约翰逊是一个肉食动物，他所做的一切是犯罪行为。我希望你在听，迈克尔，是时候让你的公司倒闭了。"⊜

不管结局有多么的戏剧化，阿克曼所承诺的"致命一击"最终还是失败了，这一点是毋庸置疑的。

阿克曼可能因为熬过了漫漫长夜而疲惫不堪，也可能是对股票走势持否定态度，但他试图以积极的态度来看待这件事，他显得比任何人都更加自信。

"这一天过得不错。"阿克曼边说边走进自己的奔驰车中，他要开车去上班。

阿克曼喃喃自语道："这是美好的一天，天气很好！"⊜

对于这个看法，康宝莱公司倒是非常赞同。

康宝莱公司发表了一份声明，内容如下："事实再一次表明，比尔·阿克曼对我们公司押注 10 亿美元的说法是言过其实的，他兑现得太少了。在花费了 5000 万美元、两年时间和数万个小时的人力之后，比尔·阿克曼今天进一

⊖ "Betting on Zero," Zipper Brother's Films, Gunpowder & Sky, Ted Braun, 2016.

⊜ Nisen, Max, "Bill Akman Just Enriched a Man He Loathes With his Failed Herbalife "Deaht Blow." Quartz, July 23, 2014.

⊜ 同⊖。

步证明，真理是站在我们这一边的。"⊖

在幕后，约翰逊和另一名高管受到了股市行情的鼓舞，他们开玩笑说，希望阿克曼下周能再做一次演讲。

现在，康宝莱公司有理由"挺直胸膛"了。

一个接一个的媒体头条，甚至伦敦的新闻界都在报道阿克曼演讲当天的情况。

《今日美国》称：阿克曼未能"攻陷"康宝莱公司。

《英国广播公司》报道称：康宝莱公司躲过了比尔·阿克曼的"致命一击"。

电视评论员得出的结论是：阿克曼正在思考下一步的行动计划。

而阿克曼实际上要做的就是——等待。

2014 年 7 月 28 日，康宝莱公司在股市收盘后发布了最新的收益报告。

尽管康宝莱公司的股票每股收益较上年同期增长了两位数，但这个结果仍低于华尔街投资者的预期。

于是，康宝莱股价于收盘时上浮了 2%，涨至每股 67.48 美元，但在二级市场上，其股价却重挫了 11.6%，跌至每股 59.64 美元。

尽管康宝莱公司股价暴跌，但其首席执行官约翰逊仍然尽可能地保持乐观的态度。

他表示："康宝莱公司再次实现了强劲的销售和盈利业绩，同时展示了我们可以持续提高每股收益的能力。康宝莱公司的业绩表现证明了数百万消费者和会员对我们的产品具有高度的热情。"⊜

但是，康宝莱公司下一个季度的数据就不那么乐观了。

2014 年 11 月 3 日，康宝莱再次公布了季度业绩，这一次又没有达到预

⊖ Berr, Jonathan, "Herbalife Wins a Round Against Bill Ackman," CBS Money Watch, July 22, 2014.

⊜ Herbalife Earnings Transcript, July 28, 2014.

期，而这次金融市场的反应更为严重：其股价跌幅超过了 20%，每股股价下跌超过 11 美元，最终收于每股 44.44 美元。

这一次，约翰逊没有"含糊其辞"。

第二天早上，约翰逊在电话会议上讲："对我们来说，这种业绩显然是不合时宜的，一些外部因素和内部因素共同影响了我们的业绩。"⊖

约翰逊将康宝莱公司不理想的业绩归咎于其在委内瑞拉的业务；强势美元也导致了公司产品价格在海外变得更加高昂；所谓的"结构性变化"的情境正在使康宝莱公司改变其传统的商业模式。⊜

约翰逊在与分析师的电话会议中几乎掩盖了上述这一变化，但金融市场没有那么"好骗"——投资者"唱衰"康宝莱公司的理由很充分。

康宝莱公司表示它将开始限制招募销售产品的新员工的数量，因为这些人被要求购买公司的第一批产品，而此举似乎一直被阿克曼的"剑锋"所指。这些新会员要购买价值数千美元的康宝莱产品，以获得"销售领袖"的称号，从而获取大量折扣。

公司总裁德斯·沃什表示："我们采取新措施的理由是鼓励销售部门的'领军人物'放慢业绩增长的速度，进而提高新任销售主管成功留任的可能性。"⊜

这意味着康宝莱公司的销售额可能会下降，但如果说约翰逊担心新政策会影响公司未来的收益，那他肯定是将这种"隐忧"藏在了心底。

"这很简单，伙计们。我们的生意很好，我们的市场前景很宽广，我们的分销商也充满信心——我们正在砥砺前行。"⊜

然而，华尔街的投资者对此并不信服。

第二天，11 月 5 日，康宝莱公司的股价继续下跌，最终收于每股 39.78 美元。

⊖　Herbalife Earnings Call Transcript, November 4, 2014.
⊜⊜⊜　同⊖。

在短短的两天时间内，康宝莱公司的股价就下跌了近 30%。

11 月 25 日，阿克曼要让他的投资者确切地知道这只股票近期的快速变化，以及自己的看法。

阿克曼在给投资者的信中写道："康宝莱公司最近的境况证明了我们的观点——康宝莱是一个非法的传销公司，它将会倒闭，或被监管机构关停。"⊖

"我们认为，康宝莱公司管理层于 2015 年实行的'新政'从根本上改变了其相关股票的牛市行情，既降低了该公司的预期盈利能力，也降低了投资者对一家衰落企业的市盈率评估结果。鉴于本季度康宝莱公司受负面新闻的影响，我们认为机构投资经理人在康宝莱公司股票之上建仓（或开始建仓）的难度会越来越大。"⊜

现在，阿克曼有理由变得更加"好战"。

尽管许多对冲基金到 10 月为止的回报率都不高，但阿克曼的业绩令人印象深刻——基本接近整个行业的榜首。

截至当期，潘兴公司的股价上涨了 35%（扣除费用）。康宝莱公司的股价突然大幅下跌使得阿克曼所构建的投资组合的其他关键性头寸的收益率也大幅上涨。于是，阿克曼首次跻身于前 20 名对冲基金经理之列——他加入了传奇人物乔治·索罗斯、大卫·泰珀和保罗·辛格等人的行列。

自 2004 年潘兴公司成立以来，阿克曼为他的投资者赚了 116 亿美元，巩固了他华尔街最优秀、最值得信赖的基金经理之一的地位。⊕

形势也变得明朗起来。

到 2014 年年底，在阿克曼管理下的总资产激增至近 200 亿美元。进入新年时，阿克曼明确表示自己正在寻找下一个大目标。2015 年 3 月 9 日，星期

⊖　Pershing Square Capital Management Letter to Investors, November 25, 2014.

⊜　同⊖。

⊕　Top 20 Hedge Funds, LCH Investments.

一，人们发现了这个目标是什么。

当天下午，路透社报道：潘兴公司收购了加拿大威朗制药公司（Valeant）逾 30 亿美元的股份，成为该公司第五大股东。[⊖]

这名新投资者使威朗制药公司的股价上涨了 2.5%，每股股价超过 200 美元。

威朗制药公司的相关头寸立即成为潘兴公司最大的资产之一，这再次提醒了人们——比尔·阿克曼从来不做"小事"。

⊖ Herbst, Bayliss-Svea, "Exclusive: Ackman's Pershing Square Makes $3.3 Billion Bet On Valeant," Reuters, March 9, 2015.

|第 13 章| **战争泥潭：徒劳无功的 2015 年**

W H E N   T H E   W O L V E S   B I T E

"华尔街"的能量代表着一股强大的势力：它能增强信心，并引发公众的关注——这可能会改变相应投资获取回报的方式，同时也能主宰相关的绩效。

然而，上述这种影响力也可能突然消失，而比尔·阿克曼比大多数人更清楚这一点。

在经历了 10 多年前的哥谭公司的"死亡漩涡"、投资彭尼公司的惨败，以及"康宝莱事件"最初 18 个月的动荡之后，阿克曼终于在 2015 年年初赶上了一波"获利"的行情。他的潘兴公司早在一年前就开始"随波逐流"，从而获取了惊人的回报，阿克曼因此一跃成为对冲基金行业的顶尖人物。

《福布斯》在评价阿克曼所获取的令人难以置信的收益时说道："比尔·阿克曼打赢了 2014 年的'这场战役'。"[⊖]《今日美国》则报道称："比尔·阿克曼的潘兴公司上演了一幕'传奇大剧'。"[⊖]

阿克曼的老友兼基金经理惠特尼·蒂尔森回忆道："我在 2015 年年初告诉他，'比尔，你以前的身价是 10 亿美元，现在是 20 亿美元。你的话可以影响金融市场。祝贺你，这是你应得的'。但我也说过，'现在非常重要的是你不能像伊卡洛斯那样飞得离太阳那么近，因为这样可能会影响你的判断力，从而导致一些可怕的错误'。他向我保证'要吸取教训'，同时，比尔也说他很

⊖ Vardi, Nathan "Bill Ackman Wins 2014," Forbes, November 17, 2014.

⊖ Walthen, Jordan, " Bill Ackman, Pershing Square deliver legendary performance," USA Today, October 4, 2015.

感激我能告诉他这些。"

　　但就在阿克曼准备乘势"腾飞"之际，他发现自己的"翅膀"被剪断了。2015 年 3 月 12 日，《华尔街日报》称：美国检察官办公室（U.S. Attorney's Office）和美国联邦调查局正在调查与阿克曼有关的几名人士是否有操纵康宝莱公司股价的行为。⊖该报道称：调查机构正在审查潘兴公司聘用的许多咨询顾问和相关的游说人士，主要审核他们当中是否有一些人就康宝莱公司及其商业模式发表了虚假的和误导性的声明。相关的调查没有提及阿克曼的姓名。

　　第二天早上，阿克曼接受我的采访时表示，除了看到这则消息以外，自己什么都不知道。

　　阿克曼解释道："我们聘请了一位政治顾问，委托了一家名为'全球战略集团'的公司。他们在全国各地拥有许多分支机构，他们帮助了我们，也坚定地支持我们，赞同我们提出的'康宝莱是一家传销公司'的观点。我的理解是，这些机构所雇用的，或为他们工作的少数人已经和联邦调查局进行了'面谈'。"⊜

　　阿克曼可以很轻松地解释这件事，但相关信息的出现则证明康宝莱公司在反击阿克曼指控的问题上做得很成功。

　　2015 年 1 月，康宝莱公司与乔治·萨德（George Sard）签约，他的公关公司 Sard Verbinnen 以在危机中为企业和员工提供服务而闻名。在玛莎·斯图尔特（Martha Stewart）的内幕交易丑闻期间，萨德曾经拯救过她；另外，萨德还帮助过伯纳德·马多夫（Bernard Madoff）的儿子⊜。对于他的客户来说，萨德像一只老练的"攻击犬"。现在，他看到了一家愿意战斗，但执行经验不足的公司——康宝莱。

　　⊖　Matthews, Christopher M, " Prosecutors Interview People Tied To Ackman in Probe on Potential Herbalife Manipulation," The Wall Street Journal, March 12, 2015.

　　⊜　CNBC's Halftime Report, March 13, 2015.

　　⊜　Celarier, Michelle, " Herbalife Hires New Crisis RP Firm To Fight Ackman," New York Post, January, 8, 2015.

萨德说："康宝莱和阿克曼之间的对抗就像一个俱乐部的垒球队在和大联盟队作战一样，我们需要基本的'纪律'。康宝莱是一家公司，尽管相关的'战斗'已经超出了它的能力范围，但它也没有畏惧咄咄逼人的对手。一些公司可能不愿意这么耗下去，但从'战士'的意义上讲，康宝莱公司的团队是没有问题的。"

萨德的计划是向阿克曼发起挑战，在这方面他富有经验。在阿克曼经营哥谭公司的时代，萨德就代表 MBIA 公司与其进行了旷日持久的"战斗"。

萨德说："我们告诉康宝莱公司——'比尔是不会放手的，他当时在投资方面处于水深火热之中'。我们认为，康宝莱公司的判断只能是——他会继续捣乱。很明显，阿克曼是那种你不得不对他采取强硬态度的人。这里没有什么微妙的东西可言，你们必须在 2×4 的距离上就开始对他'动手'，以求先发制人。"

有一点很明确：阿克曼在感情上和经济上对此事都投入太多，他现在已经无法回头了。在接受《华尔街日报》采访时，阿克曼透露：他已经在康宝莱公司相关的宣传活动上花费了大约 5000 万美元，其中绝大部分是用于支付律师费和调查费用。⊖

5000 万美元的花费确实多得惊人，但与阿克曼的下一步行动相比，这似乎显得有些微不足道。

2015 年 3 月 27 日，阿克曼和他的一群朋友买下了纽约市有史以来最昂贵的房产——One57 顶层公寓中的一套，⊜这是一座新的 90 层豪华高层建筑，阿克曼买下的那套价值 9100 万美元，在公寓里可以俯瞰中央公园。⊜

⊖ CNBC. com March 13, 2015.
⊜ 位于曼哈顿 57 街区。——译者注
⊜ Levitt, David M, Carmiel, Oshrat, "Ackman Group Pays $91.5 Million for Condo at NYC's One57, Bloomberg".

　　这套 13 554 平方米的复式公寓有六间卧室，从地板到天花板都是大片的窗户，每月的平均花销为 2.4 万美元，[⊖]人在其中犹如"遨游太空"。但是，阿克曼的计划则比这幢宏伟的建筑更令人惊叹。

　　其实，阿克曼并不想住在这处房产里，他要将其转手卖给另一个买家。

　　阿克曼在确认交易之后告诉《纽约时报》的记者："这套公寓是公寓当中的'蒙娜丽莎'，我觉得它很有趣，所以我和几个非常好的朋友就把它'纳入囊中'，总有一天会有人真的想要它，而那时他们会来找我的。"[⊜]

　　阿克曼在他相关的投资组合中同样设定了一项宏伟的计划，他雄心勃勃地要购买一只新股票。

　　在当月的早些时候，阿克曼增持了威朗制药公司 33 亿美元的股份。[⊜]这是一家以业绩实现爆炸性增长而闻名的加拿大公司，该公司因积极削减成本，以及反对谷物商业模式的行为而成为对冲基金的宠儿。威朗制药公司没有大举投资开发新的疗法，它几乎没有在研发上投入任何资金，而主要是依靠数十亿美元的交易和堆积如山的"借贷"来实现自身的增长。因此，许多大型投资者纷纷购买威朗公司的股票，以至于一些人开始称其为"对冲基金酒店"。

　　威朗公司雄心勃勃的战略设计师是虚张声势的首席执行官迈克尔·皮尔森（J. Michael Pearson）。皮尔森曾是麦肯锡公司（McKinsey & Company）的顾问，他脾气暴躁，喜欢做交易。皮尔森在任期内赚了 100 多亿美元，其中包括 2013 年 5 月以 87 亿美元收购博士伦公司（Bausch and Lomb）。[⊛]

　　但是，投资者购买该只股票的速度还是不够快。从 2008 年皮尔森成为首

⊖　Levitt, David M, Carmiel, Oshrat, "Ackman Group Pays $91.5 Million for Condo at NYC's One57, Bloomberg."

⊜　Stevenson, Alexandra, "Bill Ackman and His Hedge Fund, Betting Big, The New York Times, October 25, 2014."

⊜　Bayliss-Herbst, Svea, *Exclusive: Ackman's Pershing Square Makes $3.3 billion Bet on Valeant*, Reuters, March 9, 2015.

⊛　Vardi, Nathan, "Bill Ackman Outs Valeant CEO Mike Pearson As A Billionaire," Fortune, April 22, 2014.

席执行官到 2015 年中期，威朗公司的股价令人震惊地上涨了 1000%，阿克曼完全相信：相应的行情升势才刚刚开始。○

也许，阿克曼比任何人都了解威朗制药公司，但他不了解皮尔森本人。

一年前的 2014 年 4 月，阿克曼曾与威朗公司合作，以 456 亿美元恶意收购了肉毒杆菌和其他护肤品的生产商艾尔建公司（Allergan），而这笔交易经历了一个曲折的过程。

在此次并购当中，阿克曼采取异常行径的原因是他知道威朗公司即将与艾尔建公司接洽。因此，在双方公布收购计划之前，他就秘密地买进了艾尔建公司的股票。

不出意料，这项操作导致阿克曼得到了相当大的好处。当威朗公司提前公布相关信息之后，艾尔建公司的股价即刻飙升，阿克曼因此迅速获取了 12 亿美元的账面收益。○

阿克曼积极推动威朗公司和艾尔建公司之间的这笔交易。他对威朗公司进行了彻底的研究，并以其一贯的风格提交了一份长达 110 页、名为《局外人》（*The Outsider*）的报告，其中把威朗公司描绘成一个完美的合作伙伴，进而提出了宏伟的合并计划。○不过，尽管阿克曼所做的 PPT 在形式上可能令人信服，但艾尔建公司并不那么"买账"。该公司拒绝了威朗公司的报价，称其低估了艾尔建公司的价值。两个月后，当皮尔森和阿克曼提出改善报价时，艾尔建公司再次拒绝了他们的要约。

然后，"战火"开始蔓延了。

8 月初，艾尔建公司在加利福尼亚州民事法庭起诉阿克曼和威朗公司，指

○ Leonard, Devin, Chen, Caroline, "Valeant's Boss is Back: Can the CEO Save the Day, Again?" March 3, 2016.

○ Allergan News Release, "Allergan Files Lawsuit in Federal Court against Valeant and Pershing Square for Violations of Federal Securities Laws," August 1, 2014.

○ Investment Master Class, "Lessons From Valeant," April 8, 2017.

控他们涉嫌"不正当和非法的内幕交易计划"，这里明显指的是阿克曼持有大量的相关头寸，而且他知道有人要报价。不过，艾尔建公司并不是唯一一个要求仔细审查阿克曼的有争议的交易策略的公司。《纽约时报》在头条中声称："在艾尔建公司的竞购案中，内幕交易的问题被揭示出来。"⊖

面对批评与指责的浪潮，阿克曼在电视节目中辩称自己无罪。

阿克曼在 CNBC 的《扬声》栏目中说道："相应规则的运作方式是——你实际上可以利用内幕信息进行交易，只要你没有诸如'收到某人泄露的信息、触碰受托责任，或违反保密义务'之类的行为即可。基本上，威朗公司就是来找我们说，'看，如果你能帮我们买到艾尔建公司，我们就能和你合作。'我们说，'太好了！'然后，我们结成了合伙关系。合伙企业有各种条款，其中也有对我们购买艾尔建公司股份的许可，以及对其行使并购权利的条款。"⊜

从技术层面上讲，阿克曼说得没错。

虽然阿克曼此举可能有可疑之处，但他并没有违法。阿克曼曾与众多律师一起研究了整件事的经过，甚至证券交易委员会前执法部门的负责人罗伯特·库扎米也同意这桩交易。⊜

当艾尔建公司同意以 660 亿美元的价格与阿特维斯公司（Actavis）达成交易时，阿克曼不得不放弃他本能从中获利的交易。因此，一切似乎都变得毫无意义。实际上，阿克曼获得了一个令人难以置信的"安慰奖"——22.8 亿美元，他迅速将这笔钱注入威朗公司，希望这笔新投资得到类似的结果。

其他的人则质疑阿克曼的投资是否能够获取更多的利润。对此持怀疑态度

⊖ Cohan, William D., "In Allergan Bid, a Question of Insider Trading," The New York Times, April 23, 2014.
⊜ CNBC, "Squawk Box," April 23, 2014.
⊜ Cohan, William D., "In Allergan Bid, a Question of Insider Trading," The New York Times, April 23, 2014.

的人士之一就是全球最著名的卖空者詹姆斯·查诺斯（James Chanos）。查诺斯是帮助揭露大规模安然公司欺诈案的人，由他主政的尼克斯公司（Kynikos）的名字源于希腊语中的"玩世不恭"。查诺斯自 2014 年以来就一直在做空威朗公司的股票，他认为威朗公司为相关交易支付了过高的价格，同时，该公司负债累累，它最终将在"潮水退去"的时候完全崩溃。查诺斯称威朗公司为"上卷"型企业，即一家公司收购另一家大型企业后大幅削减成本，同时提高效率，进而实现相关业绩和收入的"双增长"。

查诺斯在接受 CNBC 采访时表示："'上卷'模式会带来一系列独特的问题，它通常是由财务驱动的。我们当然认为威朗公司就在此列，当其收购公司并减记资产时，它玩的就是一种咄咄逼人的做账'把戏'。"㊀

阿克曼在买入威朗公司股票时就知道查诺斯在做空，他甚至要求查诺斯对此出具研究报告。阿克曼读了这份报告，不过，在他于 2014 年 6 月和查诺斯本人共同接受 CNBC 的采访时，阿克曼对此几乎不屑一顾。㊁

阿克曼说："查诺斯寄给我一份 26 页的威朗公司相关的分析报告，我把文件里的每一个字都看了一遍。我因此得到了威朗公司的内部消息，但不幸的是，詹姆斯没有这个'特权'。"

这些年来，皮尔森不断从其他那些仇恨他的人那里听到了相应的信息，但皮尔森明确表示不会改变自己的既定计划。

2015 年 1 月，威朗公司以 145 亿美元的现金和债务收购了萨利克斯制药公司（Salix）。消息传出后，威朗公司的股价迅速上涨了 15%，这一迹象表明：至少从表面上看，华尔街的许多人都看好这笔交易。㊂

在相关交易宣布达成之后，皮尔森在接受 CNBC 的并购专家大卫·费伯

㊀ CNBC "Halftime Report," July 21, 2014.
㊁ CNBC "Squawk Box," June 9, 2014.
㊂ Hammond, Ed, Deveau, Scott, Bloomfield, Doni, "Drugmaker Valeant to Buy Salix in Deal Worth About $14.5 Billion," February 22, 2015.

（David Faber）的采访时，向批评本公司的人发表了讲话。费伯直截了当地质问皮尔森：金融市场是否在驱动他继续推进"并购交易"，而不管其中是否缺乏良好的商业意识。

皮尔森嘲笑道："那是我的工作，尽我们所能为股东创造价值是我们董事会的职责所在。"㊀

阿克曼对皮尔森的操作模式非常着迷，他甚至将威朗公司比作被沃伦·巴菲特神化的伯克希尔-哈撒韦公司（Berkshire Hathaway）以及该公司自己的平台战略，即收购企业并天衣无缝地将其纳入麾下。

阿克曼在 5 月举行的索恩会议上暗喻了威朗公司的吸引力，他说："你可以想象，25 年后人们会意识到这一点——威朗公司就是一个早期的伯克希尔-哈撒韦公司。"㊁

阿克曼的这种对比可能有些夸张，但为了支撑自身的信念，他加大了赌注。

阿克曼将潘兴公司 20% 的资本投资在威朗公司上，当时该公司股价接近每股 161 美元，阿克曼承认自己"迟到了"，因为该公司股价在去年已经有过大幅飙升了。㊂

到 2015 年 8 月，威朗公司看起来像是又来了一个"本垒打"。当月，威朗公司的股价触及每股 263 美元的历史高点，比阿克曼最初买入时高出一倍还多。

但是，当威朗公司的股票使投资者和皮尔森变得富有时，该企业却因其商业模式中的一个鲜为人知但很重要的部分引起了人们的关注。当威朗公司购

㊀　CNBC "Squawk on the Street," February 24, 2015.

㊁　Wieczner, Jen, " Bill Ackman: Valeant Could be the next Berkshire Hathaway," Fortune, May 4, 2015.

㊂　Morgenson, Gretchen, Fabrikant, Geraldine, "Hedge Fund Titan's Surefire Bet Turns Into a $4 Billion Loss," The New York Times, March 19, 2017.

买一种新药时,它不停地提高售价,甚至在挽救生命的治疗上也是如此——在一个涉及心脏药物治喘灵的案例中,它在短短两年内将 25 安瓿剂量的成本从 4489 美元提高至逾 3.6 万美元;在治疗糖尿病的药物 Glumetza 的销售过程中,威朗公司也做了同样的事情——将 90 1000 毫克的药片价格从 900 美元提高至 10 000 美元以上。⊖

终于,2015 年 9 月,包括民主党总统候选人希拉里·克林顿在内的批评人士异口同声地表示:他们对威朗公司已经忍无可忍了。

2015 年 9 月 21 日上午 10 点 56 分,克林顿夫人在推特上提到了另一家价格高企的公司图灵制药(Turing Pharmaceuticals)。同样,该公司药品的价格也是呈指数形式增长。

希拉里在推特上写道:"在专业医药市场上这样地哄抬价格是令人无法容忍的,明天我要提出一个计划来改变此种现象。"

就在这条推特被发布的那一刻,媒体报道称:相关行业的 ETF 基金 iShares NASDAQ Biotechnology ⊜的收益率开始下跌,其损失超过了 4%。⊜

到 2015 年 9 月底,投资者变得越来越紧张,威朗制药公司的股价从春季开始下跌了 1/4。

与此同时,在一次公司的电话会议上,当被问及相关药品的提价问题时,皮尔森的回答显得有些生硬和唐突。

皮尔森说:"我们会采取适当的行动来做公司的股东所希望的事情。"⑱

⊖ Pollack, Andrew, Tavernise, Sabrina, " Valeant's Drug Price Strategy Enriches It, but lnfuriates Patients and Lawmakers," The New York Times, October 4, 2015.

⊜ 生物技术板块。——译者注

⊜ Langreth, Robert, Armstrong, Drew, " Clinton's Tweet on High Drug Prices Sends Biotech Stocks Down," Bloomberg, September 21, 2015.

⑱ Pollack, Andrew, Tavernise, Sabrina, " Valeant's Drug Price Strategy Enriches It, but Infuriates Patients and Lawmakers," The New York Times, October 4, 2015.

在接下来几周的时间里，皮尔森的沟通技巧将再次受到考验。只是这一次，公司的未来将会处于岌岌可危的境地。

2015 年 10 月 15 日，澳大利亚基金经理约翰·亨普顿给阿克曼发了一封电子邮件，其中隐晦地说："我只想对你说一句话，就一个词——菲利多尔。" [一]

阿克曼以前从未听说过菲利多尔这个名字，他不知道亨普顿说的是什么意思，其他任何人也不知道菲利多尔。

但是在 2015 年 10 月 21 日，由一位名叫罗迪·博伊德的调查记者所经营的南方调查报告基金会（SIRF）在其网站上发布了一份爆炸性的报告，标题是"王者的策略：威朗制药公司的大秘密"。

在这份令人震惊的报告中，博伊德透露了威朗公司与一家名为"菲利多尔处方服务公司" [二]（Philidor Rx Services）的关系——菲利多尔公司是一家位于费城郊外的"特种处方"企业，华尔街几乎没有人听说过它，而威朗公司每年有价值数十亿美元的产品进入该公司的大门。

博伊德声称："这两家公司实际上是密不可分的，我们几乎可以认为威朗制药是菲利多尔的总公司。" [三]

如果真是这样的话，那皮尔森为什么之前没有提到过呢？博伊德很好奇，他注意到菲利多尔公司简单明了的网站。

实际上，菲利多尔公司的生意是这样的：

威朗制药的医生不是按照传统的模式开出一个处方，然后让患者去药店购

[一] Ablan, Jennifer, "Valeant's Crisis Fuels Feud Between Ackman and Australian Fund Manager Hempton," Reuters, Noember 3, 2015.

[二] 药品邮购公司。——译者注

[三] Boyd, Roddy, "The king's Gambit: Valeant's Big Secret," Southern Investigative Reporting Foundation, October 19, 2015.

买一种本公司生产的昂贵药品，而是直接把病人交到菲利多尔公司的邮购服务部门；随后，菲利多尔公司会按照处方，直接与保险公司打交道，让医生不再为报销而讨价还价。这一过程使得患者无法获得处方项下的低价仿制药，从而使威朗制药公司的收益滚滚而来，尤其是在昂贵的药物方面。㊀

博伊德的报告是精心定时发布的。

10 月 21 日当天上午晚些时候，威朗公司计划举行季度财报电话会议，相关的报道令皮尔森处于守势。面对相关业务，以及大众对特种制药公司的质疑，皮尔森承认：威朗公司在去年购买了菲利多尔公司发行的期权；同时，皮尔森透露：自去年以来，威朗公司已将菲利多尔公司的财务业绩与本公司的业绩"合二为一"。

这可能是一个令人震惊的发现，但专家认为：威朗公司和菲利多尔公司的所作所为并不一定违法。不过，威朗公司缺乏透明度，而且公众对其药品价格问题的愤怒情绪也在不断升级，这样只会加深投资者对威朗公司的怀疑态度。

当天上午晚些时候，在阿克曼的这个密友即将"沉没"之际，另一场攻击又来了。这一次的"敌手"来自洛杉矶。

2001 年，安德鲁·莱福特（Andrew Left）在自家位于比弗利山庄的豪宅外创立了香橼研究院（Citron Research），以尖刻的、兜售"做空"投资理念的研究报告而闻名。莱福特像一台口若悬河的创意机器，他在股市观察人士当中有着"可靠"的记录。另外，莱福特过去曾对营利性教育类股票进行过抨击，从而导致东南融通金融科技公司（Longtop Financial Technologies）最终因

㊀ Pollack, Andrew, "Drug Makers Sidestep Barriers on Pricing," The New York Times, October 19, 2015.

其可疑的商业行为而被摘牌，而莱福特从中做了很多工作。[⊖]

莱福特喜欢引起所谓的"轰动"效应。当谈到威朗公司时，他没有辜负大家的期望。

在莱福特报告的标题中，他写道："威朗公司可能是又一个'安然制药'吗？"这暗指威朗公司可能造了就美国有史以来最大的企业会计丑闻。[⊜]

莱福特报告之标题项下的另一行以红色字体写道："香橼研究院现发布确凿证据！威朗公司股票的合理价位应该是每股 50 美元！"这比当时的交易价格低了近 100 美元，令人非常震惊。

莱福特攻击了威朗公司，称其"掩盖"了和菲利多尔公司，以及另一家类似的专业制药公司之间的关系，同时得出结论："香橼研究院相信，为了欺骗审计人员并假造账面收入，威朗公司以开发票的形式进行了'诈欺'。"莱福特还继续问道："这是第二家'安然公司'吗？"

这一爆炸性指控导致威朗公司的股价重挫了 39%。[⊜]

威朗制药公司突然陷入困境，他们发布了一份新闻稿，逐条驳斥香橼研究院的指控。

"我们坚决否认香橼研究院在报告中所提出的指控，"威朗公司一名发言人表示，"香橼研究院针对威朗公司分布的声明是虚假的、具有误导性的，它似乎是在试图操纵市场，进而压低威朗公司的股价。"[⊛]

投资者纷纷逃之夭夭，至少大部分人是这样的。

但是，投资者当中却有一个人做了相反的事情。

⊖ Bases, Daniel, Vlastelica, Ryan, Baldwin, Claire, Bendeich, Mark, "Special Report: The "Shorts" who popped a China bubble," Reuters, August 5, 2011.
⊜ Citron Research, "Valeant: Could this be the Pharmaceutical Enron?" October 21, 2015.
⊜ Udland, Myles, "Pharma-giant Valeant accused of fraud, denies it—stock still craters," Business Insider, October 21, 2015.
⊛ Gara, Antoine, "Valeant Plunges 30% Afert Short-Seller Citron Research Makes Frand Allegation," Forbes, October 21, 2015.

在这场"风暴"中，阿克曼跳了进来，他以每股 108 美元的价格又买进了 200 万股威朗公司的股票。他通过电话向我透露了这个消息，并声称：自己仍然相信这家公司。为了证明这一点，阿克曼声称自己拥有 2100 多万股威朗制药的股票，而且没有卖出一股。

上述这则消息帮助威朗公司的股票收复了部分"失地"。当日收盘时，该只股票价格下跌了 19%，达到每股 118 美元。⊖

几天后，《华尔街日报》报道称：菲利多尔公司的员工不仅与威朗公司的员工保持着密切联系，他们还以类似漫画的形式进行"交流"。⊜

现在，阿克曼正在失去他的耐心，他的头脑很难保持冷静——在短短 7 个月的时间里，他在威朗公司股票上的投资已经损失了超过 15 亿美元，而且他这笔投资在之前已经赚到了钱，现在都没了。

据《华尔街日报》的详细报道：2015 年 10 月 27 日，星期二，阿克曼在多伦多参加加拿大太平洋铁路公司董事会的会议时，他从酒店房间里给皮尔森和威朗公司董事会的几名董事发了一封电子邮件，其中表达了对该公司未来发展方向的担忧。⊜

阿克曼在给皮尔森的信中写道："你的形象正面临'崩塌'的危险，而威朗公司已经变成了'毒素'。"同时，阿克曼又说："我们对此非常担心。"㉔

读了这封电子邮件以后，皮尔森邀请阿克曼在当天上午的晚些时候通过电话参加了威朗公司的董事会会议。据《华尔街日报》报道：阿克曼确实参加了

⊖ Udland, Myles, "Pharma-giant Valeant accused of fraud, denies it—stock still craters," Business Insider, October 21, 2015.
⊜ Rockoff, Jonathan, D., Whalen, Jeanne, "Valeant and Pharmacy More Intertwined Than Thought," The Wall Street, Journal, October 25, 2015.
⊜ Langley, Monica, "Activist Investor Bill Ackman Plays Defense," The Wall Street Journal, November 4, 2015.
㉔ 同⊜。

这次会议，他敦促"公司管理层必须开诚布公"。[⊖]

　　阿克曼敦促威朗公司于当天召开更大规模的电话会议，但该公司拒绝这么做。

　　阿克曼随后打电话给威朗公司的首席董事罗伯特·英格拉姆，提出了一个曾经无法想象的问题——皮尔森是否应该继续担任公司的首席执行官。[⊖]

　　一周后的 10 月 30 日，星期五，阿克曼举行了一个长达四个小时的电话会议，超过 9000 名的投资者和记者聆听了这次会议。阿克曼解释了为什么他要购买更多的威朗公司的股票，并且继续相信这家陷入困境的公司。[⊜]

　　当天上午的早些时候，威朗公司宣布与菲利多尔公司完全断绝关系，[ⓝ]而阿克曼刚好批评了威朗公司和皮尔森在制定特种药品价格时缺乏透明度，同时承认自己在 3 月购买该公司股票时并不知道相关的情况。

　　阿克曼指出：其他仍持有该只股票的对冲基金公司就是他的支持者。同时，阿克曼声称威朗公司的股价"被严重低估"。[ⓝ]实际上，总部位于旧金山，而且由杰弗里·乌本（Jeffrey Ubben）所经营的投资公司 ValueAct 仍在投资威朗公司的股票，乌本甚至在 CNBC 大胆地表示：对威朗公司的审查无异于一场政治迫害。

　　沮丧的乌本告诉 CNBC 的主持人埃文斯："卖空者和媒体正在受到'新安然公司危机'的拖累。"[ⓧ]

　　阿克曼则更进一步，他声称威朗公司的股价会"上涨 89%"，甚至有可能

⊖　Langley, Monica, "Activist Investor Bill Ackman Plays Defense," The Wall Street Journal, November 4, 2015.

⊖⊜　同⊖。

ⓝ　Reuters Staff, "Valeant severs ties with controversial pharmacy distributor," October 30, 2015.

ⓝ　La Roche, Julia, "Bill Ackman Just Spend 4 hours defending his giant position in Valeant," Business Insider, October 30, 2015.

ⓧ　CNBC, "CNBC, Excerpts: CNBC Exclusive: Value Act CEO Jeffrey Ubben Speaks with CNBC's Kelly Evans on "Closing Bell" Today, March 14, 2016.

在三年内达到每股 448 美元。

阿克曼在电话中回答了媒体和分析师所提出的 200 多个问题，他表示："威朗公司的经营活动还会继续下去。虽然此时此刻对该公司而言非常不利，但我们认为威朗公司的业绩表现还是相当强劲的。"

然而，其他人则没那么信心满满，他们开始担心阿克曼构建的投资组合会受到媒体和"对手"的双重攻击。

2015 年 11 月 4 日，惠特尼·蒂尔森给阿克曼写了一封私人信件，在信中他恳求阿克曼立即平掉所有头寸，就像他在处理彭尼公司危机时于最危急时刻所进行的行动那样。

蒂尔森说："我试着和阿克曼交谈，但似乎没有效果。当时有很多非常明显的信号显示威朗公司的股价还要大幅下跌，而我只是想警告他。"

蒂尔森对威朗公司的资产负债表进行了深入的分析，他发现了一些令人担忧的蛛丝马迹，而这些却被阿克曼忽略了，其中就包括威朗公司的高负债率。

尽管蒂尔森努力了，但他干预的结果还是失败了。阿克曼明确地表示他不会"平掉"威朗公司的股票。

蒂尔森说："我试着告诉比尔真相，但是没有用。"

更糟糕的是，那些诸如康宝莱公司之类的与阿克曼有直接冲突的团体也忍不住在观看威朗公司股票大跌的同时向阿克曼施放"冷箭"。

康宝莱公司执行副总裁艾伦·霍夫曼说道："我只希望比尔·阿克曼对威朗公司的研究要比他对康宝莱、塔吉特、博德斯和彭尼公司的研究'多'一些。"这里讽刺的是阿克曼的一些比较臭名昭著的"败笔"。⊖

在 2015 年 8 月离开百事公司的公关部门之后，霍夫曼进入了康宝莱公司，他曾经担任过副总统乔·拜登（Joe Biden）的参谋长，他对反对党的主

⊖ Business Wire, "Herbalife Issues Statement Regarding Bill Ackman's Presentation," October 30, 2015.

张一清二楚。因为要从百事可乐公司的总部所在地纽约搬到洛杉矶，并卷入"康宝莱公司之战"，所以朋友都质疑他是否明智，但霍夫曼认为自己已经做好了迎接挑战的准备。

霍夫曼还有一个计划，他认为康宝莱公司在面对阿克曼时表现得太软弱了，现在是时候改变策略了。

此时，阿克曼要亲自前往芝加哥参加由公民联盟沃基根[⊖]分会主办的反康宝莱公司的集会，实际上，这一新的强硬战略于当年年初就在幕后开始运作了。阿克曼被安排出现在沃基根市的一个教堂，听取当地康宝莱公司分销商对亏损的控诉，而康宝莱公司则想发起反攻，不想让阿克曼这么容易就拿到所谓的"证据"。

8 月 10 日上午，康宝莱公司召开了一次电话会议，霍夫曼试图说服公司的其他人支持他所制订的获取公众"声援"的计划，阻击阿克曼的"进攻"。

而这可不是件容易的事。

一些高管不愿将康宝莱公司的成员信息直接透露给阿克曼。当天上午晚些时候，霍夫曼给忧心忡忡的康宝莱公司副总裁伊比·弗莱明（Ibi Fleming）发了一封电子邮件。

霍夫曼几乎是在恳求地说："这是为了支持公司，在这段时间里，人们倾向于团结在一起，因此，老实说，数字很重要。我们需要表明康宝莱公司有重要的支持者。假设阿克曼他们有 100 个支持者，如果我们有 500 个支持者，那媒体就会对此进行报道。最后，如果阿克曼在这个论坛上取得成功，我们就可以预期其他人也会加入'反康宝莱'的联盟。我们需要尽一切可能确保这种情况不会发生。"

弗莱明回复道："我们为什么要让公司的新成员暴露在阿克曼的视角之

_____

　　⊖　美国伊利诺伊州北部城市。——译者注

中呢？"

霍夫曼回答道："为了公司的健康发展，他们需要这样做，这将是一个大新闻。同时，您也不能证明公司的支持会对他们的销售业绩产生不良的影响，因为这符合他们的利益。"

霍夫曼的请求奏效了。数百名康宝莱公司的支持者冒着严寒和大雪出现在沃基根市的教堂之外，他们举着标语，抗议阿克曼对康宝莱公司所进行的攻击。

康宝莱公司的高管感觉到，在此次集会上，由于参加人数众多，公司得到了热情的支持。由此，他们反击阿克曼的行动似乎达到了一个转折点。康宝莱公司总裁德斯·沃什甚至在事后建议：康宝莱公司或许可以在《今日美国》上发表一封公开信。而迈克尔·约翰逊在抨击阿克曼为彭尼公司和威朗公司"站队"的行动时说：这些公司已经让太多的人失去了工作。

2015 年 6 月，康宝莱推出了一个名为"真正的比尔·阿克曼"的网站，它的主页上写道："比尔·阿克曼犯了一些令人瞠目结舌的错误。"同时，该网站向人们提供了一个机会，即"阅读和观察大家对阿克曼所犯的错误的看法"。

实际上，康宝莱公司并没有就此止步。

2015 年 7 月 20 日，康宝莱公司的外聘律师吉布森·邓恩致函纽约南区联邦检察院和美国证券交易委员会，他认为：在《纽约邮报》刊登批评康宝莱公司的报道之前，金融市场存在"可疑的交易"。⊖

《赫芬顿邮报》（*Huffing ton Post*）最先报道了这份机密的备忘录，该备忘录强调：2015 年 6 月 25 日，在相关报道出现在《纽约邮报》杂志网站前的几分钟时间内，有人购买了一万份康宝莱公司股票的看跌期权合约。如果康宝莱公司的股价在未来两个月下跌的话，那么这些合约将会使所有者受益。

⊖ Gibson Dunn Letter, " Suspicious Trading in Herbalife (HLF) Puts in Advance of June 25, 2015 New York Post Article, July 20, 2015.

　　吉布森事务所的律师巴里·戈德史密斯写道："如果这是真的，那我们就会相信这种行为是在操纵市场，如果你还没有这样做，那我们将恭敬地要求你调查是谁负责这些，其他大型的、可疑的看跌期权交易，以及期权购买方与阿克曼、潘兴公司之间是什么样的关系。"⊖

　　潘兴公司一位发言人称康宝莱公司的指控是"虚假的"，但不可否认的是：现在阿克曼完全处于守势。

　　截至 2015 年秋季，威朗公司的股价已下跌近 50%，多数华尔街人士预计在未来几周，该公司的股价还会跌得更惨。

　　KDP 顾问公司的马克·麦凯布表示："威朗公司股票的多方投资者面临着许多重大的风险，而这只是冰山一角，余下的只是你们不知道而已。因此，在不久的将来，这些买方会更痛苦。"⊜

　　阿克曼竭尽全力，试图"灭火"。

　　2015 年 11 月 5 日，阿克曼给皮尔森发了一封电子邮件，保证自己会继续支持他。⊜

　　信函的内容如下。

　　威廉·阿克曼
　　2015 年 11 月 5 日，星期四，下午 2:03
　　致：迈克尔·皮尔森
　　主题：你

　　⊖ Gibson Dunn Letter, " Suspicious Trading in Herbalife (HLF) Puts in Advance of June 25, 2015 New York Post Article, July 20, 2015.
　　⊜ Hammond, Ed, " Valeant Hits a Two-Year Low After Ackman's Presentation, " Bloomberg, October 30, 2015.
　　⊜ Celarier, Michelle, " Bill Ackman And Michael Pearson: The Inside Story, " Fortune, March 27, 2016.

亲爱的迈克：

鉴于最近的新闻报道，我觉得这将有助于传达我对您领导的威朗制药公司的想法。我公司董事会对您本人和您的领导能力充满了信心。

虽然我对威朗公司的沟通策略怀有强烈的抵触情绪，而且认为应该采取不同的方式，但您和董事会不应将此理解为——我认为您作为公司首席执行官存在负面和消极的态度。我理解贵公司的律师和董事会可能对在监管审查下进行交流的内容有着不同的看法，而这也确实是一种判断方法，我尊重贵公司董事会在这方面的决定。

您是我所认识的最注重股东利益的首席执行官之一。您向我保证，您和董事会的其他成员正在考虑任何可能让股东和其他利益相关者集体受益的方案，这对我们来说是一种莫大的安慰。

您真挚的，

比尔[一]

不过，阿克曼的损失越来越多：在第三季度，仅配置于威朗公司上的一项投资就使潘兴公司的整体业绩下滑了近5%；更糟糕的是，康宝莱公司的股票行情还在继续对阿克曼所构建的投资组合造成严重的"伤害"，因为截至2015年11月，康宝莱公司的股价同比上涨了50%以上。

迈克尔·约翰逊则希望阿克曼的"痛苦"持续下去。

2015年11月12日，在一封从未公开过的信件中，约翰逊直接向美国证券交易委员会主席玛丽·乔·怀特提出申请，请求她加入美国联邦调查局和美国联邦检察官的"行列"，调查阿克曼及其同伙操纵康宝莱公司股价的行为。[二]

[一] Celarier, Michelle, "Bill Ackman And Michael Pearson: The Inside Story," Fortune, March 27, 2016.

[二] Johnson, Michael, "Market Manipulation By Hedge Fund Short Seller William Ackman," November 12, 2015.

约翰逊在两页长的信件中写道："在过去三年里，阿克曼投入了数百万美元进行相关的运作，他操纵和压低了康宝莱公司的股票价格，其中包括通过付钱给相应工作人员的方式，或直接、间接地反复'发布与康宝莱公司有关的虚假信息'。我请求美国证券交易委员会调查阿克曼持续地利用充足资金向市场引入虚假的信息，进而操纵康宝莱公司股价的行为（在某种程度上，你们还没有付诸行动）。"⊖

尽管阿克曼试图掩盖事实，但不可否认的是：过去一年的投资情况确实给这位一向镇定自若的投资者造成了很大的打击。2015 年 12 月 15 日，阿克曼懊悔地写信给他的投资者，意在告知他们残酷的现实。

阿克曼写道："如果我们将所构建的投资组合的头寸按照当前价值，或接近当前价值的点位进行平仓的话，那么 2015 年将是潘兴公司历史上表现最差的一年，甚至比 2008 年金融危机期间相关基金缩水 12%～13% 的情况还要糟糕。"⊜

阿克曼继续写道："情况还有好的一面。"因为对该基金要求赎回的愤怒的投资者的规模数量并不大，所以阿克曼可以为此感到"庆幸"。

几年前，阿克曼曾为投资者的资金设置了一个"八季闸门"，以防止出现大规模的撤资，这意味着如果有人想赎回投资，那他们必须提前两年以书面的形式通知潘兴公司，而这一举动就是为了防止像今天这样的情况发生。阿克曼还将潘兴公司上市，在阿姆斯特丹进行首次公开募股。同时，阿克曼的潘兴公司通过发行所谓的"永久性筹资工具"募集了数十亿美元的资金，而这些资金将永远无法收回。

不过，潘兴公司首次公开募股的成功模式并不能掩盖当前显而易见的

⊖　Johnson, Michael, " Market Manipulation By Hedge Fund Short Seller William Ackman, " November 12, 2015.

⊜　Herbst-Bayliss, Svea, " Ackman tells investors that this year could be hi firm's worst ever, " Reuters, December 16, 2015.

事实。

由于阿克曼的投资的价值急剧下降，潘兴公司管理的资产从年初的 200 亿美元下降至年底的近 150 亿美元，这证明了 2015 年这段时光对潘兴公司而言是多么的艰难。⊖

阿克曼说："尽管这些基金从 8 月到目前的表现大幅下滑，但我们第三季净赎回额名义上为 3900 万美元，占总资本的 0.2%；第四季为 1300 万美元，占总资本的 0.1%。由此，我们并没有被迫在投资组合绩效下跌时筹集现金，因为我们还有机会。最近，我们公司在威朗公司股价处于近期低点时所暴露的风险敞口规模大幅增加就是一个很好的例子。"⊜

阿克曼还向康宝莱公司表示：尽管该公司股价大幅上涨，但自己的信心并未动摇，至少有理由保持乐观的态度。同年 8 月，联邦贸易委员会起诉了能量饮料的经销商维玛公司（Vemma），指控其为非法传销企业。⊜现在，阿克曼认为：监管机构最终会关注这个行业，而康宝莱公司本身就在"此列"。

阿克曼说道："我们相信，康宝莱公司最终会受到监管部门的审查，或者会因为相关业务的根本性恶化而面临倒闭的风险。同时，这种恶化情境会迫使该公司不断招募新的受害者。在本季度，监管机构的行动有进一步加强的可能性，而康宝莱公司的基本面因素也会进一步恶化。"

截至目前，扣除费用后的潘兴公司的股价已经下跌了 20.8%。

更糟糕的是，在公开的场合，威朗公司仍然处于"挣扎"的状态。

2015 年圣诞节那天，威朗公司宣布：皮尔森因严重肺炎而请了病假。该

⊖　Vardi, Nathan, " Billionaire Bill Ackman's Pershing Square Hedge Fund is Down 19% in 2015, " Forbes, November, 2, 2015.

⊜　Reuters Staff, " Bill Ackman says his fund is having its worst year ever, " Fortune, December 16, 2015.

⊜　Federal Trade Commission Press Release, " FTC Act to Halt Vemma as Alleged Pyramid Scheme, " August 26, 2015.

公司的前任首席财务官霍华德·席勒在皮尔森接受治疗期间接替他的职务。

在另一封写给投资者的信中，阿克曼实事求是地对整个令人难忘的 2015 年进行了总结。

阿克曼写道："2015 是我们不能忘记的一年，与潘兴公司所构建的投资组合相关的绝大多数公司在汇率不利和全球经济环境不断恶化的情况下仍然取得了持续的业务进展，然而，潘兴公司的基金业务却遭遇了有史以来最严重之'触顶下跌'的行情和最糟糕的年度业绩表现。"

阿克曼承认：他在过去一年里犯了一些"重大的错误"，比如"错过了削减或彻底平掉某些头寸的机会"，其中当然包括威朗公司股票交易所诱发的"窘境"。

阿克曼继续检讨："今年夏天，当股价升至每股 200 美元左右时，我们没有出售，因为我们认为威朗公司很可能会完成额外的交易，从而显著提高其相关股票的内在价值。现在回想起来，这是一个代价高昂的错误。"

阿克曼还提到了另一个不那么光鲜的头寸，而且它给自己造成了巨大损失。

阿克曼表示："尽管很小，我们最引人注目的、非常迫不得已的失误是以每股 25 美元的价格额外购买了专业平台产品的股票，以求协助相关公司进行并购融资。我们支付了过高的价格，因为我们认为新的交易将创造可观的价值，而且我们也给相关公司配置了可观的资金。然而，我们的评估是错误的，因为执行过程的艰难、运营方式的不得要领、货币效应以及融资方面等一系列问题已经在摧毁价值而不是创造价值。"

阿克曼最后得出结论：他展望了即将到来的新一年可能会发生的事情，并将来年的关键词定为"谦逊"。

阿克曼写道："我经常说，要想成为一名伟大的投资者，首先是要有信心在没有完美信息的情况下进行投资，而其他人对你所追求的机会会抱有高度怀疑的态度。然而，当你犯错时，这种自信必须谨慎地与你的谦卑相互制衡。虽然没有人热衷于讨论我们公司在 2015 年的最差业绩，但此种情境很好地强化了长期性投资所必须面对的、等偿性的屈辱过程。2016 年，我们希望潘兴公司运作的结果能够增强相应的自信心，而谦逊的品质和质疑的氛围将帮助我们实现这一目标。"

然而，阿克曼所持股票能否与其彼此配合才是真正的关键问题。

现在，他至少可以在伊坎身上找到"安慰"，因为伊坎也有了麻烦。

由于全球大宗商品价格暴跌，从而导致每桶原油价格从 2014 年年底的近53 美元跌至 2015 年年底的 34.95 美元。

此次行情下跌以及天然气自身价格走势的回调情境使得伊坎所构建的包括切萨皮克（Chesapeake Energy）在内的几个大型能源公司股票的相关头寸承受了沉重的压力。

2012 年年中，伊坎做多了切萨皮克能源公司的股票，从而拥有其 7.5% 的股份，成为该公司最大的股东之一。因此，伊坎要求获得董事会席位，并不惜冒着风险在致董事会的一封信中直接"叫板"首席执行官奥布里·麦克伦登（Aubrey McClendon）——此人是天然气行业的传奇人物。

他在一封致切萨皮克公司的信中写道："董事会没有使局势稳定下来，也没有为股东提供保证。在他们的领导下，切萨皮克公司出现了大量被公众高度关注的治理问题而几近崩溃。同时，该公司累积的资金缺口也是令人震惊的。"伊坎有效地将这封信公之于众。

该公司没过多久就"投降"了。

在公布所持有的庞大头寸后不到十天的时间里，伊坎就赢得了自己的席位，而他能否利用这一影响力帮助该公司扭亏为盈则是另外一个问题，尤其在大宗商品出现历史性崩盘的情况下就更不容易了。由于天然气价格暴跌，切萨皮克公司现金短缺的状况变得更加严重。

到 2015 年年底，切萨皮克公司的市值已经缩水 70% 以上。

实际上，伊坎在其他能源领域的投资所相关的业绩也好不到哪里去。

8 月 6 日，伊坎透露：他持有切尼尔能源公司（Cheniere Energy）8.8% 的股份，价值 13 亿美元，因为伊坎认为该公司股票被低估了。消息传出后，该公司的股价迅速上涨了 6.5%。⊖ 其实，切尼尔公司已连续亏损了 20 多年，但其有望利用日益增长的页岩气出口业务来获取收益。

尽管伊坎"排挤"掉了切尼尔公司的创始人，但大宗商品的崩盘所带来的行情动荡令该公司的股票价格大跌。在六个多月的时间里，切尼尔公司的股价与伊坎构建相关头寸时的点位相比下跌了 50%。另外，伊坎对自由港麦克莫伦公司（Freeport-McMoRan）和赫兹公司的投资也大幅缩水。

即使是伊坎最大的"筹码"——苹果公司这个曾经的"大满贯"企业最近也没有什么好的迹象。

2013 年 8 月 13 日 21 点，伊坎在推特上披露了相应的头寸，他写道："我们目前在苹果公司上拥有很大的头寸，我们认为这家公司的价值被严重低估了。今天我与蒂姆·库克进行了谈话，未来我还要和更多的人交谈。"

这一消息使华尔街陷入了全面的狂热。苹果公司不仅仅代表一只股票，它是金融市场皇冠上的宝石，拥有地球上最大的"公司市值"。早在 2012 年 9 月，苹果公司的股票就已经创下了每股 705 美元的盘中高位，但最近处境艰难，因为投资者开始担心苹果的利润率和 iPhone 销售的步伐。截至 2013 年 1 月，苹果股价已从高点下跌逾 35%，其中单日跌幅达 12%。⊜

⊖　Reuters, "Icahn Take Stake in Cheniere Energy, Seeks Board Seat," August 6, 2015.

⊜　Farrell, Maureen, "Apple Stock Plunges 12%," CNN Money, January 24, 2013.

某些新闻头条甚至开始谈论苹果公司的股票是"泡沫"。⊖截至 2015 年 2 月，苹果公司的股价已经从高点下跌了 1/3，而且其下跌的"脚步"看起来似乎还没有停止。

当夏天来临的时候，伊坎已经忍受够了，他开始了介入。

伊坎持仓的消息传出后，苹果公司股价迅速上涨了 5%，升至每股 489.57 美元，达到六个月来的最高水平。由于投资者急于抓住伊坎这根"救命稻草"，所以相关交易量迅速飙升了 300%。

四分钟后，伊坎又发了一条推特："我今天与蒂姆·库克相谈甚欢，我们讨论了我所提出的观点，即现在应该开展更大规模的回购工作，我们很快就会再谈。"

出于对库克的尊重，伊坎在公布信息之前给库克打了电话，提醒他关注这场风波。当时库克正在开会，他散会后给伊坎打了电话。他发现这位投资者很率直，也很诚恳。伊坎表示：他希望苹果公司进行大规模的回购，并在短时间内完成。库克解释说：苹果公司在 2012 年开始向股东返还资金，并且在 2013 年早些时候扩大了相应的规模。在之前很长一段时间内，苹果公司因遵循自己的规制而从未这样做过。此后，苹果公司还将继续致力于这一返现计划。

通话结束时，两人同意保持联系，伊坎提议他们应该见见面。

2013 年 10 月 1 日，星期二，伊坎打电话给我的节目，讨论新的投资，其中，伊坎明确表示：他希望库克采取行动。

伊坎在谈到自己提出的苹果公司应回购 1500 亿美元股票的方案时说："我对此事的感受非常强烈，我不能保证股票会上涨，我也不能保证他们会回购股票，但我可以向你们保证我不会放弃，苹果公司会持续不断地地从我这里听到

⊖ Farrell, Maureen, "Apple Stock Plunges 12%," CNN Money, January 24, 2013.

更多关于此事的'呼吁'之声。"

伊坎说，前一天晚上，他和库克两个人在顶层公寓共进晚餐，他在那里直接告诉库克他希望苹果公司不断增加现金储备。伊坎这个人喜欢在吃饭的时候谈论公事，尤其是在他的公寓里，因为在那里，他可以避免被人发现他在做生意，同时也可解除对方的戒备之心。作为一名交易能手，伊坎可能以"铁石心肠"而闻名，但是，作为一名共进晚餐的伙伴，伊坎很有魅力。他经常坐在一顿丰盛的大餐和一两杯鸡尾酒旁，显得很自在。

这是两人之间的第一次会餐，在此之前，库克只是从媒体上听到过一些关于这位亿万富翁的传闻和他那超级"大"的背景故事。从读到的内容中，库克知道伊坎可能会很粗鲁，而问题是伊坎到底有多粗鲁？库克认为自己最好提前了解伊坎的"粗鲁行径"，因此他决定做一些调查。他给过去与伊坎意见相左的其他公司的老总打了电话，几乎每个人都警告他不要参加这次会面。尽管库克听到了这些警告，但他得出了一个截然不同的结论——听伊坎把话说完没有什么害处。在最初的电话交谈中，伊坎已经赞扬了苹果公司和库克的管理艺术，那么，二人面谈能有多糟糕呢？

晚宴当天，库克还有当时苹果公司的首席财务官彼得·奥本海默（Peter Oppenheimer），以及高盛银行的格伦·赛克斯（Glen Sykes）前往伊坎位于中城的公寓。大家在可以俯瞰中城广阔天际线的客厅里喝几杯之后，来到伊坎豪华的餐厅，开始洽谈相关的业务。

库克他们三个人坐在一张大长方形餐桌的一边，伊坎的人坐在另一边，跟随伊坎的有他的儿子布雷特和大卫·斯科特（这两个人当时在运营伊坎基金，而且也正是他们首先投资了苹果公司的股票，所以他们对苹果公司可谓是"了如指掌"）。

这些人讨论了苹果公司的业务，伊坎和其他几个人主要关注该公司的资产负债表，而伊坎又再次重申了苹果公司应该大规模回购其股票的观点。库克表示：他同意伊坎所做出的评估，即苹果公司股价被低估，但苹果公司在回购的问题上有自己的节奏，他们不会偏离方向，即使是对于像伊坎这样受人尊敬、经验丰富的投资者的提议而言也是如此。

尽管大家的谈话内容主要集中在苹果公司的财务状况上，但并不是所有的谈话都是冷淡的，伊坎讲述了他过去几十年的诸多投资中一些标志性的故事，而坐在桌边的人则齐声大笑。两个半小时后，伊坎和库克同意当晚继续谈判。

离开时，库克得出了与上述其他公司首席执行官所提出的"忠告"截然相反的结论，他确信自己和伊坎两个人之间在未来几个月内不会有什么大问题。

库克说："我认为与伊坎会面并倾听他的意见是没有任何害处的。在宏观层面上，我们完全同意苹果公司被低估的事实，从这一点上讲，我们认为回购股票也不错。我们二人所进行的辩论的主题是——在一段时间内回购的数量是多少。"

然而，对于伊坎而言，这场辩论在近期内不会停歇。

伊坎在接受我的采访时表示："这是显而易见、不用太过思考的议题。对于这家市盈率如此之低的公司来说，不进行重大回购是毫无意义的。我还提到了另外一个因素，我想大家可能已经忘记了，那就是今天你可以按照很低的利率借到钱，但我认为将来不会再有这种情况了。"

当月晚些时候，伊坎直接给库克写了一封信，其中提到了他们之间那场温馨的晚宴，同时要求享有该公司更大的股权。

伊坎在信中写道："我们见面时，我和我的子公司共持有 3 875 063 股苹果公司的股票。截至今天上午，我们已持有 4 730 739 股苹果公司的股票，我们的头寸规模增加了 22%，这反映出我们认定金融市场在持续地大幅低估苹果公司的股票……"

伊坎继续写道："我们想非常清楚地表明，我们非常支持你们公司现在的管理团队，还有苹果公司的文化及其所衍生的创新精神。我们作为股东所做出的批评与你们的管理领导能力或经营战略无关。我们的批评只涉及一件事——苹果公司回购计划所确定的规模和时间框架。很明显，回购规模应该更大，回购速度应该更快"。

伊坎曾经花了几十年的时间与各大公司争论、博弈，他经常敦促相关公司回购自己的股票或增加新的董事会成员，但苹果公司不同于其他企业，它是世界上最富有的公司。尽管伊坎也曾考虑过苹果公司的规模，但他也只能这么做了。然而，事实证明伊坎并不害怕挑战苹果公司这个巨人。

伊坎甚至承诺要继续持有苹果公司的股份，他在信中说："我的意图并不是要获取短期的利益。"

2013 年 10 月 28 日，苹果公司公布了强劲的业绩，但是，其利润率从去年的 40% 下降到 37%。数个小时后，受此信息的拖累，苹果公司的股价下跌了 4%。

不过，从 2013 年的整体情况来看，苹果公司的股价仍保持了 5.5% 的上涨幅度。

但是，2014 年 1 月 28 日，苹果公司的股价遭遇了数月以来最糟糕的单日行情：由于 iPhone 手机的销量令人失望，苹果公司的股价下跌了 8%。而值得庆幸的是，伊坎所持股票的价格跌势是短暂的。

2014 年 4 月 23 日，苹果公司取消了收益预期报告，同时宣布开发"钻探机游戏"这一新项目，由此，该公司股价飙升了 8%。库克表示：苹果公司将把自家股票的回购规模提高至 900 亿美元，将派息比率提高至 8%，并且在 6 月开始以 7：1 的比例拆分股票，从而使更多的潜在投资者能够更加容易地购买苹果公司的股票。

伊坎很快就表明了态度，他赞扬了苹果公司的这些举措。

伊坎在推特上说："我完全同意苹果公司增加其回购规模的决定，我们也

非常满意金融市场反映出的效果。我相信当看到该公司开发的新产品时，我们会很开心。"⊖

当年夏天，苹果公司的股价一度突破每股 600 美元。当时，该公司正努力成为金融市场上第一家市值超过 7000 亿美元的公司，因此，持续大量回购苹果公司股票的伊坎则变得兴高采烈。根据财经信息供应平台 FactSet 所追踪的数据：截至 2014 年 12 月，在标准普尔 500 指数成分股公司中，苹果公司的支出是最多的。⊜苹果公司的股价于 2014 年的上涨幅度超过了 40%，伊坎和其他公司的股东因此大赚了一笔。

于是，伊坎的野心变得更大。2015 年 5 月 18 日，因为拆分的缘故，苹果公司股票交易的价格接近每股 130 美元。此时，伊坎又给库克写了一封信，只是这一次，他在信中对相关股票交易的价格做出了惊人的预测。

伊坎写道："在反思了苹果公司所取得的巨大成功之后，我们现在认为，苹果公司股票今天的价值应该是 240 美元。"

苹果公司的股价因而提高了 1%，最终收于每股 130.19 美元，市值增加了 80 亿美元以上。

尽管伊坎在苹果公司股票上的交易正在成为史上最伟大的投资之一，自首次植入多单以来，他已经赚了 34 亿美元。但是，2015 年是令人失望的：苹果公司股票的涨幅仅略高于标准普尔 500 指数。截至 10 月，苹果公司股票价格经历了一轮自金融危机以来最糟糕的年度行情，投资者似乎对该公司保证 iPhone 手机销量的问题持有怀疑态度。因此，仅在 2015 年 12 月，该只股票的价格就下跌了 10%，一些分析师称：苹果公司的股票价格可能会进一步

⊖ Covert, Adrian, "Apple Shares Soar on Increased Buyback," CNN Tech, April 24 2014.

⊜ Booton, Jennifer, "Apple Spent $56 Billion on Buybacks in 2014," MarketWatch, December 26, 2014.

下跌。⊖

伊坎和阿克曼在进入 2016 年时都在思考：他们最为重仓持有的头寸在接下来的岁月中会拥有什么样的命运呢？

不过，在当时，阿克曼一点也不知道，他首先要做的就是为进一步恶化的事态做好相应的准备。

⊖　Yang, Stephanie, CNBC's Trading Nation, December 21, 2015.

第 14 章

绝命一搏：美国证券交易委员会要关掉康宝莱

W H E N   T H E   W O L V E S   B I T E

随着构建在威朗公司上的头寸的崩溃，以及相关投资组合经历的有史以来最糟糕的年度行情，比尔·阿克曼变得越来越不耐烦——难道联邦贸易委员会真的不对康宝莱公司采取行动吗？

2016 年 2 月的一个晚上，阿克曼决定把心中的想法付诸行动。

2 月 10 日晚上 9 点 22 分，阿克曼直接给美国联邦贸易委员会主席伊迪丝·拉米雷斯发了一封电子邮件，敦促她迅速"叫停"康宝莱公司的业务。⊖

阿克曼在信中写道：

尊敬的拉米雷斯主席：

您好！

我知道您诸事繁忙，故未敢相扰。我现在之所以选择这样做，是因为联邦贸易委员会现在已经到了应该关停康宝莱公司的时候了。由于联邦贸易委员会一直没有采取行动，所以每一天康宝莱公司都会招募到 5000 名新的"受害者"，而这些人很快就会失去他们的毕生积蓄、对成功的希望和梦想，以及与家人和朋友的关系。在美国，这些受害者主要是拉丁裔社区的成员，通常没有在留资格，而且极其脆弱。

从我们向联邦贸易委员会提出上述这些问题开始已经过去三年多了。在此期间，康宝莱公司又征募了近 600 万名受害者，而因"财产损失殆尽"离职退出的康宝莱公司的"员工"几乎是同等数量。

⊖ Ackman Email to FTC Chairwoman Ramirez obtained through FOIA Request to Federal Trade Commission. Information delivered on February 23, 2017.

康宝莱公司的业务已开始衰败，因为它似乎很难吸引到新的员工来取代那些受害者。如果联邦贸易委员会不作为，而康宝莱公司又先行倒闭，那么它的失败将摧毁联邦贸易委员会这一"消费者保护组织"的声誉。美国证券交易委员会曾经无视哈里·马科普洛斯关于马多夫公司的问题所提出的警告，其声誉至今未能恢复。我不希望同样的事情发生在联邦贸易委员会身上。

我听说您和您的下属不愿意对康宝莱公司采取行动，主要是因为潘兴公司做空了康宝莱公司的股票，而且将从康宝莱公司的"退市"中获益。虽然，我们公司的投资者确实会获利，但我承诺：我个人获得的任何利润都将捐给受到伤害的社区。虽然到目前为止我们遭受了一些损失，但我个人已经向拉丁裔社区提供了 5000 万美元的赠款，其中有 2500 万美元用于为非法移民提供奖学金以帮助他们实现梦想，另外 2500 万美元捐给"宝贝计划"下的相关项目，用于资助他们最近所实施的移民政策推进活动以及为贫穷的拉美裔居民提供帮助的慈善事业。

昨天，我们发布了一段 13 分钟的视频，其中包括对康宝莱公司最近受害者的采访。在我们的网站上（www.factsaboutherbalife.com），您可以更加详细地了解他们的经历。我只要求您花 13 分钟看一看这个视频，它将提醒您——整件事与康宝莱公司的最大股东、"康宝莱事件"当中的最大受益人卡尔·伊坎无关，此事与康宝莱公司股票最大的卖空者潘兴公司也无关，它的目的是要保护那些被康宝莱公司设下的骗局所伤害的人，因为——明天，另外 5000 名受害者将会加入康宝莱这家传销公司。

现在或许只有您可以比世界上的任何人都能有效阻止康宝莱公司这种疯狂的举动。我恳请您履行联邦贸易委员会主席的职责，保护好这些受害者。

谢谢您能认真考虑我所表达的意见。

真诚的，

比尔

仅仅 15 天后，阿克曼的绝望情绪终于得以解脱。

2 月 25 日，市场收盘后不久，康宝莱公司在一份监管文件中披露：它正在与美国联邦贸易委员会协商解决长达 22 个月的"调查"所引发的问题。该公司表示：可能的结果包括"一项有争议的民事诉讼，以及对相应和解方法所进行的深入探讨，其中可能包括金钱支付和其他救济手段，或者以'不予理睬'的方式了结相关案件。"⊖

当时，很少有人知道联邦贸易委员会曾于 2015 年 12 月和康宝莱公司进行接洽，他们发出了一份正式投诉，称康宝莱只是一家传销公司。

当康宝莱公司首席执行官迈克尔·约翰逊接到通知时，他感到非常震惊。他认为：联邦贸易委员会的律师所提出的具有煽动性和谴责性的指控不仅对公司本身造成了冲击，而且对他的管理层也进行了人身攻击。

这 42 页文件的编号是 2：16-cv-05217，联邦贸易委员会申请美国加利福尼亚州中央地区法院就康宝莱公司的操作模式，及其"欺骗性和非法性的行为活动"予以立案审查。同时，联邦贸易委员会针对康宝莱公司分销商在售卖本公司产品过程当中所发生的"非法敛财"行为提出索赔。⊖

一页页的文件纸抨击了康宝莱公司的薪酬模式，这种模式触及了其传销计划的核心问题。文件表示：康宝莱公司"没有为参与者提供一个切实可行的基于零售的商业机会"，而且"其激励模式不是依靠零售业绩，而是凭招募参与

⊖ Parloff, Roger, "Herbalife in Talks with FTC to Resolve Probe," Fortune, February 25, 2016.
⊖ FTC Complaint, Case Number 2: 16-cv-05217.

者的人数多寡"。⊖

　　文件指出："绝大多数寻求商机的康宝莱分销商几乎赚不到钱，也有相当一部分人是亏损的。"⊜

　　在相关的案例中，相应文件针对 2013 年 1 月之前每个新分销商所获取的"入门手册"进行了分析，根据这些分析：每个手册都包含一段推荐视频，视频名为"设计你的生活"，讲述了某些人靠出售康宝莱公司的产品而拥有了昂贵的汽车和"豪华"的住宅。

　　"就在我创业一年之后，我支票上的金额就涨到了 7080 美元，这是在我度假的那个月赚到的。当我回来以后，我拿到了那 7000 美元的支票！这真是太棒了！"——这就是视频当中的佐证材料。⊛

　　"在真正开始工作的前 9 个月里，我赚了 25 万美元。"——这是另一份篇幅长达 11 页的文件所引证的视听材料当中的"画面"，联邦贸易委员会将其定性为"误导性的收入陈述"。⊗

　　这份文件不仅抨击了康宝莱公司所宣传的"暴富"手段。同时，文件还表示："绝大多数追求商业机会的康宝莱公司的分销商，收入都没有达到与'全日制'相契合的，甚至和'兼职'对应的最低工资标准，因为康宝莱公司根本不过问这些人的零售业务。"

　　此外，文件还指出："在那些被康宝莱公司指定为有资格享受购物折扣的销售主管的分销商中，有一半的人每月仅靠零售而获取的净收益不足五美元，而另一半则是亏损的。"

　　根据联邦贸易委员会的说法：康宝莱公司旗下的营养俱乐部曾表示它们是社区的会议场所，主要是讨论"健康"问题；然而，实际上这些俱乐部的主要功能是"招募新会员"，其盈利方式并非"以销售康宝莱公司产品

　　⊖　FTC Complaint against Herbalife.
　　⊜⊛⊗　同⊖。

为主"。[一]

美国联邦贸易委员会对康宝莱公司的案件进行了总结，该机构认为：康宝莱公司的运营模式有四项违反了《联邦贸易委员会法案》第 5 条的规定，其中包括——不公平的营销活动、不实的收入陈述、虚假的零售业绩报告，以及针对新成员的工作方法和手段而下发的"虚假性和误导性"的宣传材料。[二]

看完了相关文件之后，约翰逊骂了一句。

康宝莱公司负责企业公关的艾伦·霍夫曼也看到了这份文件，这位在与副总统拜登和百事可乐公司共事之前曾经做过联邦检察官的公司执行副总裁觉得相关文件不值得大惊小怪，当前康宝莱公司的状况与自己入职时相比要好得多。

约翰逊则公开地表示了愤怒，他知道自己有两种选择：要么开始与政府协商相关的解决方案，要么诉诸法庭，在陪审团面前进行辩论。

约翰逊更喜欢后者，而德斯·沃什也是如此。这个人在康宝莱公司是个一向保持乐观态度的总裁，他同时也是与康宝莱公司重要的分销商基地关系最亲密的人，但沃什在联邦贸易委员会的审查当中所受的影响也最大。

伊坎也想"战斗"，他告诉约翰逊：自己认为唐纳德·特朗普（Donald J. Trump）可能会成为美国下一任总统，他将引入一个更具同情心的监管环境，这可能有利于康宝莱公司。

针对上述这则讯息，阿克曼几乎没有时间来进行庆祝。由于各种原因的竞合作用，威朗公司再次站在了"风口浪尖"上——在希拉里·克林顿再次抨击其药品定价的问题之后，威朗公司的股价跌至每股 80 美元的低点，这一波针对威朗公司的行情变化使阿克曼备受煎熬。

2016 年 3 月 1 日，阿克曼再次求助于媒体，他试图劝说相关部门对威朗

　　[一]　FTC Complaint Against Herbalife.
　　[二]　同[一]。

公司进行正面的报道。

他在一次现场采访中对我说道："我们预计大部分不确定性因素将在相对较短的期间内得以解决，而我们希望在未来的几周内解决所有的问题。"[⊖]

但是，阿克曼的运势实在是糟糕透了。仅仅两周之后，2016 年 3 月 15日，皮尔森在一个电话会议上告诉华尔街的分析师：威朗公司下调了相关预期，管理层不会向美国证券交易委员会提交年度报告。此外，威朗公司在一份新闻稿中还"失态"地表示：其相应的收益指标的数据需要进行调整，而这只会增加金融市场的不确定性。[⊜]

这一次，投资者只能认输。

威朗公司的股价因此重挫 51.5%，收盘价为每股 33.51 美元，创下历史新低。仅仅是暴跌当日，阿克曼就损失了 10 亿美元。[⊜]

阿克曼不顾一切地想要做些什么，他给投资者写了一封信。而此时，威朗公司股票的价格正在崩盘。

阿克曼写道："我们将在威朗公司这件事中扮演更加积极主动的角色，从而保护我们投资的价值，并且使之最大化。但是，我们仍然认为，由威朗制药基础业务的专营权所构筑的公司价值是其当前股票价格的数倍之多。然而，要实现这些价值，就需要恢复股东们对公司管理和治理的信心。"[⊗]

一些人现在想知道的是：市值已下跌 90% 的威朗制药公司是否还能生存下去。

2016 年 3 月 18 日，皮尔森试图平息人们的担忧，他以书面的形式告诉员工：威朗公司不会破产。

⊖　CNBC's Fast Money Halftime Report, March 1, 2016.
⊜　Johnson, Linda A., "Valeant's Stock Loses Half Its Value," US News and World Report, March 15, 2016.
⊜　浮亏。——译者注
⊗　Pershing Square Investor Letter, March 15, 2016.

皮尔森写道："我想直接向你们每个人道歉，因为严格的审查让你们分心了。"⊖

与此同时，阿克曼的道歉信并没有给他带来多少安慰，他所在的潘兴控股公司的业绩正在持续地遭受损失，仅威朗公司一家的股价就暴跌了近60%。截至2016年4月底，潘兴公司股价下跌了18%，在潘兴公司构建的投资组合的股票头寸中，仅第一季度就至少有八家相关的公司出现亏损。⊜

现在，做空康宝莱公司的业务能否拯救阿克曼的基金还不得而知，甚至连康宝莱公司本身都不确定将来会发生什么状况。

关于到底是"打官司"还是"和解"的争论在康宝莱公司的幕后愈演愈烈，而康宝莱公司的代表和美国联邦贸易委员会也开始进行秘密谈判。通过对华盛顿的数十次访问，康宝莱公司已确定：美国联邦贸易委员会正准备将其定性为"传销机构"。

2016年5月2日，阿克曼在接受我的现场采访时宣布了上述这一消息，而这也正是他"押宝"的地方。

阿克曼轻蔑地说："如果你发现自己现在是康宝莱公司的员工，那么我的建议是——你应该离开这家公司。因为在康宝莱公司的职业经历在你填写简历的时候不会起到什么'好作用'，所以你应该去找另一份工作。"⊜

阿克曼很少直接地与康宝莱公司的实际员工进行交谈，他的行为方式和潘兴公司的未来最终都将成为争论的焦点。但是，康宝莱公司的霍夫曼却在等待着与阿克曼"交手"，他在一份声明中迅速地回击道："在花费了数亿美元，并且投资收益率为负值之后，现在也许是时候让比尔认清形势了。"

2016年5月5日，康宝莱公司向阿克曼和其他所有人提供了一个更好的

⊖ Wieczner, Jen, "Valeant CEO Promises Company Won't Go Bankrupt in Staff Memo," Fortune, March 18, 2016.
⊜ Pershing Square Capital Management Investor Letter, May 11, 2016.
⊜ CNBC's Fast Money Halftime Report, May 2, 2016.

了解情况的机会，其中包括公示康宝莱的业务状况和联邦贸易委员会相关调查的进展情况。

康宝莱公司公布了好于预期的收益状况，并提高了当年的预期。同时，康宝莱公司披露：当前，相应的解决方案比以往任何时候都更加接近"达成"的境地。

康宝莱公司在一份声明中表示："尽管仍有一些悬而未决的问题，但对相关解决方案的探讨已经进入了一个高级阶段，目前的一系列讨论结果当中包括了'诉讼'或'调解'等项。如果与美国联邦贸易委员会达成和解，那么可能的判罚则包括禁令、其他救济方法，以及支付一笔资金，而我们估计的最理想的数额是 2 亿美元。"㊀

消息传出后，康宝莱公司的股价飙升至每股 66 美元以上㊁，因为投资者认为：即使是数亿美元的巨额罚款，也比"关停"的处置方式要好得多。

阿克曼尽其所能地进行活动，他需要政府出台更加严厉的惩罚方案。

2016 年 5 月 24 日中午 12 点 14 分，阿克曼再次给联邦贸易委员会主席拉米雷斯发了一封电子邮件，要求她受理自己所提出的诉讼请求。㊂

阿克曼在邮件中写道："康宝莱公司将永远不会改变其商业模式。不管它在和解中向联邦贸易委员会承诺过什么，董事会仍然会让约翰逊继续担任首席执行官，这说明该公司董事会层面的腐败是多么严重……"㊃

随着夏天的临近，包括阿克曼在内的每个人都想知道监管机构什么时候会做出最终的决定。

现在，康宝莱公司正在尽其所能地使相关事态向有利于自己的方向发展。

㊀　Townsend, Matthew, "Herbalife Soars After Saying It's Close to FTC Resolution," Bloomberg, May 5, 2016.

㊁　同㊀。

㊂　Ackman email obtained through FOIA Request to FTC.

㊃　同㊂。

康宝莱公司与联邦贸易委员会的前经济学家和律师会面，他们制作图表和文件来为自己辩护。同时，康宝莱公司的相关人员分别与三位联邦贸易委员会的委员进行了面对面的会谈，他们试图证明自己的观点，并希望以此来影响他们于投票表决时的态度。

与此同时，康宝莱公司的律师也在准备在法庭上"应诉"的相关事宜。

康宝莱公司甚至还准备了一场营销活动，以便在"战争"爆发时进行宣传。他们制作了很多商业广告和印刷品，准备在国际报纸和电视上投放。因为康宝莱公司在美国的销售额只有20%，所以该公司知道：它必须在全球范围内保护自己的"地盘"。

其实，接受"出庭受审"的方案对康宝莱公司而言是有风险的，因为这种情况需要经历一个漫长的诉讼过程，这样不仅会对生意不利，而且在庭审的过程中，康宝莱公司还要面对一系列"棘手"的事情。那么，康宝莱公司真的希望那些令人不安的证言视频在法庭上播放几个小时，且为世人所知吗？即使这些视频已经过时，但其"杀伤力"仍然不小。

在康宝莱公司的高层内部就应该采取何种方法应对当前局面的问题发生了激烈的争论，在康宝莱公司的律师和受雇的顾问团队之外，这种争论也一直在持续。最终，该公司认为：解决问题、努力前行才是最好的策略。

在决定做出之后，康宝莱公司首席财务官约翰·德西蒙、公关总裁霍夫曼、法律总顾问马克·弗里德曼和他的副手亨利·王在2016年7月9日前往华盛顿，与联邦贸易委员会进行最后的探讨。首席执行官约翰逊则留在了洛杉矶，他要为与即将到来的、动荡的一周相关的诸多事宜做好准备。

在达成和解协议之后，康宝莱公司那些赶赴华盛顿哥伦比亚区的团队成员回到了加利福尼亚，他们需要等待官方宣布的消息。

不管消息是否提前传到阿克曼那里，距离联邦贸易委员会做出决定的日子越来越近了。不知是不是巧合，7月13日，阿克曼向联邦贸易委员会主席拉米雷斯发送了最后一封邮件。

下午 3 点 45 分，在一份两页的报告中，阿克曼写道："我被告知联邦贸易委员会因畏惧康宝莱公司律师的强大力量而不愿对其提起诉讼。但是，我对受纳税人资助的政府部门没能够应用内部、外部的资源来阻止康宝莱公司明目张胆的欺诈行为这件事感到困惑。这种欺诈行为不能继续下去，因为这是令我们国家难堪的。"⊖

第二天零点 30 分，阿克曼又发出了一封电子邮件，这次是关于康宝莱公司分销商的，其中写道："没有分销商的欺诈行为，康宝莱公司就无法生存。因此，该公司制定了高度激励的政策，从而助长了相关'欺诈'行为的气焰，在这种激励机制改变之前，康宝莱公司及其分销商将永远不会改变他们的行事风格。"⊖

邮件的最后，阿克曼写道："由于是一家传销公司，所以康宝莱应该被取缔。康宝莱公司的欺诈行为是大规模的、公然的，并且是持续的。因此，贵方应该以诉讼的方式阻止康宝莱公司的行为，这样也会对其他多层次营销公司产生积极的影响，以防止这些传销公司的分销商以'欺诈'的方式从事经营活动。"⊜

十分钟后，零点 40 分 12 秒，阿克曼最后一次敦促拉米雷斯观看潘兴公司所传送的视频，从中可以发现康宝莱公司的分销商曾一再做出虚假的声明。

阿克曼写道："我的最后一个想法是，如果您观看了这些视频，就会发现每个分销商的招聘技巧实际上是一样的——他们使用的都是相同的术语和措

⊖ Ackman emails obtained through FOIA request to FTC.
⊖ 同⊖。
⊜ Ackman email to FTC Chairwoman Ramirez obtained through FOIA request to FTC.

辞，讲的是同样的故事。而且，在康宝莱公司的旗下，我们还没有发现一个注重'零售业务'而非'招聘新人'的公司。"

当天晚些时候，康宝莱公司的董事召开了一个会议，他们批准了与美国联邦贸易委员会所达成的协议，并认为监管机构不可能在当年夏季中旬的周五将协议公之于众，尤其是共和党全国代表大会（Republican National Convention）即将在克利夫兰召开之际。

但是，在太平洋时间周四晚上 7 点，康宝莱公司的律师接到了联邦贸易委员会一名律师突然打来的电话。所传来的消息令人震惊，该委员会表示：它准备将相关处理意见公开，并且计划在第二天上午宣布这一决定。

就在周五早上 7 点之前，《华尔街日报》记者戴维·伯努瓦给霍夫曼发了一封电子邮件，说他掌握了独家新闻，并准备报道这则消息。另外，他还把电话打给了在家准备上班的阿克曼。

阿克曼回忆说："当时，伯努瓦对我说，'我们正在听取相关的汇报，而且我们也准备写一篇报道——康宝莱公司已经以两亿美元的资金与联邦贸易委员会达成和解，声称他们并不是传销公司，'而我说，好吧，两亿美元……好吧……联邦贸易委员会不可能判定康宝莱不是传销公司。不要乱说！康宝莱公司自己也是这么'讲故事的'。"

早上 7 点 43 分，第一则新闻标题出现在《新闻专线》上，这是由《华尔街日报》的总部道琼斯公司报道的。

新闻闪过的内容是："据消息人士称，康宝莱公司与联邦贸易委员会预计将于周五宣布和解。"

另一则消息显示："康宝莱公司将支付两亿美元，以偿付其虚假陈述所造成的损失。"四分钟后，最后一则消息将阿克曼的"梦想"击得粉碎——"联邦贸易委员会认定——康宝莱并非传销公司。"

康宝莱公司的股价在盘前交易中飙升至每股 70 美元以上，达到两年来的高点。

那天早上，当这个消息传出时，我正在曼哈顿与人合作主持《扬声》栏目。我当时想到的第一件事就是抓起电话，打给阿克曼。

"你看到新闻了吗？"我问道。我非常希望能记录下那一刻阿克曼所说的话。

阿克曼说道："我正在看。"

"我现在需要你的表态！"我喊道，声音里的绝望之情一如既往。

阿克曼说："我五分钟后给你回电话。"他突然挂断了电话，想看完整篇报道。

五分钟后，阿克曼把电话打了回来。

他说道："新闻标题说的都是废话，这是错误的，这完全是错误的！你看过整篇报道吗？你看了吗？他们竟然说康宝莱不是传销公司。"

从技术层面上讲，阿克曼是正确的。上午 8 点 30 分，联邦贸易委员会发布了一份新闻稿，详细说明了它与康宝莱公司所达成的和解协议，但其中没有提到"传销"二字。

不过，上述这份文件至少对阿克曼而言可以说是糟透了。

阿克曼说道："联邦贸易委员会确证了我们的每一项指控，是每一项！"

康宝莱公司同意支付两亿美元的罚金，这是联邦贸易委员会开出的最大罚单。相关的资金被用来支付那些为了获得商业机会而购买康宝莱公司产品并因此蒙受损失的客户。另外，联邦贸易委员会还要求康宝莱公司改变薪酬结构——需要奖励销售产品的员工，而不是那些实际购买公司产品的人。

联邦贸易委员会主席伊迪丝·拉米雷斯在长达三页的新闻稿中对相关的协议进行了概括："这项和解协议要求康宝莱公司从根本上重组其业务，以便使参与者从他们销售的产品中获得奖励，而不是依据他们所招募的员工数量来收取酬劳。"⊖

⊖　FTC Official Press Release Announcing Herbalife Settlement.

"康宝莱公司将不得不开始以合法的方式从事经营，该公司需要就其成员可能赚多少钱而发布真实的声明。同时，康宝莱公司必须就我们指控的那些不公平和欺骗性的做法而赔偿消费者因此所遭受的损失。"⊖

在联邦贸易委员会的新闻稿发布不久后，康宝莱公司也发布了自己的新闻稿，首席执行官迈克尔·约翰逊宣称自己获胜，不过，他的话听起来颇具"挑衅"意味。

约翰逊对联邦贸易委员会的解读方式嗤之以鼻，他说道："和解协议表明，我们的商业模式是稳健的。同时，该协议还强调了康宝莱公司有信心取得成功，否则我们是不会同意这些条款的。"⊜

对阿克曼来说，上述这则消息不啻于"晴天霹雳"。

阿克曼从一开始就抱有希望，而且花费了数千万美元，他曾发誓要到"地球的尽头"去观看康宝莱公司的灭亡过程。现在，被他称之为"犯罪企业"的公司竟然获准继续经营。

在幕后，潘兴公司的团队分成了两派：由内部公关人员弗朗西斯·麦吉尔（Francis McGill）领导的媒体炒作团队，以及另一支负责阅读文件的团队。

阿克曼要求麦吉尔多多接触新闻机构，他希望记者把注意力集中于联邦贸易委员会在起诉书当中实际上说了些什么，而不是"没有说什么"。

他们还起草了一份声明。

阿克曼随后表示："我们预计，一旦康宝莱公司的业务重组得到全面实施，那么这些根本性的结构变化将会导致其传销模式的'崩坏'。"⊛

阿克曼对此非常确信，他立即以每股 72 美元的价格做空更多康宝莱公司

⊖ FTC Official Press Release Announcing Herbalife Settlement.
⊜ Herbalife Statement: "Herbalife and the Federal Trade Commission Reach Settlement Agreement," July 15, 2016.
⊛ McCoy, Kevin, Bomey, Nathan, "Herbalife Agrees to $200M FTC Settlement," USA Today, July 15, 2016.

的股票。

阿克曼笑着说："这是我们一段时间以来在康宝莱公司股票身上所投资的最赚钱的交易。"而伊坎并不这么认为。

10 点刚过，伊坎就发表了自己的声明，其矛头直接指向阿克曼。

伊坎说道："在经过两年的调查之后，联邦贸易委员会今天宣布了相关的和解协议。其调查所得出的结论是——康宝莱并非传销公司。这个结论很明显地证明我们的研究和信念是正确的。虽然我和比尔·阿克曼的关系很好，但我们在这个问题上的分歧还是很大的，简单地说，做空康宝莱公司股票的策略是完全错误的。我对康宝莱公司的首席执行官迈克尔·约翰逊和整个管理团队是有信心的，他们以娴熟的技巧带领公司渡过了'难关'，这其中就包括'反制'比尔·阿克曼所发起的一系列高调的公关活动，而在这些活动当中，康宝莱公司已经不止一次地被那些'卖空者'所诅咒。"⊖

华尔街的投资者显然都在"押注"伊坎和康宝莱公司，而另一个"关键的声音"则是在权衡了康宝莱公司及其股东的收益之后发出的。

中枢金融研究所（Pivotal Research）的分析师蒂姆·雷米称：对康宝莱公司而言，这是一场意义深远的胜利。数月来，雷米在阿克曼做空康宝莱公司股票期间一直与其争论不休，这名分析师一直将康宝莱公司股票的目标价位定在每股 90 美元。

雷米在报告中表示："相关的交易符合我们长期以来的观点——尽管康宝莱公司在合规和监管方面存在一定的历史性的缺陷，但其经营模式在法律和道德的层面上符合相应的商业规范。另外，康宝莱公司在当今的行业中具有最佳的合规功能。当前的情况是，康宝莱公司的股东取得了彻底的胜利，而卖空者

⊖　Icahn, Carl, "Carl Icahn Issues Statement in Response to Herbalife's Settlement with the FTC," carlicahn. com, July 15, 2016.

的阵营则遭遇了彻底的失败。"⊖

在接下来的几个月里，雷米一直坚信：联邦贸易委员会强制康宝莱公司对其经营模式所进行的改变不会殃及它的"寿命"。

雷米说道："我认为，批评者会发现，新的经营模式不会损害康宝莱公司的盈利能力，也不会影响它的增长态势。康宝莱仍将是一家具有非常强大的运营能力的成长型公司。"

尽管约翰逊和其他人可能已经公开宣布了胜利的消息，但在康宝莱公司洛杉矶总部的走廊里并没有举行庆祝活动，也没有什么香槟酒被拿出来品尝。联邦贸易委员会措辞严厉的投诉已经对该公司的心理造成了伤害。

当相应的交易细节在上午 8 点前开始逐渐浮出水面时，康宝莱公司就知道要花上一整天的时间来控制相关信息所引发的局面。尽管约翰逊和伊坎向媒体发表了挑衅性的声明，就好像他们看到的是一份不同于美国联邦贸易委员会所发布的、"严厉且具有煽动性"的新闻稿一样。但是，康宝莱公司必须做出重大改变。

除了两亿美元的罚款外，康宝莱公司最终不得不将公司会员分成"优先会员"或"签约会员"（可以因购买商品而获取相应的折扣），以及那些寻求商机的分销商。

从 2017 年 5 月开始，康宝莱公司在美国的 25 万名分销商将被要求提交其所销售的产品的收据，以此证明至少有 80% 的康宝莱公司的产品流向了实际客户，或用于个人消费。

然而，新的规制标准并没有就此结束。

为了确保那些购买康宝莱公司产品的人士知道他们真正想要的是什么，每一个在公司网站之上注册的新会员都必须当场说出他们是在为自己购买产品，

⊖ Rittenhouse, Lindsay, "Herbalife Settlement is Profound Victory," The Street, July 15, 2016.

还是要成为一名分销商。为了确保康宝莱公司遵守新的规定，联邦贸易委员会表示：康宝莱公司将必须聘请独立的合规审计机构（ICA）对其变化情境实施七年的监督。

和解协议禁止康宝莱公司谎报潜在的，或可能的收入；协议还禁止康宝莱公司向会员鼓吹他们可以"辞掉工作"，并且享受奢华的生活方式。

上述这个消息是令人震惊的。

虽然康宝莱公司在政府监督下度过两年时光之后终于可以继续经营下去，但该公司并不同意诉状当中所提出的每一项指控。

约翰逊相信：他已经整顿了公司，康宝莱公司有自己真正的客户，而且这一点也很容易证明。约翰逊承认：事后看来，如果康宝莱公司有任何过错的话，那么在 2012 年 5 月大卫·艾因霍恩就销售问题提出尖锐的质询之后，它就应该立即改变对相应会员的"称呼"。

至于阿克曼，他仍然相信从联邦贸易委员会新的限制措施来看，康宝莱公司最终一定会发生"崩溃"，阿克曼甚至觉得联邦贸易委员会强硬的态度已经证明了这一点。尽管如此，阿克曼还是不得不怀疑：自己的交易策略是否从一开始就是一个错误，潘兴公司一经入手就将相关"斗争"公开化的做法是否有损自身的形象。

阿克曼说："我不确定我们是否会直接去联邦贸易委员会投诉，我们也不知道他们是否会做些什么大事来引人注目，我真的不知道。在没有消息的情况下做空康宝莱这只股票是危险的。我认为，降低相关风险的措施是公开发表'唱空'康宝莱公司的文章。然而，我们没有预料到卡尔会'卷'进来，他把这只股票价格上涨的理由合法化，从而使金融市场形成'碾压'空头的局面。"

阿克曼以做空更多康宝莱公司股票的方式清楚地表明：他并不准备放弃。而这里唯一的问题是，伊坎是否会实现他长期以来的愿望——"挤兑"比尔·阿克曼，直到将他彻底"打败"。

|第15章| 媾和：没有赢家的终局

W H E N   T H E   W O L V E S   B I T E

伊坎自从在 2013 年 1 月开始与阿克曼的"争斗"以来，就一再提及所谓的"空头承压"的理念。然而，伊坎意欲将康宝莱公司私有化的议题几乎从一开始就悬而未决。伊坎曾多次与迈克尔·约翰逊通过电话和当面交流的方式来探讨这个问题，但是他们都知道，在美国联邦贸易委员会完成调查之前，谈什么都没有用。现在，舆论关于"伊坎在康宝莱公司的问题上能否坚持到底"的猜测甚嚣尘上。

几乎没有人会想到，伊坎可能会有另一个锦囊妙计——让自己"出局"，而不是让康宝莱公司"出局"。

2016 年 8 月 3 日，星期三，杰富瑞投资银行（Jefferies）的董事长兼首席执行官理查德·汉德勒（Richard B. Handler）在曼哈顿上东区散步时，他的手机响了。伊坎打来电话，请汉德勒顺便去一下位于东 59 街区和第五大道交汇处自己的办公室聊一聊。

汉德勒多年来一直与伊坎做生意，他经常为伊坎交易大宗数量的股票，因此，伊坎找他交谈并不奇怪。他们每周可以见几次面，谈论一些关于金融市场或整个世界的近期状况。伊坎很享受这个过程，他经常坐在可以俯瞰中央公园的大皮革办公椅子上，一边念叨着投资手册上的名字，一边看着汉德勒走来走去。

这一次也没有什么不同，伊坎在自己的投资手册中穿梭浏览了五六只股票，突然停了下来，然后提到了康宝莱公司的名字。当伊坎说出这个名字的那一刻，汉德勒就感觉到要发生一些不寻常的事情。这些年来，汉德勒已经多次出席相关的会议，他可以凭伊坎的声音和语调来了解各种"权变"的来龙去脉，以及如何对其进行相应解读。汉德勒立刻意识到：现在有些东西和听到的不一样，而且即使是在喜欢和信任的人面前，伊坎仍然会保持谨慎的处事风格。

伊坎随后提出的问题直接证实了汉德勒的疑惑，他问道："我需要拿着钱跑路吗？"伊坎显然是想从他的朋友那里得到一些反馈意见。于是，两人开始就一些可能的交易方法展开讨论，而他们最想知道的是这种交易是否可行。汉德勒说："让我看看能做些什么。"他知道相关交易不会像他以前做过的那么容易。伊坎所持的股份数量是巨大的——1700 万股。因此，汉德勒知道，处理这些股票需要一些"创造力"和正确的交易伙伴。如果伊坎打算出售这些股票（目前尚不清楚），那么他需要一个潜在的买家以全价的方式全盘收购。如果尚有一件事需要伊坎做的话，那就是将手中的股票打折出售。

随着他们的思绪转向"交易股票"，汉德勒告辞离开，然后前往市中心的公寓，他想到有一个人可能会帮助自己实现相应的目标，而这个人就是比尔·阿克曼。

因为汉德勒的手机里没有阿克曼的电话号码，所以他在办公室先给一位银行家打了个电话，拿到了阿克曼的电话号码。他们两人曾在一次活动中相遇，但几乎都不认识对方，汉德勒对阿克曼的了解只局限于所听到和读到的那些东西。

"我们能见一面吗？"第二天晚上，汉德勒给阿克曼发了一条短信，他希望阿克曼能为自己安排一次快速的面对面的会晤。阿克曼因为赔了钱，心情不好，所以到意大利旅行了，但此时出现了这条短信，于是，阿克曼问道："我们是否可以等到下个星期再见面呢？"而汉德勒说："真的不行。"所以，他们两个人同意通过电话进行交谈。

汉德勒在最后一通电话里对阿克曼说道："你我都不认识对方，但我认识卡尔。不过，我没有在康宝莱公司股票上植入任何一张订单，整件事对你们来说可能只是'一场梦'。然而，你在康宝莱公司股票上可能遇到了难处，我知道有一个人能把你救出来。"汉德勒暗指伊坎。汉德勒向阿克曼讲解了相应交易的基本规则，而伊坎将出售全部的 1700 万股康宝莱公司的股票，其价值超过 11 亿美元⊖。阿克曼同意购买不少于一半的股份；然后，杰富瑞银行将买入 1/4；另外，汉德勒又将余下的部分出售给那些可能有兴趣参与其中的机构。

但是，由于康宝莱公司的股价当时处于每股 60 美元的低位，阿克曼犹豫了一下，提出了一个接近每股 50 美元的报价。对此，汉德勒很生气，他甚至说道："请不要从我这里就开始讨价还价！"汉德勒在与阿克曼的谈判中变得越来越恼火。阿克曼问道："我能买多少股？""一半！！"汉德勒对着电话大喊，他明确地表示没有必要争论相关的头寸规模。

汉德勒没有时间胡闹。由于伊坎持有大量康宝莱公司的股票，而他可以买卖的数量是有限的，所以现在没有必要告诉全世界他要出售这些股票。另外，法律在这方面是有漏洞"可钻"的：在康宝莱公司与美国联邦贸易委员会达成和解之后，康宝莱公司股票的交易量数额已经飙升至所需的门槛之上，因此，伊坎可以在无人知晓的情况下一举平掉相关的"多单"。这里还有另一个问题——由于伊坎是一位内部人士，他曾在康宝莱公司董事会任职，所以他被要求在财务报表公布后再做出买或卖的决定，这进一步压缩了伊坎所能操作的，以及何时操作的时间架构。由于康宝莱公司在 8 月 3 日业已发表了所谓的"收益报告"，所以，如果愿意的话，伊坎只有八天的时间来完成一笔交易。不过，这也是不确定的。⊜

但是，阿克曼有他自己的时间节奏。尽管他很想让伊坎出局，但他也受到

⊖　Celarier, Michelle, "Inside Wall Street's Greatest Feud," Fortune, September 19, 2016.

⊜　同⊖。

了限制——因为他担心自己可能与证券交易委员会发生冲突，所以，如果不能完全终止交易的话，可能会导致相关交易的延迟。没过多久，整件事就像汉德勒一开始所预测的那样："买家"方面可能会存在问题。汉德勒没有找到任何有价值的线索，这可能是因为任何感兴趣的人都认为：一旦伊坎"出局"的消息被公开，康宝莱公司的股价就会下跌。尽管如此，汉德勒仍在不停地敲打手机，同时向做市商杰富瑞银行明确表示：自己正试图促成这笔交易，而且也会随时通报相应的进展情况。

阿克曼意识到，这次可能是让伊坎"出局"的唯一的真正的机会。他变得越来越不耐烦，并在接下来的几天里问了汉德勒好几次："情况进展得怎么样了？怎么样了？"

尽管汉德勒比以往任何时候都更加相信：虽然没有正式下达做单的指令，但伊坎绝对想做成这笔交易。但在成交方面，康宝莱公司的股票几乎没有什么吸引力，尤其是在伊坎不愿对价格进行打折的情况下，它就更不好卖了。这时，交易的最后期限到了，伊坎并没有和谁达成协议。根据《财富》杂志报道：8 月 25 日，汉德勒和他的做市商找到了足够多的买家，他们准备以远低于当时股价的每股 51.50 美元的价格购买 1100 万股康宝莱公司的股票，不过伊坎拒绝了，而这实际上已经扼杀了相关交易的前景。⊖

然而，阿克曼却不打算这样安静地走开。

第三天，也就是 8 月 26 日，《华尔街日报》声称：伊坎已经"考虑"将他手中所持有的康宝莱公司的股份出售给包括阿克曼在内的一群投资者。⊜该报告公布后，康宝莱公司的股价下跌了 7%，降至每股 57.60 美元。大多数人认为，是阿克曼将消息透露给《华尔街日报》的，因为他希望康宝莱公司的股

⊖ Celarier, Michelle, "Inside Wall Street's Greatest Feud," Fortune, September 19, 2016.

⊜ Benoit, David, "Carl Icahn Mulled Selling Herbalife Stake to Group That Included Bill Ackman," The Wall Street Journal, August 26, 2016.

价下跌。然后，阿克曼决定自己公开相应的细节，从而告知公众整件事情是如何发生的。

当天上午晚些时候，阿克曼致电CNBC的《扬声》栏目组，他证实：杰富瑞银行曾联系过自己，希望他从伊坎手中购买"几百万"股康宝莱公司的股票。

阿克曼在谈到伊坎出售康宝莱公司股份的意图时说："我想，伊坎知道这对我来说是举手之劳的事情，而这是一场'信念之争'。卡尔是为康宝莱公司'撑场面'的人，如果连他都要出售其股份，那么这家公司的'灭亡进程'可能会加速。我认为事态的发展是神速的，伊坎越快卖掉康宝莱公司的股票越好。"⊖

当伊坎在电视上听到阿克曼所说的话时，他实在是怒不可遏。在康宝莱公司股票的问题上，他还没有告诉任何人自己正在考虑"抛售"。康宝莱公司整个星期都在听"可能要出事"的谣言，但管理层并不知道到底是怎么回事。最后，金融市场"硝烟"滚滚。康宝莱公司的公关主管艾伦·霍夫曼把迈克尔·约翰逊拉进办公室，紧张地打电话给伊坎的得力助手基思·科扎，直接问他：伊坎是不是康宝莱公司股票的"卖家"？科扎说：他没有理由相信伊坎会这么做。但他同时也强调：他的老板可能会在适当的时候立即决定做任何事情。阿克曼在电视上吹嘘：有人就伊坎所持的康宝莱公司的股份一事联系了他。霍夫曼在家中打电话给约翰逊，告诉他刚才金融市场所发生的变化，以及阿克曼的谈话内容。约翰逊不假思索地给伊坎打了电话，伊坎告诉他：在周五股市收盘的时候，自己会给他回电话的。

在接下来的几个小时里，康宝莱公司的高管都在为伊坎可能会做些什么而烦恼——他们在东部盯着时钟，等待下午4点股市收盘时间的到来。

⊖ CNBC's Squawk Box, August 26, 2016.

下午 4 点整，迈克尔·约翰逊、艾伦·霍夫曼、首席财务官约翰·德西蒙、总裁德斯·沃什、首席运营官里奇·古达斯、执行副总裁罗伯特·列维，以及康宝莱公司的法律总顾问马克·弗里德曼均致电伊坎的办公室。伊坎的助手接了电话，帮他挡了一下。伊坎则说了声"你好"，然后告诉所有人"等一下"。几分钟后，伊坎打来电话说："好吧，伙计们，我不想告诉你们这些，但我把所有康宝莱公司的股票都卖了。"

众人面面相觑，大家都被伊坎吐露的信息惊呆了，他们几乎说不出话来。

这时，伊坎说道："开个玩笑。"现场包括伊坎在内的所有人都笑了起来。伊坎透露："我不仅没有出售康宝莱公司的股票，而且还多买了 200 万股。"然后，伊坎一边向霍夫曼读着声明，一边继续说道："让我来告诉你们我的想法。"同时伊坎又问："你们觉得怎么样？"

约翰逊松了一口气，大声说道："谢谢您的信任。"

伊坎随后公开发表了声明，从中他再次抨击了阿克曼。

伊坎在声明当中写道："阿克曼可能是个聪明人，但他显然已经屈服于许多投资者身上的那种危险的、有时是致命的疾病的折磨——他患上了非常糟糕的'康宝莱痴迷症'。让我惊讶的是，一个对我公司的内部投资想法一无所知的家伙竟然可以在电视上告诉全世界我在想什么！太神奇了！但他没有权利这么做。更糟糕的是，我敢肯定，在过去的几年里，他那未经证实的执迷的言论，尤其是关于康宝莱公司的言论使得投资者损失了大量的资金。"⊖

伊坎还声称：他从一开始就没有下过直接出售康宝莱公司的订单。杰富瑞银行的一位人士后来在与我谈及康宝莱公司的时候证实了这一点，直到那天早上阿克曼在电视上露面以后，伊坎才火冒三丈，于是决定购买更多康宝莱公司的股票，而不是将其出售。他要再一次与阿克曼这个"宿敌"同归于尽。

⊖ Icahn, Carl, "Carl Icahn Issues Statement Regarding Herbalife," carlicahn. com, August 26, 2016.

阿克曼说道："我需要解释一下，同时说清楚我们为什么要买入康宝莱公司的股票。我认为，试图向大家掩盖真相的做法是不好的，而这就是我上电视的原因。现在回想起来，这种做法可能是个错误。"

当天晚上，杰弗瑞银行证实了伊坎的说法，即伊坎从未出价。阿克曼就此事打电话给汉德勒，而汉德勒在纽约的韦斯特切斯特大声斥责阿克曼公开玷污了自己的声誉；同时，汉德勒威胁要公布自己和阿克曼之间所讨论的意图交易的原始文本；另外，汉德勒称阿克曼是一个骗子，因为他低估了伊坎所持股份的规模，他对阿克曼说：所有这一切都属于"战争行为"。

两人的情绪终于稳定了下来，阿克曼最后向汉德勒伸出了橄榄枝。他邀请汉德勒和他的妻子到美国网球公开赛的场边坐了四个小时，从而向全世界的电视观众展示这一切。

2016 年 9 月 13 日，伊坎出现在皮埃尔酒店，参加了 CNBC 的实现绝对投资回报大会。当时，我向他询问了相关事件的整个过程。

伊坎闪烁其词，他拒绝回答关于是否考虑出售康宝莱公司股份的问题。但是，他确实透露过：如果愿意的话，自己已经获准进一步增持康宝莱公司的股份。伊坎说道："我告诉你，我买股票不是在玩游戏。为了申请许可，我要去联邦贸易委员会将'持股比率'增加到 50%，因为我只有 35% 的持股权利。"

接下来，伊坎提到了阿克曼。

"阿克曼很欢喜地认为我要离场。但是，你怎么能在电视上对别人说出某个人的想法呢？我认为这是荒谬的。"

然后，我询问伊坎这场游戏的结局——这场华尔街上的"战争"将如何结束？另外，伊坎能否一劳永逸地将康宝莱公司私有化，从而让阿克曼"遍体鳞伤"呢？

伊坎让大门敞开，他谈到了自身想法的变化过程："我没有任何比较明确的打算。我想过，并不意味着我将那么做，而且我认为还有其他的可能性。同时，相对于康宝莱公司而言，'私有化'模式肯定是一个不错的选项。"

不过，这样的举动说起来容易做起来难，这一点伊坎和其他人都清楚。由于康宝莱公司当时的市值接近 50 亿美元，伊坎将不得不提高自己所持的 25% 股份的价值，并从自己的金库、银行或私人股本基金等贷款机构调拨数十亿美元的账外资金。考虑到康宝莱公司已经背负了巨额债务，而且该公司与联邦贸易委员会达成和解之后前途未卜，所以阿克曼等人质疑：康宝莱公司要如何找到一个愿意合作的伙伴呢？当然，伊坎也可以找到其他大的股东，并劝说他们加入。考虑到斯蒂里茨和迈克尔·约翰逊两个人都持有相当多的股份，而且康宝莱公司的首席执行官除了愿意参与"毁灭"阿克曼的"战争"之外什么都不想做，因此，并购康宝莱公司只是存在一些"可能性"而已。

阿克曼还有其他方面的担忧。2016 年 12 月 7 日，他在给投资者的信中透露：扣除费用后，潘兴控股公司当年的股价下跌了 13.5%。他卖掉了手中所持的加拿大太平洋地区的硕腾动物保健公司（Zoetis）的股份，同时，以每股 405 美元的平均价格收购了快餐连锁墨西哥风味公司（Chipotle）9.9% 的股份。阿克曼认为：该公司的股价可能会反弹。此前，该公司因大肠杆菌所造成的恐慌而遭到客户的投诉。⊖

阿克曼还谈到了威朗制药公司"积极进取"的态势，因为潘兴公司所持有的威朗公司的股票对其业绩的影响仍然很大。

阿克曼还宣布了潘兴公司实施的一项新的"长期激励计划"，通过改革员工的薪酬方式来保留相关人才——公司要奖励那些长期工作的员工，但这笔钱并不从公司的净利润中提取。

阿克曼在信中写道："我们认识到，最近一段时间对我们的投资者来说是很艰难的，我们公司非常感谢你们的支持和耐心。"

⊖ Pershing Square Capital Management, "Letter to Investors," December 7, 2016.

2017 年 3 月，阿克曼终于对威朗制药公司失去了耐心，他以损失 30 亿美元的代价卖掉了自己所持有的全部 2720 万股威朗公司的股票，这笔投资已成为对冲基金历史上损失最严重的案例之一。

阿克曼表示：上述这项投资及其所造成的令人震惊的损失深深地影响了自己和那些依赖他做出决策的人。

阿克曼说道："首先，我不喜欢赔钱，但更糟糕的是，我现在赔的是别人的钱。你赔了钱会觉得自己像个傻瓜；但是，如果你让别人赔了钱，那你的感觉会更糟，而我从未经历过这样的事情。当前是一个重要的时刻，它会让我变得更加积极和警惕。在这个行业中，你必须保持非常大的警惕性。另外，在我所认识的最成功的人士之中，每个人都曾经有过一段'艰难的岁月'。我们很难想象一个没有经历过重大事件的投资者会取得成功。你可能希望永远不要经历'挫折'，但我完全可以面对。"

在阿克曼管理下的资产规模已经从 2015 年近 200 亿美元的高点跌至 110 亿美元。同时，潘兴公司客户的"赎回申请"规模尚属于"基本正常的水平"。其实，阿克曼造成的公众损失大都源自其所吸引的新投资者辛辛苦苦赚来的钱。在某种程度上，比尔·阿克曼再次构筑了一个"展示自我"的平台，他似乎已经接受了这一点。由于"威朗公司股票事件"给潘兴公司的员工、公司本身，还有阿克曼自身的威望带来了灾难性的后果，所以现在的阿克曼似乎表现得比我记忆中的要更加内敛一些，但阿克曼自身所具备的标志性的信心并没有因此而减弱或动摇。他相信自己会上演一场史诗般的"回归大剧"，以此来证明每一个为他写"讣告"的人都错了。

阿克曼表示："对冲基金的平均预期寿命可能是三年，而我们已经经营了 13 年；巴菲特是最好的，他已经经营了 50 年。所以，对我们来说，现在下定论为时尚早。我们当前在'局中'处于'两分半'的位置⊖，而关键的问题是

⊖ 意为"远未到寿终正寝"时。——译者注

我们要从错误中吸取教训。我以前也曾面对过非常困难的局面：2002 年，我就遭遇过这样的一个时刻——当时，我们做空 MBIA 公司的股票，而该公司的股价每天都在上涨。MBIA 公司整体都非常关注我们，他们说服斯皮策法官去调查我们。那是一个很艰难的时刻，而我当时就认为这个经历是伟大的，因为我会从中学到很多东西。在那之后，我成立了潘兴公司。我们会没事的，我们也会'再现辉煌'。"

此时，迈克尔·约翰逊也在展望未来。

在掌管康宝莱公司 12 年后，约翰逊于 2017 年 6 月宣布退休。

在他离职前的最后一次聚会上，康宝莱公司 1200 名分销商前往北卡罗来纳州的夏洛特，为康宝莱公司基金会（Herbalife foundation）筹集资金。他们当晚赚了 160 万美元，并用其中一部分来感谢约翰逊在任期内所做的贡献。

在晚宴上，约翰逊的团队听着安德拉·戴的歌 *Rise Up*，同时播放了一段视频，其中描绘了约翰逊的旅程和他过去多年以来所面临的挑战。当忠实的人们热泪盈眶时，约翰逊激动得说不出话来。他带着康宝莱公司到达了一个曾经看来不可思议的地方，同时，他又想方设法地熬过了对于任何企业高管而言都是最可怕的一段"艰难时光"。

在与华尔街一群最凶恶的"金融之狼"面对面的斗争中，约翰逊幸运地存活下来了。

后记　大胆的设想

比尔·阿克曼和卡尔·伊坎围绕康宝莱公司而展开的令人惊讶的"战争"仍在肆虐着金融市场，其中留下了许多重要的问题，而最重要的一个问题就是：他们谁赢了？

尽管"争斗"的结果显示卡尔·伊坎胜过了比尔·阿克曼，这也许是有道理的，但如何确定一个真正的胜利者是非常复杂的。想想看，总共有超过1亿美元被花费在宣传上，这又是为了什么呢？除了伊坎和他的投资者之外，还有谁真正受益吗？也许你会说，康宝莱公司大批股东的境况有所改善，但是，真正改善的是什么呢？所有这些钱都花在了什么地方呢？是花在了伊坎和阿克曼两个人身上吗？而这两个人在慈善事业当中所捐助的就是这笔钱吗？

还有，这件事对康宝莱公司自身、它的全球员工、世界范围内的客户和分销商都造成了重大的影响。

虽然政府没有像阿克曼希望的那样关闭康宝莱这家公司，但这是否意味着他对公司的评估是完全错误的呢？令人惊讶的是，一些人仍然认为，尽管已经在商界存在了30多年，在全球拥有数以百万计的忠实粉丝，而且也确实让一些人的生活变得更好，但康宝莱公司的"消亡"只是时间问题。

经常有人问我：康宝莱是否合法呢？而我的回答无疑比你们中的一些人想听到的要更加微妙一些。我确实相信：多年来，康宝莱公司一直有自己的问题，但问题是康宝莱公司能改变一些在过去颇具争议的做法，且使之变得更好吗？在这里，我认为答案是明确的——"可以"。还有，多层次传销模式本身还存在一些问题吗？同样，答案也是肯定的——"有问题"。

更广泛地说，我确实经常对整个投资行业感到好奇，围绕康宝莱公司所进行的争夺战中那些参与者及其持久的影响力将会改变一些投资人士的看法和他们所拥有的财力。

当我思考这个问题的时候，我经常会想起于伊坎和阿克曼之间爆发那场臭名昭著的"争吵"时一位著名的对冲基金经理曾经对我说的话。

2013年1月25日深夜，我终于有机会躺下来，思考一下之前发生的事情，此时，我给这个基金经理发了一封电子邮件，问他：伊坎和阿克曼到底谁会赢。

我得到的答案是惊人的，坦率地说，是出乎意料的。

他说道："他们两人都输了。"他指的是：这一事件可能会给企业本身带来负面影响，并最终会给那些财力雄厚的参与者都带来负面影响。

现在，有一个或许远比未来康宝莱公司所面临的具体问题还要大的问题——股东积极主义者的理念在未来几十年将对我们的企业文化产生深远的影响。毫无疑问，今天许多股市活动家当中的精英阶层做得很好，他们改善了被其锁定的企业的经营状况，同时，这些人也为相关企业的董事会带来了"一篮子"新鲜的想法。尽管如此，我们尚不清楚除了股东以外，谁才是真正的受益者。另外，企业的员工是否会在艰难的企业斗争中获得自己的回报？新闻聚合网站BuzzFeed的一篇报道叙述了另一场高调维权活动的场景。该报道援引了几年前的一项研究，该研究似乎对这个问题提出了质疑。根据2013年的一篇论文："劳动生产率提高了，但目标公司员工的工作时间减少了，他们的工资也处于停滞不前的境地。"与此同时，劳动报酬也在下降。换句话说，虽然股东积极主义者实际上可能会带来积极的变化，进而改善公司的业绩，但是这只对股东有利，普通的在籍员工可能不会从自己的工作经验中看到什么改善的前景。

康宝莱公司的股东显然做得很好，而且，该公司的股票价格行情仍富有弹性。我们只有在未来几年才能确定企业本身是否有一种持续的"缺陷"，而这种缺陷又是员工不得不忍受的。当我们想知道金融市场上的这群"狼"下一次会在哪里出手，并且会是"谁"的时候，我们就要思考一下——哪家企业会成为下一个"猎物"？

作者简介

斯科特·韦普纳是美国全国广播公司财经频道 *Fast Money* 栏目的主持人，他的节目在工作日播出。韦普纳也报道一些网络纪录片，其中包括为他赢得了"艾美奖"提名的 *Ultimate Fighting: From Blood Sport to Big Time* 和让他因此获得来自美国商业编辑和作家协会以及职业新闻工作者协会奖项的 *One Nation, Overweight*。作为激进主义和市场领域的业内专家，韦普纳可以在纽约证券交易所进行现场报道，同时，他与本书中的所有人物都保持着定期联系。

斯科特·韦普纳目前居住在新泽西州。

推 荐 阅 读

序号	中文书号	中文书名	定价
1	69645	敢于梦想：Tiger21创始人写给创业者的40堂必修课	79
2	69262	通向成功的交易心理学	79
3	68534	价值投资的五大关键	80
4	68207	比尔·米勒投资之道	80
5	67245	趋势跟踪（原书第5版）	159
6	67124	巴菲特的嘉年华：伯克希尔股东大会的故事	79
7	66880	巴菲特之道（原书第3版）（典藏版）	79
8	66784	短线交易秘诀（典藏版）	80
9	66522	21条颠扑不破的交易真理	59
10	66445	巴菲特的投资组合（典藏版）	59
11	66382	短线狙击手：高胜率短线交易秘诀	79
12	66200	格雷厄姆成长股投资策略	69
13	66178	行为投资原则	69
14	66022	炒掉你的股票分析师：证券分析从入门到实战（原书第2版）	79
15	65509	格雷厄姆精选集：演说、文章及纽约金融学院讲义实录	69
16	65413	与天为敌：一部人类风险探索史（典藏版）	89
17	65175	驾驭交易（原书第3版）	129
18	65140	大钱细思：优秀投资者如何思考和决断	89
19	64140	投资策略实战分析（原书第4版·典藏版）	159
20	64043	巴菲特的第一桶金	79
21	63530	股市奇才：华尔街50年市场智慧	69
22	63388	交易心理分析2.0：从交易训练到流程设计	99
23	63200	金融交易圣经II:交易心智修炼	49
24	63137	经典技术分析（原书第3版）（下）	89
25	63136	经典技术分析（原书第3版）（上）	89
26	62844	大熊市启示录：百年金融史中的超级恐慌与机会（原书第4版）	80
27	62684	市场永远是对的：顺势投资的十大准则	69
28	62120	行为金融与投资心理学（原书第6版）	59
29	61637	蜡烛图方法：从入门到精通（原书第2版）	60
30	61156	期货狙击手：交易赢家的21周操盘手记	80
31	61155	投资交易心理分析（典藏版）	69
32	61152	有效资产管理（典藏版）	59
33	61148	客户的游艇在哪里：华尔街奇谈（典藏版）	39
34	61075	跨市场交易策略（典藏版）	69
35	61044	对冲基金怪杰（典藏版）	80
36	61008	专业投机原理（典藏版）	99
37	60980	价值投资的秘密：小投资者战胜基金经理的长线方法	49
38	60649	投资思想史（典藏版）	99
39	60644	金融交易圣经：发现你的赚钱天才	69
40	60546	证券混沌操作法：股票、期货与外汇交易的低风险获利指南（典藏版）	59
41	60457	外汇交易的10堂必修课（典藏版）	49
42	60415	击败庄家：21点的有利策略	59
43	60383	超级强势股：如何投资小盘价值成长股（典藏版）	59
44	60332	金融怪杰：华尔街的顶级交易员（典藏版）	80
45	60298	彼得·林奇教你理财（典藏版）	59
46	60234	日本蜡烛图技术新解（典藏版）	60
47	60233	股市长线法宝（典藏版）	80
48	60232	股票投资的24堂必修课（典藏版）	45
49	60213	蜡烛图精解:股票和期货交易的永恒技术（典藏版）	88
50	60070	在股市大崩溃前抛出的人：巴鲁克自传（典藏版）	69
51	60024	约翰·聂夫的成功投资（典藏版）	69
52	59948	投资者的未来（典藏版）	80
53	59832	沃伦·巴菲特如是说	59
54	59766	笑傲股市（原书第4版.典藏版）	99

推 荐 阅 读

序号	中文书号	中文书名	定价
55	59686	金钱传奇：科斯托拉尼的投资哲学	59
56	59592	证券投资课	59
57	59210	巴菲特致股东的信：投资者和公司高管教程（原书第4版）	99
58	59073	彼得·林奇的成功投资(典藏版)	80
59	59022	战胜华尔街(典藏版)	80
60	58971	市场真相：看不见的手与脱缰的马	69
61	58822	积极型资产配置指南：经济周期分析与六阶段投资时钟	69
62	58428	麦克米伦谈期权（原书第2版）	120
63	58427	漫步华尔街（原书第11版）	56
64	58249	股市趋势技术分析（原书第10版）	168
65	57882	赌神数学家：战胜拉斯维加斯和金融市场的财富公式	59
66	57801	华尔街之舞：图解金融市场的周期与趋势	69
67	57535	哈利·布朗的永久投资组合：无惧市场波动的不败投资法	69
68	57133	憨夺型投资者	39
69	57116	高胜算操盘：成功交易员完全教程	69
70	56972	以交易为生（原书第2版）	36
71	56618	证券投资心理学	49
72	55876	技术分析与股市盈利预测：技术分析科学之父沙巴克经典教程	80
73	55569	机械式交易系统：原理、构建与实战	80
74	54670	交易择时技术分析：RSI、波浪理论、斐波纳契预测及复合指标的综合运用（原书第2版）	59
75	54668	交易圣经	89
76	54560	证券投机的艺术	59
77	54332	择时与选股	45
78	52601	技术分析（原书第5版）	100
79	52433	缺口技术分析：让缺口变为股票的盈利	59
80	49893	现代证券分析	80
81	49646	查理·芒格的智慧：投资的格栅理论（原书第2版）	49
82	49259	实证技术分析	75
83	48856	期权投资策略（原书第5版）	169
84	48513	简易期权（原书第3版）	59
85	47906	赢得输家的游戏：精英投资者如何击败市场（原书第6版）	45
86	44995	走进我的交易室	55
87	44711	黄金屋：宏观对冲基金顶尖交易者的掘金之道（增订版）	59
88	44062	马丁·惠特曼的价值投资方法：回归基本面	49
89	44059	期权入门与精通：投机获利与风险管理（原书第2版）	49
90	43956	以交易为生II：卖出的艺术	55
91	42750	投资在第二个失去的十年	49
92	41474	逆向投资策略	59
93	33175	艾略特名著集（珍藏版）	32
94	32872	向格雷厄姆学思考，向巴菲特学投资	38
95	32473	向最伟大的股票作手学习	36
96	31377	解读华尔街（原书第5版）	48
97	31016	艾略特波浪理论:市场行为的关键（珍藏版）	38
98	30978	恐慌与机会：如何把握股市动荡中的风险和机遇	36
99	30633	超级金钱（珍藏版）	36
100	30630	华尔街50年（珍藏版）	38
101	30629	股市心理博弈（珍藏版）	58
102	30628	通向财务自由之路（珍藏版）	69
103	30604	投资新革命（珍藏版）	36
104	30250	江恩华尔街45年（修订版）	36
105	30248	如何从商品期货贸易中获利（修订版）	58
106	30244	股市晴雨表（珍藏版）	38
107	30243	投机与骗局（修订版）	36